CB135136

# Ana

*A jornada da esterilidade à fertilidade espiritual*

# Ana

## A jornada da esterilidade à fertilidade espiritual

E. Truman Herring

Vida

Vida

EDITORA VIDA
Rua Conde de Sarzedas, 246, Liberdade
CEP 01512-070 São Paulo, SP
Tel.: 0 xx 11 2618 7000
Fax: 0 xx 11 2618 7030
www.editoravida.com.br

©2011, 2012 by E. Truman Herring
Publicado originalmente nos EUA com o título:
*Spiritual Barrenness That Leads to Spiritual Fruitfulness: Hannah's Journey from Barrenness to Blessing*
*Copyright da edição brasileira* ©2014, OPBB (Ordem dos Pastores Batistas do Brasil) em parceria com a Editora Vida

■

*Todos os direitos desta tradução em língua portuguesa reservados por Editora Vida.*

PROIBIDA A REPRODUÇÃO POR QUAISQUER MEIOS, SALVO EM BREVES CITAÇÕES, COM INDICAÇÃO DA FONTE.

Todos os grifos são do autor

■

Scripture quotations taken from *Bíblia Sagrada, Nova Versão Internacional, NVI®*
Copyright © 1993, 2000 by International Bible Society®.
Used by permission IBS-STL U.S.
All rights reserved worldwide.
Edição publicada por Editora Vida, salvo indicação em contrário.

■

Todas as citações bíblicas e de terceiros foram adaptadas segundo o Acordo Ortográfico da Língua Portuguesa, assinado em 1990, em vigor desde janeiro de 2009.

Editor responsável: Marcelo Smargiasse
Editor assistente: Gisele Romão Santiago Cruz
Tradutor: Lana Aranha
Revisão de tradução: Equipe Vida
Revisão de provas: Equipe Vida
Projeto Gráfico e Diagramação: Fernanda Souza
Capa: Fernanda Souza

**Dados Internacionais de Catalogação na Publicação (CIP)**
**(Câmara Brasileira do Livro, SP, Brasil)**

Herring, E. Truman
Ana: A jornada da esterilidade à fertilidade espiritual / E. Truman Herring; tradução Lena Aranha. — São Paulo: Editora Vida, 2014.

Título original: *Spiritual Barrenness That Leads to Spiritual Fruitfulness: Hannah's Journey from Barrenness to Blessing*

1. Bíblia — Estudo e ensino 2. Fé 3. Formação espiritual 4. Vida cristã I. Título.

13-14021 CDD-248.4

**Índices para catálogo sistemático:**

1. Vida cristã : Espiritualidade : Cristianismo 248.4

## Dedicatória

Este livro é dedicado a minha piedosa mãe que, como Ana,
entregou-me ao Senhor quando eu ainda estava em seu ventre.
E a minha esposa, Connie, que,
como Ana, era estéril, mas Deus a tornou fértil.

# Sumário

# Prefácio

## O TEMA DA MENSAGEM: A BÊNÇÃO DA ESTERILIDADE

Deus abençoou cada um de nós com memórias incríveis. Todo pais podem contar os detalhes do nascimento de seus filhos. A data, o peso, o comprimento, a aparência e a emoção, pois todos os detalhes estão permanentemente em nossa mente. Todos nós lembramos de eventos importantes — tanto os bons quanto os ruins — que nos acontecem.

Lembro-me vividamente dos detalhes envolvendo minha conversão. Em abril de 1956, agarrado ao banco da terceira fila da minha igreja, a convicção e iluminação do Espírito Santo me trouxeram a fé salvadora no Senhor Jesus Cristo quando clamei: "Senhor, salve-me!". Saí do banco e dei meu primeiro passo de fé. A data está impressa na minha mente.

Vinte e nove anos mais tarde, depois de servir como pastor sênior durante doze anos, concordei em me juntar a uma igreja em Laurel, Mississipi. Comprometi-me a ficar ali por pelo menos um ano antes de procurar por outra posição pastoral. Senti falta de pregar em base regular, mas nenhuma igreja me contatou durante aquele tempo para me convidar para ocupar o cargo de pastor.

Em dezembro de 1985, estava estudando minha Bíblia durante o café da manhã no restaurante Shoney's, em Laurel. Estava confuso e não entendia por que Deus não tinha aberto a porta para servir em outra igreja. Enquanto lia 1Samuel 1 e 2, sobre a esterilidade de Ana, seu coração partido e suas orações, comecei a me identificar com ela. Li sobre como Deus reverteu sua esterilidade e me identifiquei com sua fé e regozijo.

Ao mesmo tempo, ouvi por acaso dois pastores locais que estavam ali perto discutindo a boa notícia de que um deles tinha sido chamado para uma nova igreja. Sua oração respondida só fez que eu me sentisse pior, pois, por alguma razão, Deus não tinha respondido a minhas orações.

Ansiava por experimentar vigor espiritual, por ser produtivo e me realizar no ministério — realização essa que não vinha do reconhecimento dos homens, mas da bênção divina.

Quando li em 1Samuel 1.5: "Apesar de que o Senhor a tinha deixado estéril", passei por um daqueles momentos em que a Escritura parece se estender e me agarrar. Sabia que essa passagem teria uma aplicação pessoal relevante em minha própria vida. Naquele momento, fiquei com a profunda impressão de que Deus estava dizendo que nenhuma igreja tinha me contatado por que ele tinha "tinha [me] deixado estéril". Era como se Deus tivesse fechado a porta, e eu não pudesse abri-la, não importava o quanto tentasse. No entanto, com o entendimento de que tinha sido Deus quem fechou a porta, cheguei àquele ponto de submissão: "Senhor, entrego-me a sua vontade e estou disposto a ficar a fazer parte de uma equipe desde que seja sua vontade". Lembrei-me de uma lição que já aprendera: meu contentamento estava primeiro no Senhor — e não no ministério.

Conforme continuei a ler sobre a provação e a oração de Ana enquanto lutava com sua infertilidade, Deus pareceu me afetar com mais força ainda, quando ele reverteu a esterilidade de Ana. Ele acabara de responder a minhas orações e me dera uma nova igreja para pastorear. Enchi-me de tanta fé e certeza disso que fechei imediatamente minha Bíblia e corri para casa a fim de dar a boa notícia para minha esposa. Entrei correndo em casa para dizer a Connie: "Deus acaba de nos dar uma igreja para pastorear!".

Ela quis saber se uma igreja tinha me contatado e como soube disso. Disse-lhe: "Não, não foi nada disso, mas sei que Deus acaba de responder a nossa oração". Relatei meu encontro com Deus enquanto lia como ele tinha fechado as portas do ventre de Ana e, depois, reverteu sobrenaturalmente a esterilidade dessa mulher piedosa. Não eram minhas emoções tentando me fazer pensar de forma positiva. Não era algum salto cego de fé baseado em meus desejos e tendências pessoais. Foi um momento em que Deus usou a Escritura para fazer uma aplicação pessoal em minha conversa com ele naquela manhã.

Em cerca de três horas, Deus confirmaria que era o Deus que tanto "deixa estéril quanto reverte a esterelidade". O presidente do comitê de busca de pastor de uma igreja em Gulfport, Mississipi, telefonou-me naquela tarde. Ele começou dizendo que fazia quase dois anos que estavam procurando com muito afinco por um pastor e não tinham achado o homem certo. Ele me disse que uma senhora da igreja deles tinha um parente que vivia em Laurel e lhes tinha dado meu nome. Ken me disse que eles, uma vez que era feriado de Natal, não tinham planejado ouvir outro pregador no domingo; mas que se eu fosse pregar naquele domingo, eles estavam dispostos a vir me ouvir e almoçar com minha família. Na providência de Deus, estava escalado para pregar naquele domingo de manhã. Ken concordou que o comitê estaria ali para me ouvir pregar e que queriam conhecer minha família e discutir a necessidade deles de ter um novo pastor.

Enquanto conversávamos aquele dia ao telefone, já sabia em meu coração algo que Ken ainda não sabia — que eu seria o novo pastor deles. Senti uma paz que, na verdade, excede todo o entendimento. Naquele domingo, preguei uma mensagem que Deus me transmitira no restaurante sobre *A bênção da esterilidade*. Três semanas depois, minha família e eu nos mudamos para Gulfport a fim de pastorear aquela igreja. Deus tinha deixado a porta fechada até a hora certa para me tornar o novo pastor deles.

A mensagem, nascida de um fardo em meu coração, em 1985, virou o fundamento deste livro. Desde aquela época, tive o privilégio de compartilhar os princípios dessa mensagem em nações em que o coração das pessoas estava receptivo a Deus. Vi pessoas passarem da fraqueza espiritual para o vigor, da infrutuosidade espiritual para a frutificação e do desapontamento e da falta de realização para um profundo sentimento de realização divina em sua vida.

Talvez você esteja em um período de espera de Deus. Você confia nele. Derrama seu coração para ele. E luta enquanto espera pela resposta dele. Seja forte. Seja fiel, Deus está em operação. A recompensa vale essa espera: vigor, frutificação e realização. Junte-se a mim enquanto examinamos a Palavra de Deus e passamos da esterilidade para a bênção.

# Começando

# Ana: uma mulher segundo o coração de Deus

## A HISTÓRIA PREGRESSA DE ANA

Os livros 1 e 2Samuel eram originalmente um único longo livro na Bíblia hebraica. A tradição diz que o autor foi o próprio Samuel, o profeta usado por Deus para modelar e instituir o reinado em Israel. No entanto, como sua morte é mencionada em 1 Samuel 25, talvez ele não tenha escrito todo o conteúdo desses livros.

Embora não tenhamos de fato certeza de quem escreveu 1 e 2Samuel, sabemos que os livros têm origem divina e foram inspirados e abençoados por Deus. A carta 2Timóteo 3.16,17 afirma: "*Toda a Escritura* é inspirada por Deus e útil para o ensino, para a repreensão, para a correção e para a instrução na justiça, para que o homem de Deus seja apto e plenamente preparado para toda boa obra".

O livro de 1Samuel não começa com Samuel, mas com seus pais, Elcana e Ana, que moravam no interior de Efraim. O relacionamento deles foi complicado por dois fatores: a incapacidade de Ana de conceber filhos e a presença da uma segunda esposa, Penina. A questão da poligamia surge com frequência no estudo do Antigo Testamento. A poligamia não faz parte das intenções de Deus. O Senhor disse em Gênesis 2.24 que "o homem deixará pai e mãe e se unirá à sua mulher, e eles se tornarão uma só carne. O desígnio de Deus sempre foi para um homem e uma mulher se unirem no matrimônio: *e eles se tornarão* (homem e mulher, não três) *uma só carne*. É provável que Elcana tenha se casado com Penina por causa da esterilidade de Ana, para que ela lhe desse filhos. A poligamia, embora tolerada por Deus, nunca fez parte de seu desígnio.

Foi essa mesma questão da esterilidade que se tornou o ponto de tensão entre Ana e Elcana — e entre Ana e Penina.

Ana, cujo nome significa "graça", era a primeira esposa de Elcana. Ele a amava muitíssimo, embora ela não conseguisse ter filho. Imagine a vergonha e culpa que ela deve ter sentido. Ela fora um fracasso em sua principal responsabilidade como esposa. Elcana, para piorar as coisas, encontrou outra pessoa, Penina, cujo nome significa "rubi", que poderia dar-lhe filhos. Talvez essa ruiva fosse ainda mais atraente externamente que Ana; mas com certeza ela era melhor que Ana em uma coisa: ter filhos.

O registro bíblico não nos informa quantos filhos ela teve, mas foi mais de um. Assim, durante vários anos, Ana viveu sob o mesmo teto que essa segunda esposa e os filhos dela. E tenho certeza de que Penina, como as mulheres são propensas a fazer, lembrava Ana o tempo todo de sua infertilidade. Na verdade, o versículo 6 nos informa: "E porque o SENHOR a tinha deixado estéril, sua rival a provocava continuamente, a fim de irritá-la.

Você entendeu? *Provocava continuamente, a fim de irritá-la.* Ana não pediu por isso. Ele nem mesmo merecia isso, porque o problema não era dela. O versículo 6 afirma: *porque o* SENHOR *a tinha deixado estéril.*

Como um Deus amoroso pôde fazer uma coisa dessas? Foi porque ele tinha um plano e um propósito maiores. E seu propósito não seria frustrado nem mesmo por uma aviltante Penina. Ana confiava em Deus. Ela orou. E Deus respondeu.

Ana, no fim, concebeu e teve um filho chamado Samuel, que significa "nome de Deus". No entanto, a pronúncia hebraica soa muito semelhante com as palavras: "ouvido por Deus". Deus tinha ouvido a oração de Ana. Ela, com o nome escolhido para o filho primogênito, deu a glória ao Senhor, além de esse nome também ser como um lembrete para si mesma.

## OS TESTES DE FÉ DE ANA E A FORMA SOBRENATURAL DE DEUS DE ABENÇOÁ-LA

Deus está muito interessado em edificar a fé de seus filhos. Um de seus padrões consistentes na Escritura é este: revelar a si mesmo e, depois, fazer uma promessa na qual se deve crer. Uma vez que se crê na promessa, a resposta vem no tempo de Deus e da maneira dele. Nossa fé, no processo, é testada com frequência para torná-la mais forte e trazer maior glória para Deus.

Observamos esse padrão na vida de Abraão. Deus revelou-se a ele e lhe fez uma promessa incondicional para se crer: Abraão seria abençoado por Deus e teria muitos descendentes. Romanos 4.3 nos informa que "Abraão creu em Deus, e isso lhe foi creditado como justiça". Abraão, como alguém que foi justificado só pela fé, continuaria a mostrar sua fé por meio de sua obediência em confiar em Deus para o cumprimento dessa promessa (mesmo estando na casa dos noventa anos).

Uma das promessas que Deus fez a Abraão era de ir à terra prometida. Ali, Deus o abençoaria e o tornaria frutífero (Gênesis 12.1-3). Abraão creu em Deus e entrou na terra — mas se deparou imediatamente com o severo teste de que havia fome na terra (Gênesis 12.10). A resposta natural ao medo, à autopreservação e à tentação de confiar na sabedoria humana avolumou-se. Abraão cedeu a essas tentações e seguiu em direção ao Egito onde havia alimento. Ele estava caminhando pela visão, não pela fé na promessa de Deus. Logo Deus corrigiu-o por sua falta de fé e o mandou de volta à terra prometida (Gênesis 12.14-20; 13.1-4).

Veremos esse padrão de Deus de testar e fortalecer a fé de seus filhos na vida de Ana.

## OS PROPÓSITOS MAIORES DE DEUS

Deus, antes do nascimento de Ana e do nascimento sobrenatural de Samuel, anteviu a vinda da corrupção a seu tabernáculo por intermédio da casa de Eli e seus filhos ímpios. Deus pôs seu plano em ação muito antes da "lâmpada de Deus [...] se apaga[r] [...] no santuário do Senhor". Foi Deus quem determinou todas as coisas em Cristo a fim de levantar um libertador santo para Israel, alguém que faria a vontade do Senhor. Esse libertador e profeta seria Samuel. Samuel, como José, Davi e muitos outros do Antigo Testamento, fornece-nos um prenúncio do verdadeiro libertador de Israel e da semente prometida de Abraão no Senhor Jesus Cristo.

Assim quando lemos que "o Senhor a tinha deixado estéril", temos de entender que o Mestre tecelão estava tecendo as circunstâncias da vida de Ana em sua tapeçaria maior que amplia sua graça para os pecadores e seus propósitos em Cristo.

Minha abordagem neste estudo é encontrar lições espirituais na esterilidade de Ana e em sua subsequente fertilidade que faz paralelo com a obra de Deus em nossa vida. Ele nos traz ao conhecimento de que também somos, com Ana, incapazes de produzir o fruto espiritual duradouro à parte de Jesus Cristo.

## AGORA É A SUA VEZ

Gostaria que você fechasse este livro, pegasse sua Bíblia e lesse a história de Ana por você mesmo. A história está em 1Samuel 1, capítulo que tem 28 versículos, e no capítulo 2 nos versículos 1-11.

Leia esses versículos todinhos, talvez em voz alta, reservando tempo para sentir o impacto dessa história. Pegue uma caneta e grife ou faça um círculo em qualquer coisa da história que se destaque para você.

Depois de ler esses 39 versículos, pegue uma caneta e escreva a resposta para essas perguntas:

- O que se destacou para você nessa história? O que você notou que talvez nunca tivesse visto antes?
- De que maneiras Ana foi fraca? De que maneiras ela se tornou forte?
- De que maneiras Ana era estéril? Como ela se tornou fértil?
- De que maneiras Ana não era realizada? Como ela se realizou?
- Que emoções Ana experimentou? De que maneiras ela lutou?
- Que promessas Deus fez para Ana? De que maneiras ele satisfez as necessidades do coração dela?

# O caminho para a fertilidade

Todos nós ansiamos por ter força espiritual, fertilidade e um grande sentimento de realização. Mas essas qualidades não surgem naturalmente. Elas só veem sobrenaturalmente.

Faremos uma jornada junto com Ana por intermédio de seus testes de fé até que, no fim, ela tem o pequeno Samuel em seus braços. Entenderemos melhor Ana ao examinar sua vida da perspectiva do propósito de Deus muito antes do nascimento dela. E, ao recordar a vida de Ana e suas orações de louvor que enalteciam a graça de Deus na forma como lidou com ela, veremos a operação de um Deus soberano que deixa todas as coisas bem e nos fortalece, torna-nos produtivos e realizados. Ao tentar interpretar os eventos históricos da vida de Ana de 1Samuel 1 sem os princípios eternos de sua oração de louvor de 1Samuel 2 é omitir muitos dos segredos da verdadeira frutificação que se aplicam a nossa vida hoje.

Os verdadeiros eventos históricos em torno da vida de Ana não são acidentais, mas são o próprio pano de fundo para compararmos e contrapormos o modo de agir da carne com o modo de agir do Espírito, a lei das obras e da graça e a contínua batalha entre Satanás e nossa vitória em Cristo.

Neste estudo, veremos os eventos históricos da vida de Ana como oito testes de fé pelos quais cristãos de todas as idades passam em sua jornada para a verdadeira produtividade espiritual. Embora nem todos passem por todos esses testes, todo cristão tem entender que Deus lida conosco da perspectiva do aprendizado de Ana por intermédio de seu teste de fé e que expressou em sua oração de louvor, "pois não é pela força que o homem prevalece" (1Samuel 2.9).

### 1. A ESTERILIDADE

O primeiro teste de fé que Ana enfrentou foi como responderia a Deus com sua necessidade. "Apesar de que o Senhor a tinha deixado estéril" (1Samuel 1.5). Ana tinha quatro motivos para esperar em Deus que ele a fizesse gerar um filho em seu ventre:

- **O propósito do ventre.** O propósito de Deus é o nascimento e a vida, não a morte.
- **A promessa da Palavra.** Ana estava convencida de que Deus não queria que ela continuasse estéril e improdutiva.
- **O poder dos exemplos bíblicos.** Se Deus não revertesse a esterelidade de Sara não haveria Isaque e, portanto, não haveria Ana.
- **O fardo persistente.** Quando Deus é quem "deix[a] estéril", então só Deus reverter a esterelidade. Deus deu a Ana uma aflição persistente que ele mesmo colocara em seu coração — e só o Senhor poderia resolver essa aflição.

## 2. O BENEFICIADO

O segundo teste da fé de Ana foi não aceitar um substituto, mas esperar pelo melhor de Deus. Elcana tentou satisfazer Ana lhe dando uma *porção dupla* (1Samuel 1.5). Contudo, nem mesmo os presentes de amor dele não eram suficientes para ela.

Foi nesse mesmo teste de fé que Abraão e Sara falharam quando tentaram realizar a obra sobrenatural de Deus por meio das obras da carne. Sara também não conseguia conceber e sugeriu que Abraão engravidasse sua serva Hagar. O resultado final foi Hagar dar à luz a Ismael.

O Novo Testamento rememora esse evento como uma alegoria do contraste entre a escravidão da lei e nossa liberdade na graça (Gálatas 4.21-31). Todo cristão tem de passar por esse teste de fé para conhecer a verdadeira frutificação espiritual em contraposição aos filhos produzidos por meio de esforço religioso (Gálatas 4.26).

- **A comparação**. Havia uma diferença na porção de bênção que Elcana deu a Penina e a Ana.
- **O consolo**. Alguém compensa o que Deus lhe recusa.
- **O conforto**. Ninguém pode nos confortar quando a vontade de Deus para nós é que soframos a fim de nos levar ao âmago de nós mesmos e nos tornar dependentes de Deus.
- **O contentamento**. Esteja atento quanto a permitir que os outros consigam que fiquemos satisfeitos com um substituto.
- **A falsificação**. Ficamos com frequência tentados a confiar numa imitação, em vez de esperar pelo melhor de Deus. Na história de Abraão e Sara, foi nesse momento que Sara substituiria Hagar por seu ventre estéril.

### 3. A OPOSIÇÃO

O terceiro teste que Ana enfrentou foi a oposição causada por Satanás. O adversário acusa, condena-a e provoca sentimento de culpa em você. Ele usa outras pessoas para atacá-lo, desencorajá-lo e traí-lo.

"[...] sua rival a provocava" (1Samuel 1.6,7). É intrigante o fato de o registro bíblico descrever Penina como *rival*. Isso aumenta nosso entendimento da rivalidade e batalha que estava acontecendo.

Há ocasiões em que oramos, mas nosso fardo fica mais pesado, não mais leve. Será que você pode confiar em Deus e esperar por ele durante esses períodos? Ficamos com frequência sobrecarregados e angustiados a ponto de querer desistir e parar. É exatamente isso que o inimigo quer. Desistimos se confiarmos em nossa própria força. É nesses momentos que Deus muitas vezes permite que até mesmo pressões externas maiores nos levem a absoluta entrega a ele e à dependência apenas dele (veja 2Coríntios 4.7-11; 1.8,9).

- **Sofremos oposição e enfrentamos as acusações dos inimigos.** Penina não era uma amiga, mas uma inimiga. Satanás a inspirou a acusar Ana.
- **Sofremos oposição e enfrentamos acusações da carne.** Nosso próprio desencorajamento da carne é nosso maior inimigo para a fé.
- **Sofremos oposição e enfrentamos acusações da família.** O marido de Ana não a ajudou. As palavras dele no versículo 8, embora ele pretendesse o bem, só exacerbaram o problema. Às vezes, os conselhos de membros da família ferem

mais do que ajudam. Lembra-se do conselho da esposa de Jó para ele? Ela lhe disse para *amaldiçoar a Deus e morrer*. Esse provavelmente não era o espírito gentil e manso que Deus encoraja que as esposas tenham (1Pedro 3.1).

- **Sofremos oposição e enfrentamos acusações dos amigos.** Os amigos, com frequência, são apenas solidários a nossa dor, mas se esquecem de nos apontar para Deus e nos encorajar a confiar nele. Os amigos, às vezes, entendem de forma equivocada a obra de Deus em nossa vida e se afastam de nós. Mas esses amigos que têm uma caminhada de fé e que se identificam com você o encorajam, edificam-no, oram por você e o mantém no caminho que Deus pretende para você.

## 4. A AFLIÇÃO

O quarto teste de fé é não deixar o desencorajamento levar ao desespero, mas deixar sua aflição levá-lo a ter fé ainda maior em Deus. “Isso acontecia ano após ano. Sempre que Ana subia à casa do SENHOR, sua rival a provocava, e ela chorava e não comia” (1Samuel 1.7,8).

- **A aflição e a paciência.** Ana era uma seguidora dos que achavam que a fé e a paciência eram inerentes às promessas (Hebreus 6.12).

- **A aflição e a perseguição.** Ana foi ferida vez após outra, sem qualquer alívio. As palavras de Penina eram implacáveis. No entanto, ela aguentou firme. Ela se manteve íntegra sob a pressão e confiou em Deus. Você consegue distinguir a diferença entre seu próprio desânimo e uma aflição permitida por Deus? Consegue distinguir entre seu sofrimento e os sofrimentos de Cristo em você? (Veja Filipenses 3.10.)

**A aflição e a perseverança.** Ana jejuou e não largaria sua aflição permitida por Deus. Ela sentiria as dores do parto na alma antes de ter as dores de parto ao dar à luz.

Quando é o Senhor quem deixa estéril, então só ele pode reverter a esterilidade. Quando é Deus que fecha a porta para você, só ele pode abrir a porta da frutificação. Você continuará a confiar nele?

## 5. O QUEBRANTAMENTO

O quinto teste de fé foi quão estreitamente Ana se agarraria com firmeza à bênção de Deus. Ela tinha de responder à pergunta: a quem meu ventre e o fruto de meu ventre pertencem? É de Deus ou meu? Ana, por meio do quebrantamento, aprendeu que tinha de renunciar a seus direitos e devolvê-los a Deus. Ana orou: "[...] eu o dedicarei ao Senhor por todos os dias de sua vida" (1Samuel 1. 11).

Nestes capítulos, examinaremos os sete princípios de quebrantamento:

1. O propósito do quebrantamento
2. A prova do quebrantamento
3. O processo de quebrantamento
4. O padrão de quebrantamento
5. O princípio do quebrantamento

6. A dor do quebrantamento
7. O produto do quebrantamento

Entre as muitas lições que aprenderemos estão:

- Sem quebrantamento, a glória de Deus é desfigurada.
- Sem quebrantamento, as bênçãos de Deus se transformam em maldição.
- Sem quebrantamento, o homem é louvado, em vez de Deus receber a glória.
- Sem quebrantamento, há abuso em relação aos dons de Deus.
- Sem quebrantamento, experimentamos os frutos da lei, não o fruto do Espírito.

## 6. O ABENÇOADO

O sexto teste de fé foi descobrir a vontade de Deus e receber a promessa. "Eli respondeu: 'Vá em paz, e que o Deus de Israel conceda a você o que pediu' " (1Samuel 1.17).

- **Da esperança para a fé.** A esperança precede a fé (Hebreus 11.1).
- **Da perseverança para a fé.** A paciência trabalha com a fé (Hebreus 6.12).
- **Da fé para a fé.** A fé pode se transformar em uma fé ainda maior (Hebreus 11.33).

Como sabemos que ouvimos de Deus a respeito de nossa necessidade e oração? O seguidor de Cristo sábio e maduro entende que isso acontece pela fé.

### 6. A CRENÇA

O sétimo teste de fé diz: podemos nos regozijar e agradecer a Deus antes de a promessa ser cumprida? "Ela disse: 'Espero que sejas benevolente para com tua serva!' Então ela seguiu seu caminho, comeu, e seu rosto já não estava mais abatido. Na manhã seguinte, eles se levantaram e adoraram o SENHOR; então voltaram para casa" (1Samuel 1.18,19).

- **A crença verdadeira acredita antes de ver** (João 20.29).
- **A crença verdadeira chama isso que não é como se já fosse** (Romanos 4.17).
- **A crença verdadeira apresenta sua aflição ao Senhor e entra no repouso de Deus** (Hebreus 4.9).
- **A crença verdadeira muda seu comportamento.**
- **A crença verdadeira mantém a resposta em seu coração antes de recebê-la de fato.**

Ana teve certeza de que geraria seu filho a partir do momento que Deus deu sua palavra de que ela não teria de esperar por Samuel, pois ele chegaria antes de ela agradecer a Deus. Uma vez que os cristãos aprendem a ouvir a Deus e obter a resposta dele pela fé, não há limite para o que Deus pode fazer por intermédio de sua vida. Eles aprendem o segredo da frutificação.

### 8. O APRIMORAMENTO

O oitavo teste de fé: caminharei com nova fé e dependência de Deus em frutificação (1Samuel 2.1-10)?

***O paradoxo da fé e da frutificação:***

No capítulo 2, a oração de louvor de Ana revela o paradoxo da caminhada de fé e o segredo da frutificação com Deus. O paradoxo é que não podemos prevalecer com Deus pela nossa própria força. João 15.5 diz que "sem mim [Jesus] vocês não podem fazer coisa alguma". Na grande obra de Deus, os poderosos são substituídos pelos trôpegos; o pleno, pelo faminto; e o frutífero, pelo aflito. Essa é a forma de Deus humilhar o orgulhoso e exaltar o humilde. Assim, Deus, para nos levar à frutificação, muitas vezes deixa estéril nossa força para permitir a aflição em nossa vida. É quando reconhecemos nossa esterilidade para realizar o grande propósito de Deus e caminhar na dependência dele que ele reverte nossa esterelidade e realiza sua obra sobrenatural de frutificação.

***A bênção da esterilidade trouxe Ana:***

- **Ao quebrantamento.**
- **Ao âmago de si mesma.**
- À fé em Deus e à **dependência dele.**
- **Ao compromisso total.**
- **Ao fruto sobrenatural que abençoou a ela e a outros.**

SUA RESPOSTA:

- Você tem alguma necessidade em sua vida que foi satisfeita por Deus em que pode dizer: esse é meu Samuel pelo qual orei?

- Deus criou em seu coração o fardo profundo de ver a obra de Deus de tal maneira que saiba que não foi realizada por sua própria força? Você aprendeu o que significa se entregar?
- Você experimentou o preenchimento de seu ser com o Espírito Santo e a vida permanente em Cristo que leva à frutificação?

Nosso desafio é que, como Ana, sentiremos as dores do parto no espírito com tal aflição para cumprir o propósito maior de Deus em Cristo a ponto de que não ficaremos satisfeitos com nada menos que Deus reverter nossa esterilidade. Quando conseguirmos isso, seguraremos em nossas mãos a coisa pela qual sentimos dores de parto em oração.

Você está preparado para confiar nele?

## A DESCOBERTA DA NOSSA ESTERILIDADE CHEGA ANTES DE NOSSA FRUTIFICAÇÃO MAIOR

> *Pois está escrito: "Regozije-se, ó estéril, você que nunca teve um filho; grite de alegria, você que nunca esteve em trabalho de parto; porque mais são os filhos da mulher abandonada do que os daquela que tem marido". Vocês, irmãos, são filhos da promessa, como Isaque* (Gálatas 4.27,28).

Se for para ainda vermos frutificação em nossa vida, é importante que nos identifiquemos com aqueles na Bíblia que eram estéreis. Há grandes lições para aprendermos quando entendemos que, no sentido espiritual, somos todos estéreis no relacionamento com os filhos espirituais e o fruto eterno.

Mas sabe qual é a maior armadilha em que caímos? É a armadilha das aparências.

Podemos fazer muito para Deus, coisas que dão a aparência de frutificação. Parecemos tão bons, tão ocupados, tão... religiosos. Mas esse é de fato o fruto eterno? Ou é apenas temporal? Ele estará diante do trono de julgamento de Cristo ou será com a madeira, o feno e o restolho que queimam?

Os fariseus, com certeza, davam a aparência externa de culto a Deus apenas para Jesus expor suas obras como feitas para serem vistas pelos homens, não para Deus.

Há uma diferença entre "trabalhar para Deus" e "Deus trabalhar por nosso intermédio". Moisés trabalhou para Deus quando tentou pela primeira vez libertar Israel do faraó com sua espada. Ele falhou em seu esforço carnal e terminou ficando do lado no deserto durante quarenta anos. Mas, quando Moisés voltou quarenta anos depois, ele tinha aprendido a depender de Deus. Dessa vez, ele veio com um simples cajado de pastor — mas, nas mãos de alguém que dependia de Deus, o cajado se transformou na vara que Deus usou para abençoar seu povo, e o Senhor operou poderosamente por intermédio de Moisés.

No entanto, é fácil confundir as duas coisas.

Nossa atitude, antes da salvação, com frequência buscava estabelecer nossa própria justiça por intermédio de nossas "obras" só para descobrir mais tarde que estas eram "obras mortas" que não podiam nos justificar diante de Deus (veja Hebreus 9.14). Depois de entendermos que, em nossa condição de perdidos, somos incapazes de fazer boas obras que agradem ao santo Deus, pomos nossa fé na perfeita, completa e concluída obra de Cristo. Na salvação, descobrimos que somos impotentes em relação a Deus e à frutificação eterna.

Abraão descobriu que, em sua carne, não conseguia se salvar e produzir uma linhagem de descendentes. Ele teve de morrer para seu próprio esforço e, só pela fé, confiar em Deus.

Antes de descobrirmos nossa própria esterilidade espiritual, trabalhamos pela justiça e para produzir nosso melhor esforço a fim de ganhar o favor de Deus. Mas uma vez que descobrimos que somos estéreis para produzir fruto espiritual, como em Romanos 4.4,5, "não trabalha[mos]" e, como em Hebreus 4.10, "descansa[mos] das [noss]as obras". Dessa posição de esterilidade espiritual e sem fé em nós mesmos, passamos para a posição de pôr nossa fé só em Deus e ter muitos filhos e produzir muitos frutos eternos (veja Hebreus 4.9,10).

Romanos 4.4,5 diz: "Ora, o salário do homem que trabalha não é considerado como favor, mas como dívida. Todavia, àquele que não trabalha, mas confia em Deus, que justifica o ímpio, sua fé lhe é creditada como justiça". A justiça é uma dádiva de Deus que tem origem no Calvário. Recebemos a justiça de Deus não como resultado de nossas obras, mas "pela graça, por meio da fé [...] [que] é dom de Deus; [...] para que ninguém se glorie" (Efésios 2.8,9).

Hebreus 4.9,10 nos informa que "ainda resta um descanso sabático para o povo de Deus; pois todo aquele que entra no descanso de Deus também descansa das suas obras, como Deus descansou das suas".

Jesus ensinou a seus discípulos que eles tinham de permanecer nele. Em João 15.4,5, ele nos lembra: " 'Permaneçam em mim, e eu permanecerei em vocês. Nenhum ramo pode dar fruto por si mesmo se não permanecer na videira. Vocês também não podem dar fruto se não permanecerem em mim. Eu sou a videira; vocês são os ramos. Se alguém permanecer em mim e eu nele, esse dará muito fruto; *pois sem mim vocês não podem fazer coisa alguma*' " (grifo do autor).

Ao chegarmos ao entendimento de que somos tão estéreis quanto Sara o foi para gerar o Isaque de Deus, ficamos em uma posição melhor para acreditar que Deus reverterá sobrenaturalmente nossa esterilidade espiritual.

Deus nos chama, como os estéreis de Deus, a nos regozijarmos nas promessas do Senhor e em nossos muitos filhos ainda por vir (Gálatas 4.27). Lembre-se, pois o abandonado (em nosso caso o espiritualmente estéril) tem muitos mais filhos que os muitos religiosos que trabalham com tanto afinco para Deus. A igreja atual dá à luz filhos muito semelhantes a "Ismael", o fruto estranho nascido da lei. Os meios de agir da carne podem parecer negociáveis ou motivar as pessoas a entrar no Reino de Deus. Mas não são a obra do Espírito Santo condenando e iluminando o coração dos homens a fim de produzir regeneração, arrependimento e fé.

Neste livro, compilamos princípios e lições da esterilidade de Ana e aprendemos o destino que Deus designou para seus filhos.

Deus se revelou como " 'o Deus de Abraão, o Deus de Isaque, o Deus de Jacó' ". É interessante o fato de que todos esses três pais tenham tido problema com a esterilidade. Se Deus não fosse o Deus que reverteu a esterelidade, então Isaque e Jacó nunca teriam nascido. Todos os três faziam parte da promessa de que da semente deles viria a semente escolhida — Jesus Cristo. Todavia, todos os três foram impotentes para gerar esse filho prometido.

## QUE LIÇÃO TIRAMOS DISSO?

Abraão, Isaque e Jacó foram testados pela esterilidade e levados àquele ponto em que entenderam que só Deus podia cumprir as promessas e abrir verter nossa esterilidade de forma sobrenatural.

Temos de admitir que também temos um ventre espiritualmente estéril e confiar em Deus para abrir nossa vida para a frutificação eterna ao permanecermos em Cristo. Temo que muitos dos círculos religiosos agora se voltem para os métodos de *marketing*, de motivação e da sabedoria humana, em vez de para os milagres do sobrenatural a fim de produzir os filhos de Deus.

Alguns anos atrás, quando estudei a Bíblia e aprendi essas lições de força, frutificação e cumprimento, escrevi o seguinte poema para expressar o que estava aprendendo:

### REGOZIJE-SE, ESTÉRIL

De um ventre estéril, nasce um bebê
Precedido por um coração partido e despedaçado
Um ventre de esperança, vazio de sonhos
Gerou os profetas e os reis de Deus

O estéril de Deus sente duas vezes as dores do parto
Uma para matar o "eu", e a outra para a vida do Senhor
Não do ventre de Hagar que está vivo
Mas do ventre morto de Sara nasce Isaque

Sara, Rebeca e Raquel clamam
Dê-me filhos, a fim de que eu não morra
Ana, Isabel e a esposa de Manoá
Ao ventre estéril Deus deu vida sobrenatural.

Isaque, Jacó e José vieram
De ventres estéreis que conheceram muita dor
Samuel, João e Sansão forte
Do ventre estéril, Deus chamou

Quando Deus visita com misericórdias o homem
Ele enche o estéril com seus grandes planos
Quebrantado, humilhado e levado a nosso âmago
Esvaziado do eu, então ele começa sua grande obra

Com Deus, o segredo da alma estéril
É fruto maior do que você poderia jamais contemplar
A morte, a poda e a permanência precedem
A grande colheita de almas dos que em Cristo acreditarão

Assim, regozije-se, estéril, e acredite para ver
Mais filhos da fé virem de ti
Como Abraão contou sua semente como as estrelas
Muitos filhos da fé serão como você é.[1]

Meu querido amigo, talvez você se pergunte o que a esterilidade tem que ver com você. Talvez se sinta satisfeito com sua caminhada com Deus. Talvez possa apontar um ministério muito abençoado e sinta que sua vida está fazendo diferença para Cristo. Mas as lições de fertilidade são para todos nós. Pois nosso Deus, como fez com Ana, muitas vezes "deix[a] estéril" antes de permitir a fertilidade que só pode ser explicada como sobrenatural.

Cada um de nós tem um propósito em Cristo designado por Deus. Se pficasse por nossa conta o que fazemos para Deus ficaríamos muito aquém desse grande propósito em Cristo. Por isso, Deus escolhe com frequência alguma área da nossa vida em que ele, como com Ana, fecha de propósito o ventre a fim de nos levar a uma fertilidade maior.

---

1 Herring, E. Truman © copyright 2006.

Nesse sentido, teremos muitas lições a aprender sobre força, fertilidade e realização em Deus. Minhas experiências de esterilidade são muitas, mas, a partir delas, tenho experimentado uma comunhão mais íntima com Jesus e tenho visto Deus fazer mais por intermédio de meu ventre estéril do que por toda minha batalha para produzir fruto para Deus.

Minha esposa e eu nos identificamos com Ana também no plano físico quando descobrimos, depois de nove anos de casamento, que éramos fisicamente estéreis e não podíamos ter filhos nossos. Mais adiante neste livro, você ouvirá essa nossa história que, como a de Ana, tem um fim abençoado por Deus.

# A maneira como vemos a vida afeta como vivemos a vida

Espero que, depois de ler os dois primeiros capítulos de 1 Samuel, tenha percebido a comparação e o contraste entre as duas mulheres: a estéril Ana sem filhos e a fértil Penina com muitos filhos. Mas essa é apenas a aparência exterior.

Neste capítulo, examinaremos um princípio muito importante que você precisa entender: *a maneira como vemos a vida afeta como a vivemos.* Você vê a vida de uma perspectiva humana? Se esse for o caso, nosso foco é limitado, de curto prazo e falho. Se virmos a vida da perspectiva de Deus, perceberemos que ele está no controle e veremos a vida através das lentes da soberania, da graça e da bondade dele.

> *Ele tinha duas mulheres: uma se chamava Ana, e a outra Penina. Penina tinha filhos, Ana, porém, não tinha. [...] No dia em que Elcana oferecia sacrifícios, dava porções à sua mulher Penina e a todos os filhos e filhas dela. Mas a Ana dava uma porção dupla, porque a amava, apesar de que o* Senhor *a tinha deixado estéril* (1 Samuel 1.2,4,5).

*"O arco dos fortes é quebrado, mas os fracos são revestidos de força. Os que tinham muito, agora trabalham por comida, mas os que estavam famintos, agora não passam fome. A que era estéril deu à luz sete filhos, mas a que tinha muitos filhos ficou sem vigor"* (1 Samuel 2.4,5).

## "OS FILHOS SÃO UMA BÊNÇÃO. SER ESTÉRIL É UMA MALDIÇÃO"

Nos tempos bíblicos, pensava-se que a esterilidade era uma maldição. Toda mulher jovem vivia com a esperança de ter um marido e muitos filhos. Casar-se e depois descobrir que não conseguia ter filhos tinha resultados desastrosos.

- A incapacidade de realizar o desejo do marido de continuar o nome e a herança de sua família podia significar desapontamento, ódio e até mesmo rejeição por parte dele.
- A esterilidade podia significar desapontamento e raiva de sua própria família e vilarejo.
- As outras mulheres podiam zombar de você e deixar bem claro que você era um tanto inferior, uma aberração da natureza e amaldiçoada por Deus.
- A mulher estéril podia se sentir pessoalmente isolada, solitária e abandonada. Sua autoestima e identidade podiam ser distorcidas por sua infertilidade.
- A mulher estéril podia até mesmo culpar a si mesma e sentir culpa, rejeição social e se culpar como um fracasso.
- A mulher estéril, por fim, podia até mesmo ficar com raiva de Deus e questionar: "Por que o Senhor me deixou estéril e me envergonhou?"

## COMO VOCÊ ACHA QUE ANA SE SENTIA?

- Talvez os sussurros das mulheres da cidade perseguissem Ana onde quer que ela fosse: "Ali vai a pobre Ana. Sinto pena do marido dela. Mas pelo menos ele tem uma boa esposa que pode lhe dar tantos filhos quantos ele quiser".
- Talvez ela se sinta como uma estrangeira. Rejeitada, sozinha e nunca como um membro da comunidade. Você já se sentiu assim? Já sentiu rejeição e já sofreu o embaraço e a dor do fracasso? Esse era o destino de Ana... pelo menos da perspectiva humana.
- Você consegue imaginar os sonhos de Ana, ano após ano, de ter filhos e, todavia, eles continuarem não realizados? Consegue identificar alguma área de sua vida em que você sonha, mas seus sonhos parecem ser apenas vãs esperanças?
- Talvez ela se levantasse todos os dias acreditando que Elcana estava desapontado com ela. Como você se sentiria se acreditasse que seu cônjuge está secretamente desapontado com você porque você não consegue realizar o sonho e as necessidades dele ou dela? Sente-se rejeitado ou desapontado com seu cônjuge, com um amigo, um membro da família? Todo dia, ela tinha de aguentar as farpas e os julgamentos de Penina. Talvez haja uma pessoa em sua vida que descubra seu ponto mais fraco, aquele que o deixa desapontado, e explore isso e o maltrate com isso. Existe alguém que sinta prazer em mantê-lo para baixo exaltando a si mesmo à suas custas? Consegue se identificar com Ana à medida que também tem experiência com uma ou mais pessoas que se dão ao trabalho de derrubá-lo? Muitos personagens

bíblicos passaram por essa experiência. Descobriremos que Deus usou Saul na vida de Davi, muito como usou Penina na vida de Ana, a fim de preparar Davi para a maior fecundidade de Deus.

- Ana começou a se culpar por sua triste condição? Ela sofreu com sua baixa autoestima e depressão? Ela questionou o amor de Deus por ela? Será que ela sequer desejou não ter nascido?
- Ela, silenciosamente, ficou com raiva de Deus mês após mês, ano após ano? Não havia mais ninguém a culpar por sua infertilidade além de Deus. Você pode culpá-la? Se nossa única perspectiva for terrena e só desta vida, Ana estaria certa em ter raiva e estaria justificada em questionar Deus.

## ESPELHO, ESPELHO NA PAREDE

Se puséssemos Penina e Ana lado a lado, a maioria das pessoas da Israel de 1100 a.C. teria escolhido Penina como a mais leal das duas. Ela era a abençoada, a favorecida. Com certeza, havia algo errado com Ana. Ela não teria muita chance em um concurso de beleza de aparência externa.

No entanto, não podemos avaliar nosso valor fundamentados em nossas circunstâncias. Nosso valor não é determinado por nossa beleza física, pelo tamanho de nossa conta bancária, por nossa posição na sociedade nem por nossas realizações e sucesso neste mundo. Temos a Palavra de Deus que nos diz a verdade sobre quem somos e qual é nossa realidade suprema. A Palavra de Deus tem a capacidade de nos mudar de um filho de Adão feio e mau para um filho de Deus transformado em Cristo.

## UMA ALTERNATIVA PADRÃO

Há um princípio incrível embutido em 2 Coríntios 3.18. Esse versículo afirma: "E todos nós, que com a face descoberta contemplamos a glória do Senhor, segundo a sua imagem estamos sendo transformados com glória cada vez maior, a qual vem do Senhor, que é o Espírito".

A ideia é que estamos sendo mudados progressivamente na imagem de Jesus Cristo. Esse é um processo que leva tempo e requer confiança e cooperação com o Espírito de Deus. Fundamenta-se na verdade — porque a coisa mais confiável em relação a você é o que Deus diz a seu respeito.

Para aquele que acredita e confia no Senhor Jesus, o que parece ser mau — um problema, um distúrbio, um julgamento ou um ataque — é de fato uma oportunidade para ver Deus em ação em sua vida de uma maneira extraordinária.

- Abraão não aprendeu sobre confiar em Deus em meio à fome. Seu filho, Isaque, descobriu que uma colheita cem vezes mais produtiva era possível com Deus no tempo da fome.
- Jacó achava que a fome de seus dias trabalhava contra ele. Seu filho, José, sabia que Deus estava pondo tudo em sua vida, incluindo a iminente fome, e estava operando isso tudo para o bem dele (veja Gênesis 50.20).
- O que você pode entender como uma porta fechada talvez seja Deus guiando-o para sua porta maior, porta essa aberta para as bênçãos.

Uma das chaves para entender o segredo da fertilidade está na oração de louvor de Ana registrada em 1 Samuel 2.4-9. Esse cântico de louvor nos lábios de Ana ressalta um princípio imutável de Deus em sua atitude com seus filhos. Quanto mais depressa aprendemos os caminhos de Deus, mais rápido descobrimos que Jesus não só é quem carrega nosso fardo, mas também é quem carrega nossa própria vida. Quanto mais lutamos com o processo de Deus para nos levar à fertilidade e resistimos mais a ele, mais depressa vamos de encontro às portas que Deus fechou soberanamente em nosso caminho.

Observe as palavras do cântico de louvor de Ana:

*O arco dos* ***fortes*** *é quebrado,*
*mas os fracos* são revestidos de força.
*Os que tinham* ***muito****, agora trabalham por comida,*
*mas os que estavam famintos, agora não passam fome.*
*A que era estéril deu à luz sete filhos,*
*mas* ***a que tinha muitos filhos*** *ficou sem vigor.*
O SENHOR ***mata*** e preserva a vida;
*ele* ***faz descer*** *à sepultura e dela resgata.*
O SENHOR *é quem* ***dá pobreza*** *e riqueza;*
*ele* ***humilha*** *e exalta.*
*Levanta do pó o necessitado*
*e do monte de cinzas ergue o pobre;*
*ele os faz sentar-se com príncipes e lhes dá lugar de honra.*
*Pois os alicerces da terra são do* SENHOR*;*
*sobre eles estabeleceu o mundo.*
*Ele guardará os pés dos seus santos,*
*mas os ímpios* ***serão silenciados nas trevas****,*
*pois não é pela força que o homem prevalece*
(1 Samuel 2.4-9; grifo do autor).

Nesses seis versículos, ressaltei com negrito aqueles que, de uma perspectiva terrena, parecem ter tudo. Eles são poderosos, têm muito. Mas observe o que acontece: eles são mortos, feitos pobres e humilhados por Deus. Os que têm muitos filhos ficam sem vigor. O destino final deles é ser silenciados nas trevas.

Em contrapartida, sublinhei as frases que descrevem os que não parecem ser abençoados com coisas terrenas. Eles estão fracos e têm fome. O que acontece com eles? Eles confiam em Deus. Como resultado disso, eles são revestidos de força e não sentem mais fome. Os estéreis ficam férteis. Deus torna essas pessoas vivas, elas ficam ricas, são erguidas, levantadas do pó, erguidas das cinzas, sentam-se com príncipes e herdam o trono da glória. Deus mesmo guarda os pés delas.

Mas é a última frase do versículo 9 que resume tudo até esse ponto: "pois não é pela força que o homem prevalece". O que isso significa? Deus falou diretamente ao profeta Zacarias e disse: " 'Não por força nem por violência, mas pelo meu Espírito', diz o SENHOR dos Exércitos" (Zacarias 4.6).

Quanto mais de perto olhamos o espelho da Palavra de Deus, descobrimos que nos identificamos com os homens e as mulheres de fé e nos vemos em Jesus Cristo. Mas também temos de ver nosso antigo "eu" pecaminoso na ilustração da carne a fim de nos vermos como aqueles que batalham com nossa carne, nossa antiga identidade em Adão. O velho Adão em nós trabalha incansavelmente para encontrar algo — qualquer coisa — pela qual podemos conseguir algum tipo de crédito. Mas não há nada em nossa carne que possa agradar a Deus.

Considere a seguinte comparação das duas mulheres. Às vezes nos parecemos com Penina e outras vezes com Ana.

- A maneira natural de abençoar: Penina. Ela era poderosa, plena, fértil, estava viva, era uma princesa e rica.

- A maneira sobrenatural de Deus abençoar: Ana. Ela estava tropeçando, era estéril, estava faminta, morta, era pobre e camponesa.

Uma das chaves parece estar no nome dessas duas mulheres. Lembre-se, o nome de Penina significa "rubi". Talvez o nome descreva sua beleza e atrativos físicas. Mas o nome de Ana significa "graça". A graça nunca é conquistada, nunca é merecida. É um dom gratuito de Deus.

Deus, em última análise, abençoou Ana não porque ela merecesse, não porque ela fosse melhor que Penina ou tivesse praticado mais atividades religiosas que sua rival. Ele a abençoou simplesmente porque ela confiou em Deus. Ela procurou-o *pela fé*. E Deus sempre recompensa aqueles que o buscam pela fé (veja Hebreus 11.1-6).

Na verdade, observamos esse mesmo princípio no nascimento de Jesus. O Espírito Santo conceberia no ventre de Maria a semente prometida que é nosso Senhor e Salvador não porque ela merecia... mas porque ela foi *agraciada por Deus*. E ela entoou o cântico:

> *Minha alma engrandece ao Senhor e o meu espírito se alegra em Deus, meu Salvador, pois atentou para a humildade da sua serva. De agora em diante, todas as gerações me chamarão bem-aventurada, pois o Poderoso fez grandes coisas em meu favor; santo é o seu nome. A sua misericórdia estende-se aos que o temem, de geração em geração. Ele realizou poderosos feitos com seu braço; dispersou os que são soberbos no mais íntimo do coração. Derrubou governantes dos seus tronos, mas exaltou os humildes. Encheu de coisas boas os famintos, mas despediu de mãos vazias os ricos* (Lucas 1.46-53).

À medida que lê esses versículos, talvez tenha percebido alguma linguagem familiar. Leia mais uma vez as quatro últimas linhas e observe as seguintes palavras: *poderosos*, *humildes*, *famintos* e *ricos*. Essas palavras soam familiares? Essas são as exatas palavras que Ana usou em sua oração a Deus.

Como você vê a vida? Você é uma *vítima* ou alguém *abençoado*? Você *tenta agradar a Deus* ou *confia nele por causa de tudo que ele tem feito por você*? Está *desapontado com a vida* ou reconhece que *tudo em sua vida é filtrado através das lentes de um Pai celestial amoroso?* "Toda boa dádiva e todo dom perfeito vêm do alto, descendo do Pai das luzes, que não muda como sombras inconstantes" (Tiago 1.17).

## ENTENDENDO O PRINCÍPIO DE FERTILIDADE DE DEUS

> *"Ele tinha duas mulheres: uma se chamava Ana, e a outra Penina. Penina tinha filhos, Ana, porém, não tinha. [...] Mas a Ana dava uma porção dupla, porque a amava, apesar de que o* SENHOR *a tinha deixado estéril"* (1Samuel 1.2,5).

Observe a frase: "Apesar de que o SENHOR a tinha deixado estéril". A versão Tradução Brasileira diz que Deus "havia cerrado a madre". Isso parece enfatizar a força e caráter final de tudo isso. Ana era amada por seu marido ainda mais que Penina, mas *o* SENHOR *a tinha deixado estéril.* Elcana a amava, mas não resolvia seu problema de esterilidade. Independentemente de quantas coisas boas você possa dizer sobre Ana, há uma placa luminosa gigante sobre sua cabeça com os dizeres: *Ana, porém, não tinha [filhos]*. Ela não tinha o que mais importava... e estava pesarosa.

Não importa quanto sucesso você consiga, não importa que altura alcançamos, no fim de nossa vida nada disso importa. Se o epitáfio em nosso túmulo disser: "Improdutivo", desperdiçamos nossa vida. Como cristão, não importa o que consiga realizar na vida; se você for espiritualmente estéril, isso significa pouco na eternidade.

## OS PRINCÍPIOS DE INTERPRETAÇÃO

Uma das formas que gosto de estudar a Escritura é contemplar primeiro o quadro geral e interpretar toda a Escritura através das lentes do *grande propósito de Deus em Cristo.* A vida não diz respeito a nós... mas sim a Jesus Cristo.

E embora a história de 1Samuel 1 e 2 registre de forma acurada os eventos da vida de Ana, há uma grande história em operação — a história do grande propósito de Deus em Cristo. Não é primeiro sobre Ana, é primeiro sobre Cristo. Não é primeiro sobre mim e os problemas que, como Ana, estou atravessando, mas sobre como Ana se encaixa na pintura mais abrangente de Deus e no grande propósito dele em Cristo. O mesmo é verdade para nós.[2]

> *A lâmpada de Deus ainda não havia se apagado, e Samuel estava deitado no santuário do* S*ENHOR*, *onde se encontrava a arca de Deus. [...] E o* S*ENHOR disse a Samuel: "Vou realizar em Israel algo que fará tinir os ouvidos de todos os que ficarem sabendo"* (1Samuel 3.3,11).

---

[2] Veja Herring, E. Truman. *God's Greater Purpose in Christ.*

Deus tinha um propósito maior que Ana. Ele queria corrigir a idolatria em Israel e a desobediência de seu povo e restaurar a nação para que voltasse a ter comunhão com ele. O Senhor também queria preparar Davi para se assentar no trono de Israel, em última análise o princípio fundamental para o Rei dos reis que viria da linhagem de Davi.

Deus, para realizar tudo isso, usou uma simples esposa hebraica estéril que tinha sido vítima da ridicularização e escárnio de sua rival. Deus sempre faz as coisas de sua maneira e usa o fraco e dependente para realizar seus propósitos.

Uma segunda maneira em que estudaremos esse tema de Deus nos preparar para a fertilidade é lembrar que a Palavra de Deus, e o Antigo Testamento, em particular, foi escrita por meio da revelação progressiva de Deus de si mesmo até termos sua revelação plena em Jesus Cristo e na conclusão do Novo Testamento. Portanto, olhamos em retrospectiva para a esterilidade de Ana através das lentes da plena revelação no Novo Testamento da Palavra e dos princípios de Deus.

Além das regras normais de interpretação da Escritura em seu contexto, linguagem e cultura, também sabemos que a Escritura é um comentário sobre si mesmo, e seus tópicos e personagens não estão isolados, mas entretecidos na tapeçaria da Verdade de Deus. Assim, tentaremos entretecer Ana a todos da Escritura que lutam com a esterilidade para entender melhor os segredos da fertilidade que Deus tem para nós.

Ana, como a maioria das moças judias, sonhava com um casamento feliz com muitos filhos amorosos. Antes de Connie e eu nos casarmos, ela ganhou um bonito baú da esperança. Ele era feito de cedro e, ao ser aberto, soltava um aroma de cedro e de esperança. O baú era bem grande, 1,22 metro de comprimento por 60 centímetros de profundidade e largura. Esperava-se que o baú guardasse muitos dos sonhos de Connie para nosso casamento. Um desses sonhos seria como o de Ana, o de ter filhos. Para esse sonho o baú da esperança de Connie se tornaria mais um esquife com um aborto, mas nenhum filho de seu próprio ventre. Connie e eu continuamos a ter esperança e levamos nove anos para admitir que éramos estéreis.

Não somos informados sobre quanto tempo Ana ficou casada antes de perceber que era estéril. Obviamente, foi um período de muitos anos. Mês a mês, ano a ano, ela deve ter tido esperança: "Esse pode ser o mês em que ficarei grávida". A despeito da vergonha de sua cultura e do sofrimento em seu coração, Deus estava em operação em sua vida. Sua incapacidade de conceber filhos não foi um sinal do desprazer de Deus. Ele estava operando seu plano e propósito maiores em Jesus Cristo.

Deus tem feito seus filhos esperarem. Ele se identifica como o "Deus que concede perseverança e ânimo". Sem esperança e perseverança, não conseguimos enfrentar o amanhã. Ana tinha de manter seu baú da esperança da Palavra de Deus aberto e ser renovada pela fragrância do amor de Deus. Ela não podia nem deveria deixar seu baú da esperança se transformar em um esquife de seus sonhos concedidos por Deus.

"Apesar de que o Senhor a tinha deixado estéril". Examinemos essa frase de diversas perspectivas.

Como Ana interpretou sua circunstância? É claro que ela sabia que não tivera sucesso em ter filhos em contrapartida com a outra esposa do marido que teve muitos filhos. Ela sabia que seu marido, Elcana, não era estéril. Muitos entenderiam isso como uma questão de saúde que talvez o tempo curasse. Outros entenderiam a situação como uma questão de acaso e que, depois de alguns meses, ela teria sorte e ficaria grávida. Parece que não importava o que seu marido e Penina pensavam e do rótulo desesperançado de que ligaram a Ana — a estéril —, ela ainda tinha a firme esperança em Deus, e essa perseverança não deixaria a esperança morrer.

Ano após ano, ela levava seu caso para Deus. Ela, como fizeram Abraão e Sara, defendia seu caso diante de Deus, o Pai amoroso. Agarrava-se à esperança quando toda esperança já findara, como uma mãe que preferiria morrer em vez de deixar o filho morrer. Deus mesmo a tinha impregnado de esperança, e ela passaria pelas dores do parto até a esperança se transformar na fé que obtém promessas de Deus (Hebreus 11.33). Ela foi a Deus como uma filha de Abraão e como ele, "depois de esperar pacientemente, Abraão alcançou a promessa" (Hebreus 6.15). Ela seguia anualmente as pegadas do fiel Abraão para adorar a Deus e provar ser uma filha de Abraão em sua esperança em Deus. Ela, contra a dor de sua esterilidade, esperava no Deus da fertilidade. Apesar de Romanos 4.18 descrever a fé de Abraão, a passagem pode ser igualmente aplicada à fé de Ana. "Abraão, contra toda esperança, em esperança creu, tornando-se assim pai de muitas nações, como foi dito a seu respeito: 'Assim será a sua descendência' ".

Um dos sinais de que você está amadurecendo na graça é não esperar na esperança. Você espera em Jesus, então espera bem além do que vê. Há um momento em sua vida em que pode dizer que "viu" com os olhos da fé e esperou contra a esperança porque sua esperança estava em Jesus?

Com certeza as palavras de Jesus devem nos dar esperança e também nos dizer que não somos seus filhos inférteis, mas que fomos escolhidos para produzir muito fruto (João 15.16).

Como você interpreta essa área de vida em que Deus pode fechar seu ventre? Deus designará uma área de sua vida na qual o ensinará que você é estéril e que "sem mim [Jesus] vocês não podem fazer coisa alguma" (João 15.5). Você desistiu da esperança de que suas orações sejam respondidas? Tenta derrubar as portas fechadas por Deus? Tenta, como Jacó, manipular Deus e o homem para realizar o que acha ser a vontade do Senhor?

*Apesar de que o* SENHOR *a tinha deixado estéril.*

Da perspectiva do céu, Deus tinha um projeto para Ana que tinha relação com um panorama muito mais abrangente que o calendário e a agenda pessoal de Ana. Deus determinou sua vontade antes de o tempo começar e fomos escolhidos para nos ajustarmos ao propósito e ao tempo de Deus, não ao nosso.

Ana estava profundamente sobrecarregada por sua incapacidade de conceber. Mas o que Ana não podia ver era que o futuro do sacerdócio estava em risco por causa dos filhos ímpios de Eli. Ela não entendia que Deus não deixaria que a "lâmpada de Deus ainda não havia se apagado [...] no santuário do SENHOR" (1Samuel 3.3). Ela não entendia que Deus tinha planejado antes de seu nascimento que seu filho Samuel seria profeta, juiz e líder de Israel. Ela não entendia como Deus também tinha escolhido seu filho para ser parte do propósito maior em Cristo e que Deus prometeria Cristo como seu fiel sacerdote ungido que serviria diante do Senhor para sempre.

Qualquer problema que você enfrente na vida lembre-se de que vemos apenas o hoje. Mas o plano de Deus é muito maior e temos de confiar nele e lembrar que "Deus age em todas as coisas para o bem daqueles que o amam" (veja Romanos 8.28).

# Os oito testes de fé

# *Teste um: esterilidade*

> *Ele tinha duas mulheres: uma se chamava Ana, e a outra Penina. Penina tinha filhos, Ana, porém, não tinha. [...] Mas a Ana dava uma porção dupla, porque a amava, apesar de que o Senhor a tinha deixado estéril* (1Samuel 1.2,5).

## O PRIMEIRO TESTE DE FÉ

Deus leva Ana através de uma série de testes de fé, destinados a fortalecê-la, aprofundar sua fé e trazer glória a Deus. O primeiro teste de fé é este:

*Como ela responderá a Deus com sua necessidade?*

## UMA OPORTUNIDADE PARA CONFIAR

Deus cria com frequência uma necessidade em nossa vida a fim de aumentar nossa fé. Essa necessidade pode vir de um desapontamento que vivenciamos. Para alguns, é a perda de um emprego; para outros, pode ser um problema de saúde; ainda para outros, talvez seja um divórcio ou a morte de um ente querido. De outras vezes, pode simplesmente ser um desafio que enfrentamos.

Lembra-se da história registrada nos evangelhos em que os discípulos enfrentaram uma forte tempestade no mar da Galileia? Os ventos e as ondas estavam para afundar o barco deles — e Jesus estava adormecido sobre uma almofada. Os discípulos se apressaram em acordá-lo e dizer o que soou como uma acusação: " 'Mestre, não te importas que morramos?' " (Marcos 4.38). Jesus se levantou, repreendeu o vento e as ondas — e uma grande calma caiu sobre o mar. Mas, a seguir, ele virou-se para os discípulos e disse: " 'Por que é que vocês são assim tão medrosos? Vocês ainda não têm fé?' " (Marcos 4.40, *NTLH*). Essa última frase: "Vocês ainda não têm fé?" é muito poderosa. A palavra *vocês* é enfática. A ideia é: "Como é que VOCÊS, vocês que me seguem dia após dia não têm fé?"

A partir da leitura dessa história, é óbvio que o mais importante no propósito de Jesus era aumentar a fé dos discípulos. Você se identifica com isso? Pense nos últimos anos de sua vida. Que circunstâncias o desafiaram? Que medos enfrentou? Que desapontamentos experimentou?

Enquanto rememora esses dias, consegue ver a mão soberana de Deus em operação? Faça a si mesmo estas perguntas:

- Minha provação pegou Deus de surpresa? Ele estava ciente do que eu atravessava?
- O que aprendi com essa experiência?
- Minha necessidade ou problema me levou a me aproximar mais de Deus, a viver em maior dependência dele

— ou permiti que ela me afastasse mais de Deus? É essencial que nossa necessidade não nos leve para longe *de* Deus, mas *para* perto de Deus.

Ana teve uma oportunidade de confiar em Deus. Ela, por intermédio de sua incapacidade de conceber, deparou-se com uma série de escolhas:

- Ela confiaria em Deus — ou perderia a confiança e ficaria desanimada?
- Ela obedeceria a Deus — ou se rebelaria contra ele?
- Ela louvaria a Deus independentemente do que acontecesse — ou ficaria amarga?
- Ela permitiria que sua esterilidade a definisse — ou faria as escolhas certas para que sua fé a definisse?
- Ela se desesperaria — ou teria esperança?

Ana tinha motivo para esperar que, um dia, teria filhos. Essa esperança não se fundamentava em sua condição física. Seu ventre tinha provado que estava fechado. Mas sua esperança estava em Deus e suas promessas. A esperança precede a fé e nos ajuda a buscar Deus e suas misericórdias. Hebreus 11.1,6 declara: "Ora, a fé é a certeza daquilo que esperamos e a prova das coisas que não vemos. [...] Sem fé é impossível agradar a Deus, pois quem dele se aproxima precisa crer que ele existe e que recompensa aqueles que o buscam".

A esperança se fundamenta na pessoa e no caráter de Deus. Esperamos em Deus antes de recebermos uma promessa específica dele sobre nossa necessidade.

## OS MOTIVOS PARA ESPERAR

Ana tinha quatro motivos para esperar em Deus que ele reverteria sua esterilidade:

### *1. O propósito do ventre*

Deus criou o ventre para o nascimento e pôs um anseio natural nas mulheres de ter filhos. Na criação, Deus disse: "Sejam férteis e multipliquem-se" (Gênesis 1.28). Deus também falou para todo cristão e disse que seu propósito para nós é que sejamos férteis. Jesus declarou: "Vocês não me escolheram, mas eu os escolhi para irem e darem fruto, fruto que permaneça, a fim de que o Pai lhes conceda o que pedirem em meu nome" (João 15.16).

#### *Fomos projetados para ser férteis*

Espiritualmente, cada cristão tem uma responsabilidade concedida por Deus de produzir fruto. Da mesma maneira como Deus criou Ana para dar à luz o profeta Samuel, o propósito dele para nós também é que produzamos fruto e sejamos vasos por intermédio dos quais muitos dos servos escolhidos de Deus venham a Cristo. Nosso Deus não só é o Deus da esperança; ele também é o Deus com propósito. Ele não planeja nada sem propósito. Observe a obra prima das estrelas. Elas declaram a glória de Deus através dos céus e se movem em sua órbita com precisão orquestrada. Há um projeto e um propósito na criação.

Ana sabia que havia um desígnio e propósito também para seu ventre. Esse ventre não era um túmulo. Para Ana, a esterilidade não se encaixava no propósito de Deus para sua vida. Com esperança, acreditava apesar da aparente falta de esperança. E essa esperança a fazia atravessar os dias de desânimo e lhe dava força em face das muitas vozes desencorajadoras que ouvia.

### *Ajustando para um destino menor*

Certo dia, fiquei face a face com uma grande águia norte-americana. Fiquei atônito, olhando fixo sua beleza e tamanho. Ela parecia tão poderosa. Imaginei como ela poderia com sua grande força se precipitar do céu, pegar sua presa e carregá-la com suas poderosas asas para o topo das montanhas. Deus equipou-a com garras poderosas e um bico capaz de repartir sua refeição com seus filhotes.

Meu interesse na águia foi despertado porque tinha pregado havia pouco uma mensagem intitulada *Carregado sobre as asas da água e nosso descanso em Deus*. Lembrei-me de Isaías 40.31 em que Deus promete seu poder para o fraco a fim de nos permitir "voa[r] alto como águias". Pensei em como essa grande águia podia simplesmente levantar suas asas poderosas e deixar o poder do vento carregá-la sem esforço para o alto da montanha.

Mas enquanto olhava nos olhos da águia, vi algo que não esperava. Não era o olhar alerta de um poderoso caçador que percebia todo movimento a sua volta. Era o olhar entediado e derrotado. Por quê? Porque eu não estava em um de nossos grandes parques nacionais, mas no zoológico. E olhava fixo nos olhos de uma água engaiolada — não uma que estava livre na natureza.

Quanto tempo essa magnífica águia levou para entregar seu propósito e destino para uma gaiola? Deus, o Criador, tinha programado o DNA dessa águia para o propósito de voar a grandes alturas.

Mas essa grande ave tinha aparentemente perdido a esperança de que sequer voaria de novo. Em contrapartida à águia engaiolada, a esperança de Ana não podia ser engaiolada por um ventre vazio. Ela tinha a firme certeza de que Deus tinha um plano maior para sua vida — que seu ventre, um dia, carregaria a dádiva de um filho, uma bênção do Senhor.

### *Minha história*

Aprendi essas lições do jeito difícil. Houve uma época em que servi a Cristo pela metade. Mais tarde, tentei servi-lo com zelo e fiquei exausto com todos meus compromissos cristãos para servir ao Senhor. Falhei tanto na tentativa de encontrar realização quanto na de encontrar descanso. Vivia e ministrava na minha carne, tentando agradar a Deus com meu esforço.

Descobri depois o que Ana sabia que "não é pela força que o homem prevalece". A águia não voa a grande altitude por sua própria força, mas pelo impulso do vento invisível. Sei quando sou carregado pelo Espírito Santo como a águia e sei quando luto com minha própria força. Não vivemos a vida cristão com nosso próprio esforço, mas pelo poder e força do Senhor.

Paulo escreve sobre essa verdade em Gálatas 2.20: "Fui crucificado com Cristo. Assim, já não sou eu quem vive, mas Cristo vive em mim. A vida que agora vivo no corpo, vivo-a pela fé no filho de Deus, que me amou e se entregou por mim".

Vários anos atrás, escrevi o seguinte poema para expressar essa ideia de transformação de vida — de que somos capazes de abrir as asas como as águias e alçar voo não por causa de nossa própria força e habilidade... mas por causa da graça e do poder do Senhor Jesus Cristo que vive em nosso interior e nos capacita todos os dias.

### *As asas da águia e a cruz*

Andei, mas então desfaleci
Com a cruz que carregava
Corri para fazer a vontade de Deus
Mas fiquei fraco com meus cuidados

Não me elevei como as águias
Carregado pelo vento do Espírito
Não conhecia o poder
Que começa onde minha vida termina

Mas, em minha fraqueza, descobri
Duas cruzes feitas para mim
Uma que tomei e carreguei
E uma cruz que me carregou

Pela fé temos de descobrir
As duas mortes de sua cruz
Ali Jesus morreu por meus pecados
E ali morri com ele.

Esperar no Senhor
E voar com asas de águia
Pela fé mudar a vida
Para a vida que sua cruz nos traz.[3]

---

3 Herring, E. Truman. Eagles Wings and the Cross. © copyright 2005.

### *O desígnio de Deus para sua vida*

Desde o momento em que você nasce, Deus põe em você um DNA espiritual para produzir fruto espiritual. Não podemos nos contentar em ficar engaiolados em uma religião feita pelo homem. Deus nos fez para coisas melhores — para voar alto com seu Espírito e ser produtivos em nosso serviço para ele.

Infelizmente, muitos se acomodam a um destino menor. Conheço milhares de cristãos. Nos olhos deles, você vê desânimo e derrota. Eles aceitaram o *status quo*. Acomodaram-se a uma rotina religiosa de ir à igreja uma vez por semana, ler a Bíblia de vez em quando e servir de pequenas maneiras no ministério da igreja. Mas o resto da vida pertence a eles mesmos para viver como lhes agrada.

Nos olhos de outros cristãos, há uma centelha de fé para cumprir o destino dado por Deus. Eles sabem que são chamados a produzir frutos. Recusam-se a seguir Jesus pela metade. Não serão engaiolados, levando uma vida igual à das pessoas a sua volta. Eles esperam que Deus apareça e opere na vida diária deles e por intermédio dessa nova vida em Cristo. Esses santos de Deus que se assemelham às águias sabem que o propósito do Senhor para sua vida faz diferença no Reino de Deus.

Pare um momento nesse ponto. Faça um inventário espiritual de sua vida. Você leva uma vida engaiolada, derrotada e improdutiva? Você se acomodou a um destino menor? Jesus libertou-o para voar alto nas asas da águia. Está preparado para seguir aquele que disse: " 'Sigam-me, e eu os farei pescadores de homens' "? Quando, dois mil anos atrás, Tiago e João ouviram essas palavras, eles "no mesmo instante eles deixaram as suas redes e o seguiram" (Mateus 4.19,20). Esse era o destino deles dado por Deus.

Qual é o seu? Você está preparado para experimentá-lo? Confia em Deus enquanto ele o guia na grande aventura de descobrir o propósito dele para sua vida?

## 2. A promessa da Palavra

Há um segundo motivo para Ana ter esperança em Deus. Não só o propósito do Senhor para ela era que fosse fértil — mas ela também tinha a promessa de sua Palavra.

### *Promessas, promessas*

Deus concedeu uma promessa da aliança por intermédio de Moisés de que se Israel tivesse um relacionamento correto com ele, ninguém em Israel sofreria aborto ou seria estéril. Em Êxodo 23.26, Deus mesmo disse que quando Israel for obediente "em sua terra nenhuma grávida perderá o filho, nem haverá mulher estéril. Farei completar-se o tempo de duração da vida de vocês".

Que promessa! Deus protegeria e abençoaria de forma sobrenatural Israel quando a nação o seguisse fielmente.

Deus não só tinha destinado Ana para a fertilidade, mas ela também tinha uma promessa à qual podia se agarrar. Era a promessa de fertilidade daquele que não pode mentir.

A Palavra de Deus é um encorajamento para nós:

- A Palavra de Deus produz fé em nossa vida. Romanos 10.17 declara: "A fé vem por se ouvir a mensagem, e a mensagem é ouvida mediante a palavra de Cristo".

- A Palavra de Deus também nos fala do caráter de Deus. Ele é santo, amoroso e confiável. Não nos nega dons bons. Jesus, quando ensina sobre a oração, refere-se com

> frequência ao caráter de Deus. "Qual pai, entre vocês, se o filho lhe pedir um peixe, em lugar disso lhe dará uma cobra? Ou se pedir um ovo, lhe dará um escorpião? Se vocês, apesar de serem maus, sabem dar boas coisas aos seus filhos, quanto mais o Pai que está nos céus dará o Espírito Santo a quem o pedir" (Lucas 11.11-13).

Em Gênesis 17.21, Deus falou pessoal e diretamente com Abraão, fazendo-lhe uma promessa muito específica em relação a Sara. Ele disse que no ano seguinte, por volta daquela data, Sara teria um filho. Abraão acreditou em Deus — e, na verdade, isso veio a acontecer.

Mas Ana não tinha uma promessa clara e direta de Deus. No entanto, ela tinha o princípio e promessa geral que Deus fez a Israel em Êxodo 23. E com isso, ela ia todo ano ao tabernáculo para adorar a Deus com esperança. Consigo imaginar a oração dela: "Deus, se estou em um relacionamento certo com o Senhor, então quero aplicar a promessa de que nenhum servo fiel de Israel será estéril. Peço-lhe para abrir as portas de meu ventre e me dar filhos".

E Ana, com a mesma confiança de Abraão em Gênesis 17, acreditou em Deus. Quando o profeta Eli lhe disse que seu pedido estava garantido, ela continuou em seu caminho se regozijando. Seu coração não estava mais triste. E recebeu a certeza de que no ano seguinte teria um filho.

### *Aplicação*

Já vimos em João 15 que Deus promete que nenhum de seus filhos seria estéril espiritualmente. Jesus afirmou que " 'vocês os reconhecerão por seus frutos' " (Mateus 7.16).

Quando caminhamos em harmonia com o Espírito de Deus, devemos esperar que o fruto do Espírito seja produzido em nossa vida (Gálatas 5.16-25). Paulo, em contrapartida às obras da carne, escreve que experimentaremos diariamente o fruto do Espírito que é "amor, alegria, paz, paciência, amabilidade, bondade, fidelidade, mansidão e domínio próprio" (Gálatas 5.22,23).

Essas qualidades estão evidentes em sua vida? O apóstolo Pedro promete: "Porque, se essas qualidades existirem e estiverem crescendo em sua vida, elas impedirão que vocês, no pleno conhecimento de nosso Senhor Jesus Cristo, sejam inoperantes e improdutivos" (2Pedro 1.8).

Como parte da colheita dos trabalhadores de Deus, devemos esperar que a Palavra forneça uma colheita cem, sessenta e trinta vezes maior (Mateus 13.23). Devemos, como Ana, clamar a Deus até que nos torne frutíferos.

Pare por um momento e ore agora: "Deus, sei que sua vontade é que eu seja frutífero. Sua Palavra promete isso. Desejo caminhar em harmonia com seu Espírito. Produza fruto em minha vida. Que as qualidades do amor, alegria, paz, paciência, amabilidade, bondade, fidelidade, mansidão e domínio próprio nasçam em minha vida. Que os outros o conheçam por intermédio das palavras de meus lábios. E que o Senhor seja glorificado em minha vida enquanto tento caminhar com o Senhor todos os dias".

### *3. O poder dos exemplos*

*Adquirindo força por intermédio da vida de pessoas do passado*

A Bíblia está repleta de biografias. Essas histórias de homens e mulheres de fé têm o objetivo de nos encorajar. São histórias de pessoas que confiaram em Deus em face das provações e dos problemas intransponíveis. Hebreus 11 diz que muitos deles nunca viram a resposta para suas orações durante sua vida. Contudo, continuaram fiéis... cheios de fé.

Pense em Samuel crescer ouvindo a história de como Deus respondeu às orações de sua mãe.

- Como deve ter sido encorajador para Samuel saber que seu nome significava "Eu o pedi ao SENHOR".
- Saber que sua própria concepção e nascimento foram milagrosos deve ter lhe dado um senso de destino e propósito.
- Sua mãe clamou a Deus para lhe dar um filho e o Senhor respondeu a sua oração de forma milagrosa.
- Ele foi criado na casa de Eli, o sacerdote, porque sua mãe o consagrou a Deus. " 'Por isso, agora, eu o dedico ao SENHOR. Por toda a sua vida será dedicado ao SENHOR' " (1Samuel 1.28).

Que impacto esse conhecimento deve ter tido em Samuel! Se Ana tivesse continuado estéril, e Deus não tivesse respondido a suas orações; então não existiria nenhum Samuel. Este tinha de se sentir como uma criança com propósito e destino.

Ana deve ter recebido um encorajamento semelhante enquanto rememorava sua linhagem.

- Sara, esposa de Abraão, não tinha conseguido conceber. Não só isso, ela tinha quase noventa anos quando seu marido Abraão tinha cem anos. Contudo, Deus realizou um milagre, e Isaque foi concebido. Se Sara tivesse continuado estéril, então não haveria nenhuma linhagem ancestral de Ana.
- Mais tarde, Isaque e Rebeca tiveram dificuldade para conceber. Mas Deus também abriu as portas do ventre de Rebeca, e ela deu à luz a Jacó.

- Havia outros exemplos, como Raquel deu à luz José. E José se tornou aquele por intermédio de quem Israel foi preservada no Egito durante a fome.

Ana viu esses exemplos e ficou esperançosa de que Deus faria a mesma coisa por ela. Ana, por intermédio do poder dos exemplos da Escritura, tinha motivo para ter esperança.

*Do meu discipulado pessoal diário*

Consigo me identificar um pouquinho com Samuel e como ele se sentiu quando entendeu que a oração de sua mãe tinha sido respondida em relação a seu ministério. Depois de Deus ter trazido um reavivamento a minha vida em meu segundo ano de casado, passei a ser bastante sensível em relação a Deus para ter a certeza de que ele tinha me chamado a pregar. Embora minha piedosa mãe tivesse me influenciado pelo exemplo de ter um relacionamento amoroso com Jesus, ela nunca plantou o pensamento de ser pregador em minha mente. Foi só depois que tornei público que tinha me entregado ao ministério que ela me falou sobre suas orações. "Filho, quando estava grávida de você, pus as mãos sobre a barriga e pedi a Deus que o consagrasse para ser pregador de Cristo. Consagrei-o a Deus para ser pregador desde o meu ventre."

A história dela teve um grande impacto sobre mim porque confirmava um momento particular que tive com o Senhor enquanto lutava com o chamado de Deus para pregar. Estava ajoelhado ao lado da cama e tentava explicar a Deus que era uma escolha ruim pregar. Não era bom orador e, com frequência, gaguejava quando ficava nervoso e começava a falar muito rápido. Em muitas ocasiões, fiquei publicamente embaraçado por alguém me interromper enquanto falava e me dizer de forma rude: "Não consigo entender nenhuma palavra do que você está dizendo".

Ainda de joelhos, orava e lia minha Bíblia. Imediatamente após apresentar minhas desculpas para Deus, li estas palavras de Jeremias:

> *A palavra do Senhor veio a mim, dizendo: "Antes de formá-lo no ventre eu o escolhi; antes de você nascer, eu o separei e o designei profeta às nações". Mas eu disse: Ah, Soberano Senhor! Eu não sei falar, pois ainda sou muito jovem. O Senhor, porém, me disse: "Não diga que é muito jovem. A todos a quem eu o enviar, você irá e dirá tudo o que eu lhe ordenar. Não tenha medo deles, pois eu estou com você para protegê-lo", diz o Senhor* (Jeremias 1.4-8).

Nesse momento, apliquei essa passagem a minha oração pessoal e senti outra confirmação de que Deus tinha de fato me chamado para ser pregador. Da minha perspectiva, isso era privado — apenas entre Deus e mim. Quando minha mãe me falou de sua oração como a de Ana, tive um profundo senso de que o chamado de Deus para minha vida tinha começado muito antes de eu até mesmo saber dele.

Quase 52 anos depois de minha mãe me consagrar a Deus para pregar seu evangelho, ela estava em seu leito de morte. Estava dilacerado entre ficar com ela e liderar nossa equipe de missão à Índia. Parte da minha atribuição era liderar uma conferência de pastores e pregar duas ou três noites em uma cruzada imensa com 55.000 participantes. Minha mãe tinha me entregado ao Senhor antes do meu nascimento, e agora ela, à beira da morte, entregou-me ao Senhor. Ela sabia que eu tinha de decidir entre ficar ao lado de seu leito ou pregar o Senhor Jesus na Índia. Ela me puxou para perto e orou para que o Espírito de Deus estivesse comigo e, a seguir, fraca, sussurrou em meu ouvido: "Ganhe muitas almas para Jesus, ganhe muitas almas para Jesus". Minha mãe, como Ana liberou Samuel, liberou-me para pregar.

Essas foram as últimas palavras que ouvi dos santos lábios de minha mãe quando seus noventa anos na terra terminaram, e quando sua eternidade no céu começou. Essas palavras ecoaram em meus ouvidos durante o tempo em que fiquei na Índia. Houve mais de 12.000 cartões de retorno afirmando a decisão por Cristo na cruzada, indicando o compromisso das pessoas com o Senhor Jesus. A oração de minha mãe foi respondida mais uma vez: "Ganhe muitas almas para Jesus, ganhe muitas almas para Jesus". Essas palavras ainda ecoam em meus ouvidos. O exemplo de minha mãe e suas orações tiveram realmente um impacto em minha vida e ministério.

Os exemplos da vida de homens e mulheres tementes a Deus no passado nos dão grande encorajamento. Deus pôs cada personagem bíblico na Escritura para nós como um exemplo para edificar nossa fé e também acreditar que Deus pode satisfazer nossas necessidades (1 Coríntios 10.11).

### *Olhemos a vida das pessoas ao nosso redor*

Os exemplos da Escritura também são para nós. À medida que os observamos, Deus começa uma fogueira de esperança em nós: *o que fez por outros, pode fazer por nós.*

Por que deveríamos ser estéreis quando temos exemplos poderosos de Deus respondendo às orações de seus filhos? Por que alguns de nós preferiríamos enfrentar os gigantes da nossa terra prometida e não seguir o exemplo de Josué e de Calebe, dizendo corajosamente que somos bem capazes de pegar o que Deus nos prometeu, em vez de nos retirar com medo como os dez espiões que escolheram o medo, em vez da fé (veja Nm 13)?

Deus também põe exemplos vivos a nossa volta para desafiar nossa fé. Paulo disse aos filipenses para seguir seu exemplo

(Filipenses 3.17). Paulo elogiou a igreja de Tessalônica porque tinham se tornado exemplos de fé para os cristãos da Macedônia e de Acaia (1Tessalonicenses 1.7). Os pastores têm de caminhar com Deus como exemplos para o rebanho de Deus seguir (1Pedro 5.3).

Muitos de nós, a despeito dos exemplos encorajadores a nossa volta, continuamos em nossa condição estéril. É fácil ignorar nossa falta de fertilidade. Racionalizamos que nossa vida não é tão diferente da vida da maioria dos cristãos. Infelizmente, isso pode ser verdade... mas nos serve de desculpa. Deus nos chama a ser férteis. Como podemos nos satisfazer com pouco ou nenhum fruto quando Jesus disse: " 'Permaneçam em mim, e eu permanecerei em vocês. Nenhum ramo pode dar fruto por si mesmo, se não permanecer na videira. Vocês também não podem dar fruto, se não permanecerem em mim. Eu sou a videira; vocês são os ramos. Se alguém permanecer em mim e eu nele, esse dará muito fruto; pois sem mim vocês não podem fazer coisa alguma' " (João 15.4,5).

Alguns cristãos invejam os exemplos de fé em nossa geração que Deus levantou em sua videira. Outros zombam desses exemplos poderosos de fé ou os condenam. O que temos de fazer é descobrir que descrença, pecado, medo e/ou apatia presentes em nossa vida fazem que tenhamos poucos frutos... e então lidar com esse problema diante de Deus.

Só fui pescar algumas vezes em minha vida, mas aprendi que algumas pessoas pegam peixes no mesmo barco e no mesmo rio enquanto outras não pegam nada. Se alguém em seu barco está pegando peixe, e você não, então precisa se perguntar por que não está pegando peixe.

Talvez haja pecado em sua vida. Deus não usa vasos impuros. Arrependa-se do pecado. Confesse-o a Deus e lhe peça para purificá-lo.

Talvez seja simplesmente que não sabe o que fazer. Não seja tão teimoso a ponto de não seguir o exemplo daqueles que estão ganhando pessoas para Jesus. Descubra a isca que eles estão usando e onde a estão lançando. Peça que eles apontem os erros que está cometendo em sua técnica de lançamento. Mas não impute seu insucesso na pescaria à soberania de Deus. Não tente explicar esse fato dizendo que o evangelismo não é seu dom. Se alguém em seu barco sempre pega peixe e você não pega, então seja motivado por eles.

Se outros estão ganhando os perdidos para Cristo, e você não, algo tem de mudar. Por que continuar infrutífero nessa área de sua vida cristã? Ouça as instruções de Jesus e *lance sua rede do outro lado e pegará homens*. Lembre-se do que Jesus disse: " 'Sigam-me, e eu os farei pescadores de homens' ".

Se alguém segue Jesus e se torna pescador de homens, então talvez Deus o esteja desafiando a segui-los como eles seguem a Cristo.

Minha fé aumentou nesses últimos anos à medida que sou desafiado pelo exemplo dos outros. Não use a desculpa de que Deus está operando por intermédio da vida deles porque eles são mais espertos, mais talentosos, melhores comunicadores ou mais dotados que você. Deus ainda opera por intermédio do fraco, do tolo e do vil para realizar grandes coisas (1Coríntios 1.27,28). A produtividade é sempre uma questão de coração e de fé, nunca de talento e habilidade.

"Pois os olhos do Senhor estão atentos sobre toda a terra para fortalecer aqueles que lhe dedicam totalmente o coração" (2Crônicas 16.9). Estou convencido de que Deus quer demonstrar sua força e poder em toda a terra. Tudo de que ele precisa é que um de seus filhos tenha um coração completamente devotado a ele.

Você está preparado para fazer isso? Está preparado para confiar nele, para ser inspirado pelos exemplos dos personagens bíblicos e das pessoas a sua volta? Não perca a esperança — antes, seja inspirado pela esperança que vê nos outros.

### *4. A aflição persistente*

Há um último motivo que deu esperança a Ana. Foi sua aflição persistente. Havia algo no fundo do coração de Ana que não lhe permitia desistir do sonho da fertilidade.

Às vezes é difícil determinar se aquilo pelo que estamos orando é de Deus — ou se está baseado em nossos próprios desejos e motivos da carne. Será que nossa principal aflição tem origem no coração de Deus ou simplesmente a inventamos e queremos que seja verdade por nossa conta? Como conseguimos determinar a origem dela?

#### *O teste da perseverança*

Uma oração fundamentada em desejos egoístas desvanece depois de um período de tempo e é esquecida. No entanto, quando a principal aflição é do céu, ela é seguida da oração persistente que não desanima. Se a principal aflição não for motivada pelo ego em razão das tendências pessoais e se não cessar, então é provável que a principal aflição seja uma permissão de Deus para sua vida. Se esse for o caso, persevere. Não desista.

Lembre-se Deus estava tão envolvido em fechar as portas do ventre de Ana quanto em abri-las. Deus estava tão envolvido em enviar uma fome quanto estava em enviar José para prover alimentos durante o período de fome (Salmos 105.16-22). O mesmo

Deus que fechou o céu para Elias também abriu a janela do céu em sua Palavra e propósito (Tiago 5.16-18).

Você tem uma aflição persistente que acredita ter sido permitida por Deus? Então você deve esperar em Deus e ser persistente na oração.

### *O teste do motivo*

Qual é seu motivo para orar pelo que está em seu coração? É dar... ou conseguir? É um motivo guiado pelo egoísmo ou pelo evangelho? Seu motivo é para ser generoso ou para guardar para si mesmo?

Reconhecidamente, é difícil entender e confiar em nosso coração. Jeremias 17.9 afirma que "o coração é mais enganoso que qualquer outra coisa e sua doença é incurável. Quem é capaz de compreendê-lo?" Mas o versículo seguinte traz esperança: "Eu sou o Senhor que sonda o coração e examina a mente, para recompensar a cada um de acordo com a sua conduta, de acordo com as suas obras".

Deus conhece nossos verdadeiros motivos. Peça-lhe para revelá-los para você. Ele testa o coração. Peça-lhe para testar o seu.

### *O teste de glória*

Em última instância, somos chamados a fazer todas as coisas para a glória de Jesus Cristo (1Coríntios 10.31). Enquanto ora, sua oração glorifica a Deus? Jesus Cristo é exaltado pela resposta a sua oração?

Ana sabia que sua aflição era uma permissão de Deus. Ela também sabia que a resposta a sua oração glorificaria a Deus. Por isso suas palavras de louvor de 1Samuel 2.1-10 soam tão verdadeiras. Elas expressam a verdadeira alegria encontrada quando Deus responde a uma profunda aflição em nosso coração.

A história cristã nos fornece muitos exemplos de Deus permitindo que a aflição de seu próprio coração no céu seja posto na alma de um de seus filhos na terra. Um exemplo foi a aflição que Deus pôs no coração de John Knox para que orasse pela Escócia e fosse usado nesse país.

Knox foi um líder da Reforma protestante do século XVI. Ele lutou fielmente pelas verdades do evangelho, mas foi perseguido do começo ao fim de seu ministério, terminando na prisão e, mais tarde, no exílio. No entanto, sua paixão por seus compatriotas nunca oscilou. Sua famosa oração nasceu desse fardo: "Deus, dê-me a Escócia ou morrerei".

Um relato afirma:

> Durante esses tempos turbulentos da Escócia, em que Roma usava todo seu poder para suprimir a Reforma, a causa do cristianismo protestante corria grande perigo. John Knox foi visto deixando seu estudo e avançando para a parte de trás de sua casa. Ele era seguido por um amigo que, no silêncio das trevas, ouvia Knox como se em oração. Depois de alguns momentos de silêncio, sua voz ficou mais clara, e o clamor com um pedido mais intenso saiu de sua alma atormentada para o céu: "Ó Senhor, dê-me a Escócia ou morrerei!" A seguir, uma pausa de calmo silêncio e então mais uma vez o apelo irrompeu: "Ó Senhor, dê-me a Escócia ou morrerei!" Mais uma vez tudo estava em silêncio, com uma pungência ainda intensa a intercessão foi repetida pela terceira vez: "Ó Senhor, dê-me a Escócia ou morrerei!" Deus lhe deu a Escócia a despeito de Maria. A oração de Knox foi ouvida e amplamente respondida.[4]

[4] Texto tirado de artigo intitulado *Revolution and the Battle of the Boyne and a Prayer for Scotland* [A revolução e a batalha do Boyne e uma oração para a Escócia] no site: http://www.tranenttrueblues228.50megs.com/custom3.html

## SUA AFLIÇÃO "PASSOU NO TESTE"?

Deus criou uma aflição persistente em sua alma que não o abandona? Seus motivos são puros? O Senhor receberá a glória quando a resposta vier? Se esse for o caso, tenha ânimo. Persevere. E espere expectante pela resposta dele há tanto esperada.

# Teste dois: beneficiada

## parte 1

*Mas a Ana dava uma porção dupla, porque a amava* (1Samuel 1.5).

## O SEGUNDO TESTE DE FÉ

Elcana tentou satisfazer Ana lhe dando *uma porção dupla*. O segundo teste de fé que Ana experimenta é:

> O que é necessário para satisfazê-la? Você aceitaria um substituto — ou esperará pelo melhor de Deus?

## 1. A COMPARAÇÃO: A PORÇÃO DE PENINA E A PORÇÃO DE ANA

Elcana, como marido, não podia dar um filho a Ana. No entanto, ele tentava encorajá-la dando-lhe mais do que dava a Penina. Mas *mais* nem sempre é *melhor*, sobretudo quando é Deus quem cria a necessidade em nossa vida, necessidade essa que só ele pode satisfazer.

Talvez você ache que Ana deveria ter se contentado em ser mais amada e receber mais que sua rival Penina. Mas os escolhidos por Deus para seu propósito não podem se comparar com os outros, mas só com a vontade e o propósito de Deus para a vida deles (2Coríntios 10.12). Os favores especiais que ela recebeu nunca satisfariam completamente Ana. Sua luta não era contra Penina, e sua realização jamais viria por ser mais amada que Penina. A questão para Ana era conhecer a vontade de Deus e cumpri-la. E também é assim para nós.

Quando Deus quer que nos aprofundemos em sua comunhão e amor, começamos a perder o interesse nas coisas maiores e melhores que este mundo oferece. Mais dinheiro, carros mais novos ou brinquedos imaginativos que nunca nos satisfazem. Deus cria desejos mais profundos em nossa vida para nos levar à maior produtividade que tem para nós.

Temo que nos comparemos com frequência com os cristãos abaixo da média e, depois, acabamos por achar que somos cristãos acima da média. Essas comparações nunca são exatas. Tampouco são saudáveis. Como podemos impedir isso?

Era, quando era um homem jovem e já casado, considerado um cristão comprometido e um jovem líder em minha igreja. Nunca faltei à igreja. Ensinava na Escola Dominical. Era um bom administrador, sendo fiel tanto dízimo quanto nas ofertas. Tinha um tempo consistente de quietude na Palavra. Às vezes até mesmo evangeliza. Um resumo bem espiritual! Mas estava me comparando com o padrão mais baixo de cristianismo ao meu redor, e isso fez que me sentisse satisfeito. No fim, reencontrei um antigo colega de escola, Sammy Tippit, que estava tão ligado a Jesus que me deixou sedento por uma caminhada mais íntima com Cristo. Deus criou esse desejo em minha vida de ser mais um discípulo de Cristo com maior fé e, depois, mostrou-me um exemplo vivo disso por intermédio da vida de Sammy. Jamais voltaria a ficar satisfeito com "o padrão usual" em meu relacionamento com Deus.

### *Onde encontramos exemplos como esse?*

Como temos certeza de que não nos acomodamos com as bênçãos temporais? Talvez você esteja em uma igreja na qual não conhece o exemplo de um cristão que o desafia a ter maior fé e produtividade. Então sugiro que comece a buscar um melhor padrão bíblico de cristão! Onde você deve procurar?

- Olhe as Escrituras. Deixe que os homens e as mulheres de fé da Escritura o desafiem.
- Leia a biografia de grandes cristãos. A história está repleta de histórias de homens e mulheres de todas as gerações que eram cheios do Espírito e guiados por grande fé. Eles eram os pacificadores de sua geração de cristãos. Aprenda com a vida deles.
- Observe os cristãos que estão impactando o mundo atual. Hoje há aqueles que o desafiaram a não se contentar com menos do que Deus operando sobrenaturalmente por intermédio de sua vida a fim de que sejam muito frutíferos.

Já esteve com outros cristãos que fazem você querer ser mais íntimo de Jesus? Louvo a Deus por pessoas como essas. Jesus disse que elas são o "sal da terra", deixando-o sedento por tudo que Deus tem para você. O Senhor cria com frequência um "descontentamento santo" em sua vida a fim de trazê-lo para o lugar em que só fica contente com o propósito maior de Deus em Cristo para sua vida.

Não se surpreenda se outros tentarem lhe dizer que você é um cristão excelente sendo exatamente como é. Talvez eles o encorajem a desfrutar a bênção da porção dupla de prosperidade. Mas você, quando vê que Deus é aquele de quem realmente precisa, passa a entender que ele é o único que pode satisfazê-lo.

### *Frutos ainda maiores*

Em 2004, tive uma primeira e grande percepção do mundo das missões em uma viagem missionária à Índia. Trouxe essa aflição pelas almas perdidas para nossa igreja, e nos envolvemos com uma parceria direta com uma associação de cerca de quatrocentas igrejas da Índia. De 2005 a 2008, vimos Deus fazer coisas incríveis nesse ministério. Em parceria com outras três igrejas norte-americanas e um negociante cristão, enviamos equipes para a Índia a fim de evangelizar, pregar em igrejas, realizar conferências de pastores e conduzir grandes cruzadas de evangelismo. Construímos acampamentos médicos, um orfanato que abrigava mais de 250 crianças, alguns prédios de igreja e um centro de conferência de Bíblia com capacidade para setecentas pessoas sentadas. Criamos duas equipes de filmagem atuando de forma permanente e completamente equipadas e um programa de acompanhamento de discipulado de seis semanas para cristãos recém-convertidos. Cavamos poços de água potável em 120 vilas. Finalmente, introduzimos algumas outras redes de ministério para nosso parceiro de missão na Índia. Naqueles três anos, Sushil Kumar, diretor de nossa parceria na Índia, enviou-nos relatórios falando de mais de 50.000 decisões por Cristo durante aquele período de tempo.

Estava vivenciando grande contentamento e frutos no ministério. Mas é em tempos como aquele em que é fácil comparar a produtividade que vivencia com o que os outros estão fazendo. Se fizer isso, é possível que no futuro perca uma colheita ainda maior e eficácia em seu trabalho. Podemos ficar contentes e perder coisas ainda maiores que estão no coração de Deus para este mundo. E eu estava entrando nesse estado de contentamento. No entanto, meu contentamento com nossos frutos passados mudaria drasticamente quando almocei com um pastor local da nossa região.

Tomei conhecimento do dr. David Nelms e de seu ministério na Índia. Telefonei-lhe e perguntei se podíamos nos encontrar e discutir o que Deus estava fazendo na Índia por intermédio da igreja deles. Quando nos reunimos, compartilhei as coisas excelentes que Deus estava fazendo na Índia por intermédio do nosso ministério de missão. David ouviu polidamente minha zelosa descrição dos frutos de nossa missão na Índia. A seguir, ele compartilhou sua visão e estratégia de missão não só na Índia, mas em muitas nações do mundo. Ouvi David contar como ele tinha fundado *The Timothy Initiative* (TTI [A Iniciativa Timóteo])[5] com uma estratégia de missão de implantar 500.000 igrejas treinando pastores nacionais por intermédio de escolas que ensinavam como implantar igrejas espalhadas por muitas nações. A TTI treinaria diretores nacionais que treinariam diretores regionais dessas escolas, os quais, por sua vez, treinariam 25 pastores em cada escola de implantar igreja. Cada pastor recebia o currículo de dez livros de treinamento de graça para completar seu diploma de implantador de igreja. Cada pastor, a fim de se formar, tinha

5 *The Timothy Initiative* tem sua base em West Palm Beach, FL, e é fundamentada nos múltiplos princípios de 2Timóteo 2.2. "E as palavras que me ouviu dizer na presença de muitas testemunhas, confie-as a homens fiéis que sejam também capazes de ensinar outros". Para mais informações, visite o *site*: ttionline.org.

de implantar uma nova igreja. A TTI, por meio dessa metodologia de missão, já tinha implantado mais de 6.000 igrejas em pouco mais de dois anos. Conforme ouvia mais sobre o que Deus estava fazendo e a sabedoria dessa abordagem, os incríveis frutos e a pouca despesa envolvida, sentia-me cada vez mais desafiado. Estava convencido e já sentia o peso da responsabilidade dessa missão.[6]

Ouvia falar de uma visão tão grande que só Deus poderia fazê-la acontecer. Essa era uma visão do tamanho de Deus. Não estava mais contente em continuar nossa mesma abordagem de missões na Índia. Tinha ouvido falar de Deus em operação de maneira muito maior que vivenciava e imediatamente quis fazer parte disso. Às vezes quando ouve falar que Deus está em operação, você pode ficar passivo, indiferente, invejoso ou ciumento. Ou pode escolher fazer parte desse movimento. Queria que nossa igreja fosse parceira da TTI na Índia. Nosso comitê de missão encontrou-se com David, e ele compartilhou a visão da TTI. Estávamos preparados para ser parceiros deles na Índia.

É difícil descrever quão rápido Deus fez tudo acontecer. Uma vez que contatamos nossos parceiros na Índia, e Sushil compartilhou a visão de escolas de implantar igreja por intermédio da TTI, eles sentiram que Deus tinha respondido a uma de suas orações de longo prazo de trazer centros de treinamento e de implantar igrejas para a vila deles. Em menos de quatro meses, um dos diretores regionais da TTI tinha treinado dez pastores importantes com os quais estávamos trabalhando para ser os diretores individuais de dez escolas para 25 pastores cada.

Por um investimento de 150 dólares por pastor, é impressionante perceber o quanto eles conseguiram realizar para o Reino de Deus.

---

6 Os números atualizados da TTI de 2009 a 2011 indicam mais de 15.000 novas igrejas implantadas e mais de 150.000 batismos.

Cada pastor recebeu um pouco de dinheiro para o transporte para chegar à escola e permanecer ali por uma semana por mês durante dez meses. Esse valor também inclui refeições simples e dez livros de treinamento. O currículo inclui cursos sobre implantar igreja, pregação, pesquisa do Antigo Testamento, pesquisa do Novo Testamento, teologia sistemática, evangelismo etc. Essas escolas de implantar igreja podem se reunir em uma igreja existente, uma casa ou até mesmo sob uma árvore. No fim do primeiro ano, Sushil me enviou um relatório de nossas dez escolas: 250 pastores receberam o diploma e 260 novas igrejas foram implantadas. Houve 7.700 conversões e 3.500 batismos e havia muito mais pessoas à espera do batismo. Os pastores nos enviaram um maravilhoso testemunho de conversões e de como o ministério deles estava fortalecido.

Nossa primeira abordagem missionária, com certeza, foi abençoada por Deus com muitos frutos. Contudo, não podíamos comparar a eficácia dos dólares usados nas missões passadas com o que os 150 dólares usados por intermédio de nossa parceria com a TTI poderiam fazer a longo prazo por nossa parceria de missão na Índia. Além disso, sabíamos que a verdadeira multiplicação bíblica estava acontecendo. Estávamos treinando homens que alcançavam outros que também alcançariam outros. Esse se tornou o melhor sistema de transmissão da missão para nossas parcerias internacionais diretas de missão.

Você acha que talvez Deus queira fazer coisas maiores por intermédio de sua vida ou da vida de sua igreja? Está satisfeito com o fruto que vê agora? Esse contentamento pode impedi-lo de perder algo muito maior?

Pare um momento e pergunte a Deus o que ele tem para você. Não se fixe apenas no que consegue ver nesse momento. Peça-lhe para abrir as portas da bênção e da produtividade do céu em sua vida.

## 2. O CONSOLO

Quando Deus dá o fardo, ele dá o consolo. Nada mais o satisfará (veja 2Coríntios 1.3-7).

Quando tinha seis anos, mudamos para uma nova cidade. Minha mãe me levou a uma nova igreja na qual não conhecia ninguém. Sentia-me desconfortável e queria ficar com minha mãe, mas ela estava tentando me fazer ser admitido em minha classe de Escola Dominical e não pôde ir a sua classe para mulheres. Ela tentou confortar meus temores com palavras, mas usei uma de minhas melhores armas de meu jovem arsenal para conseguir o que queria. Comecei a chorar e me agarrei a ela. Tinha esperança que isso a deixasse publicamente embaraçada e me levasse para casa. O que eu precisava de fato era uma boa palmada, mas como estávamos em um lugar público, ela recorreu ao suborno. Pondo a mão na bolsa, ela tirou uma moeda de cinquenta centavos e disse: "Truman, se você for um bom menino e for para sua classe da Escola Dominical sem chorar então lhe dou essa moeda". Estiquei o braço e peguei imediatamente o dinheiro, enxuguei as lágrimas e entrei em minha classe. Fora bem-sucedido em fazer do meu jeito e fui recompensado por isso. No entanto, quando cheguei em casa, minha mãe deixou muito claro que nunca mais devia agir daquela maneira. Aquela foi a primeira e última vez que ela me pagaria para ir à Escola Dominical.

Nada conseguia fazer Ana parar de chorar toda vez que ia à casa do Senhor. Elcana não lhe deu uma brilhante moeda de cinquenta centavos, mas tentou fazê-la parar de chorar por intermédio de um suborno espiritual. Elcana amava Ana, mas não podia lhe dar o que Deus, em seu propósito maior, a impedira de receber antes do devido tempo, o tempo de Deus. Enquanto a família subia para adorar, parecia que ele tentava consolar Ana ao lhe dar uma porção digna, mais honra ou duas vezes mais do que dava a Penina.

### *O teste de Ana*

O teste de fé para Ana foi: "O que seria necessário para satisfazê-la?" Ela simplesmente aceitaria o amor especial e o favor de Elcana como um substituto para o que Deus queria fazer em sua vida? Ou ela esperaria pela fé, sabendo que Deus tinha um propósito maior? Temos de ter cuidado para não querer o alívio de nossa aflição mais do que queremos o reinado de Deus em nossa provação de fé.

Muitos de nós agimos como eu fiz quando Deus começa a nos privar de nos agarrar a ele em nossa emoção quando enfrentamos um teste de fé. Deus deve nos ensinar a caminhar pela fé. A ausência de bênçãos físicas não é um sinal do desagrado dele. Simplesmente estamos no meio de um teste. Temos de aprender que Jesus está conosco tanto quando ele está em nosso barco em nossas tempestades quanto quando está quando está na montanha observando à distância enquanto atravessamos as tempestades da nossa vida.

Em Marcos 4.35-41, Jesus estava em um barco com eles. Em Marcos 6.46-51, ele estava no topo da montanha orando por eles. Mas nos dois casos, seus olhos estavam sobre eles. Jesus esperava que os discípulos aplicassem o que lhes tinha ensinado na primeira tempestade deles e exercitassem a fé em sua segundo tempestade. Da mesma maneira, à medida que amadurecemos por intermédio das tempestades da vida, a vida de Jesus se manifestará por nosso intermédio.[7]

[7] Veja o livro do autor. *Growing Through the Storms of Life.*

Deus tocou a vida de Ana, tornando-a incapaz de ter filhos. Mas ele, com seu mesmo toque, acrescentou seu consolo. As provações que Deus nos envia não têm o intuito de nos arruinar, mas de nos refinar. Se o grande Médico permite que as provações nos magoem, ele, a seguir, ata nossa ferida. Deus não nos dá um fardo para que nos tornemos apenas carregadores desse fardo. Com o fardo, ou aflição, vem a graça mais que suficiente para nós. O fardo é apenas para nos ajudar a nos identificarmos melhor com Cristo e seu povo. Temos de entrar no descanso do Senhor e descobrir que Jesus é o único que nos consola quando vamos a ele. Ele prometeu: " 'O meu jugo é suave e o meu fardo é leve' " (Mateus 11.28-30). Se tivermos de ser subornados com bênçãos ou consolados com porção dupla para ficar satisfeitos, então nunca descobriremos nosso potencial ilimitado para, como filhos de Deus, produzir fruto como filhos de Deus.

Paulo, sem dúvida, entendeu isso quando pediu três vezes a Deus para remover seu espinho na carne. Deus, em vez de atendê-lo, disse-lhe: " 'Minha graça é suficiente para você, pois o meu poder se aperfeiçoa na fraqueza'. Portanto, eu me gloriarei ainda mais alegremente em minhas fraquezas, para que o poder de Cristo repouse em mim" (2Coríntios 12.9). Paulo escolheu com alegria o consolo de Deus, em vez da remoção do espinho. Se tivesse de escolher entre um problema e o poder de Deus, qual você escolheria?

É o Deus de todo conforto "que nos consola em todas as nossas tribulações, para que, com a consolação que recebemos de Deus, possamos consolar os que estão passando por tribulações. Pois assim como os sofrimentos de Cristo transbordam sobre nós, também por meio de Cristo transborda a nossa consolação. [...] E a nossa esperança em relação a vocês está firme, porque sabemos que, da mesma forma como vocês participam dos nossos sofrimentos, participam também da nossa consolação" (2Coríntios 1.4,5,7).

A palavra *consolação* é composta de duas palavras gregas: *para*, com o sentido de além, e de *kaleo*, chamar.[8] A palavra significa "conforto, consolação; o que fornece conforto ou renovação".[9]

Jesus prometeu: " 'E eu pedirei ao Pai, e ele lhes dará outro Conselheiro para estar com vocês para sempre, o Espírito da verdade. O mundo não pode recebê-lo, porque não o vê nem o conhece. Mas vocês o conhecem, pois ele vive com vocês e estará em vocês' " (João 14.16-18). A palavra traduzida por *Conselheiro* nessa passagem tem origem na mesma palavra grega — *parakaleo*. O Espírito Santo é nosso ajudador divino que habita em nós e é chamado para nos confortar, encorajar, capacitar e renovar.

Deus nos assegura que se formos parceiros dos sofrimentos de Cristo, ele também será aquele que nos dá consolo. Não evite o processo nem procure atalhos. Não aceite um substituto até ter ouvido de Deus em sua Palavra e saber o que ele está tentando lhe ensinar.

## LIÇÕES DA BORBOLETA

Não devemos interferir com o propósito de Deus para a vida dos outros. Ele está operando na vida deles. Li, quando ainda erar um jovem cristão, a história de uma mulher que observava um

---

[8] Vine, W. E., Unger, Merrill F. e White, William: Vine's Complete Expository Dictionary of Old and New Testament Words. Nashville : T. Nelson, 1996, S. 2:110.

[9] Strong, James: The Exhaustive Concordance of the Bible. Edição eletrônica. Ontário: Woodside Bible Fellowship, 1996, S. G3874.

casulo do lado de fora da janela de sua cozinha.[10] Enquanto ela observava com interesse, o casulo começou a vibrar quando a lagarta saiu de seu lugar para se transformar em uma borboleta. Ela conseguia ver a grande luta da borboleta, tentando escapar de sua prisão do passado. Ela estava impaciente com o longo processo e queria ajudar a borboleta. Ela percebeu qual era o problema. Eram os fios de seda que mantinham a abertura da lagarta muito apertada para uma libertação rápida e fácil para seu novo destino de voar. Ela tentou ajudar pegando a tesoura e cortando os fios de seda. Ela viu o sucesso imediato quando a borboleta se libertou — mas ela não conseguia voar. Em vez de asas em suas costas, havia apenas duas pequenas protuberâncias no lugar em que deveriam estar as asas.

A seguir, ela percebeu que outro casulo começou a vibrar enquanto outra borboleta passava pelo mesmo processo de luta. No entanto, dessa vez ela observou e resistiu à tentação de ajudar. Essa borboleta chegou ao mesmo ponto em que parecia que seu corpo era grande demais para passar por uma abertura pequena. Mais uma vez ela percebeu os fios de seda que deixavam a abertura pequena. Enquanto ela observava, a segunda borboleta finalmente comprimia seu corpo contra a abertura, percebeu que o Criador tinha planejado essa luta para forçar os fluídos do corpo nas asas a fim de desenvolvê-las e fortalecê-las. Agora, a lagarta, livre do casulo e da luta, foi transformada em uma linda borboleta e usou suas asas coloridas para voar e desfrutar sua liberdade.

A questão a considerar enquanto atravessamos nossas provações é simples: o casulo é uma tumba ou é um lugar secreto em que ocorre a verdadeira transformação?

---

[10] Acredito que a primeira vez que li essa história foi de Hannah Whitall Smith.

Ana foi posta no casulo da provação e do sofrimento — mas, para ela, esse se tornou o lugar de Deus para que ela se escondesse e se fortalecesse. O Senhor pretendia que Ana voasse e planejou a luta da esterilidade para encher as asas dela com a beleza do caráter de seu Espírito capacitador. Ela, por meio de sua total submissão à vontade de Deus, ficou forte, fértil e realizada.

Deus também tem seus fios de seda que parecem adiar nossa libertação enquanto lutamos em alguma provação. Considere a sabedoria de Tiago:

> *Meus irmãos, considerem motivo de grande alegria o fato de passarem por diversas provações, pois vocês sabem que a prova da sua fé produz perseverança. E a perseverança deve ter ação completa, a fim de que vocês sejam maduros e íntegros, sem lhes faltar coisa alguma* (Tiago 1.5).

Como você está se saindo em suas provações? Deixa pacientemente que Deus faça seu trabalho em sua vida? Está amadurecendo?[11] Se você ainda luta com o confiar em Deus em sua provação, precisa de sabedoria para ver as coisas da perspectiva dele. Leia o seguinte versículo em que Tiago escreve: "Se algum de vocês tem falta de sabedoria, peça-a a Deus, que a todos dá livremente, de boa vontade; e lhe será concedida" (Tiago 1.5).

Perguntamos com frequência demais: "Por quê?", quando estamos em provação. Em vez de fazer isso, temos de aprender a perguntar: "O quê?" O que Deus quer que aprendamos?

Interrompa a leitura agora mesmo e ore. Peça sabedoria a Deus. Submeta-se a ele enquanto luta no casulo da provação. Peça-lhe para ensiná-lo o que você precisa aprender.

---

[11] As palavras de Tiago são perfeitas e completas, mas elas indicam "completo desenvolvimento e maturidade espiritual".

## LIÇÕES DE OBEDIÊNCIA

Estava no lugar mais frio dos Estados Unidos no dia em que ajudei meu amigo e sua jovem família a se mudar para um trailer só a alguns quilômetros da fronteira do Canadá, no estado de Washington. Estava começando uma igreja em Spokane, e meu amigo da minha igreja na Louisiana tinha aceitado a posição de pastor de uma pequena igreja próxima da fronteira do Canadá.

Outro casal da nossa igreja, em Baton Rouge, também tinha chegado para pastorear uma igreja no norte de Idaho. Enquanto subiam uma das montanhas, sofreram um acidente — uma colisão de frente com outro carro. Foram na mesma hora para o hospital em Spokane e, depois de liberados pelos médicos, abrimos nossa casa para eles até que os ossos quebrados dela ficassem bons. Durante esse período de ajuda a nossos amigos, tivemos juntos um excelente tempo de comunhão na Palavra, na oração e ministério. Fomos uma fonte de consolo e conforto para eles.

Apenas alguns meses depois de ter ajudado meu outro amigo pregador a descarregar sua caminhonete de mudança em sua nova igreja, ele e a família pararam na entrada da minha casa com outro trailer. Ele me disse que Deus lhe tinha dito para deixar aquela igreja porque as pessoas não queriam ouvir a Palavra de Deus. Fiquei surpreso porque, meros dois meses antes, ele dissera que Deus o enviara para ali. Eles perguntaram se podíamos hospedá-los, e Connie e eu abrimos nossa casa também para eles.

Contudo, em vez de ter paz em nossa casa, vivenciamos confusão e estresse. Senti que alguma coisa não estava certa a respeito de darmos alívio e consolo a nossos amigos. Minha esposa e eu oramos sobre isso e sentimos como se tivéssemos de ajudar nossos amigos enquanto atravessam um momento tão difícil.

Todavia, fiquei tão sobrecarregado que saí sozinho à procura de Deus a respeito do assunto. Recebi uma resposta clara enquanto relia o livro de Jonas. Este foi enviado a Nínive e fugiu de Deus. Foi Deus quem enviou uma tempestade a fim de conseguir a atenção de Jonas. Todos que estavam no navio e deram passagem a Jonas ficaram abalados até que jogaram Jonas no mar. Quando jogaram Jonas nas ondas de Deus, tiveram calmaria na mesma hora.

Encontrei meu amigo e lhe disse que tinha orado e lido Jonas. A seguir, perguntei-lhe: "Deus liberou-o da igreja ou você, como Jonas, fugiu de sua missão?" Ele me disse que o ministério era difícil e que tinha desistido e corrido de sua missão. Disse-lhe que não podia entrar no caminho do que Deus estava tentando lhe ensinar ao auxiliá-lo. Ele me disse que partiria de manhã e voltaria a Baton Rouge.

No primeiro caso, Connie e eu tínhamos sido usados por Deus para ser a fonte de conforto e ajuda para uma família. No outro caso, pegamos a tesoura e interferimos com a repreensão de Deus para um de seus filhos.

## TEMPO PARA REFLEXÃO

É possível entrarmos no caminho do que Deus está fazendo na vida de alguém? Deus, como aconteceu com Ana, fechou as portas do ventre deles por algum motivo ou período?

Temos realmente um ministério para os outros se nossa única solução é lhe dar alívio físico? Antes, precisamos pedir a Deus que nos dê percepção espiritual na vida e nos problemas deles. Só eles podem realmente ministrar para eles em sua necessidade mais profunda.

Como podemos desenvolver a sabedoria perceptiva a fim de sabermos quando oferecer encorajamento e conforto e quando desafiá-los a ir mais fundo com Deus.

# Teste dois: beneficiada

## parte 2

*Mas a Ana dava uma porção dupla, porque a amava* (1Samuel 1.5).

### O SEGUNDO TESTE DE FÉ

Elcana tentou satisfazer Ana ao lhe dar *uma porção dupla*. O segundo teste de fé que Ana experimentou foi:

> O que é necessário para satisfazê-la? Você aceitaria um substituto — ou esperará pelo melhor de Deus?

Continuamos nosso estudo sobre *Beneficiada* que começamos no capítulo 5.

### 3. O CONFORTO

Ninguém além de Deus consegue nos confortar quando o fardo de Deus tem de nos levar ao fim de nós mesmos e nos tornar mais dependentes dele.

É provável que Elcana achasse que seu amor por Ana e sua atenção especial com o pesar dela fossem suficientes para confortar sua querida esposa. É certo o marido cristão tentar confortar sua esposa quando ela sofre. Talvez ele tenha abraçado Ana, confortando-a e falando ternamente com ela. Talvez ele tenha tentado fazê-la focar as bênçãos que já tinha. Talvez tenha tentado apontar outros cuja circunstância era muito pior. Se ele estivesse vivido no século XXI, talvez tivesse comprado um carro novo para ela ou lhe dado uma nova joia cara para fazê-la feliz. Elcana podia ter feito tudo certo — mas não havia nada que apaziguasse o coração atormentado de Ana. Talvez consigamos confortar os outros temporariamente no plano emocional ou físico. Mas, em nosso coração onde o Espírito Santo habita, só ele pode ser nosso consolador Elcana provavelmente não viu o grande propósito de Deus para sua esposa e, por isso, não entendia que suas lágrimas não eram apenas a expressão de desapontamento emocional ou de fraqueza, mas do fardo dado por Deus para seu espírito.

### *As lições da Lassie*

Wally, meu vizinho e melhor amigo de infância tinha um maravilhoso cachorro da raça Collie. Invejava-o e queria ter um cachorro como o dele. Estava no primeiro ano, e filmes como *Lassie* faziam parecer que o cão era o melhor amigo de um menino.

Estava na casa de Wally olhando através da janela de seu quarto no andar de cima quando vi um filhotinho de *Cocker Spaniel* perdido atravessar a rua sozinho. Competi com Wally para ser o primeiro a reivindicar o filhotinho. Esperava que não houvesse nenhum dono a ser encontrado e implorei aos meus pais que me deixassem cuidar dela. Eles concordaram, mas me avisaram para não ficar muito apegado a ela no caso de o dono aparecer. Afeiçoei-me à cadelinha, e finalmente o período de espera terminou. Meus pais me disseram oficialmente que a cadelinha era minha. Chamei-a de Spotty por causa das manchas marrons sobre seu pelo branco. Tornamo-nos inseparáveis. Nunca tinha vivenciado tal lealdade e devoção com um amigo. Mal conseguia esperar para chegar em casa da escola a fim de correr e brincar com Spotty. Ela cresceu e logo teve seus próprios filhotes que dei a outras crianças para que experimentassem a mesma alegria que senti. Depois, Spotty teve outra ninhada de filhotes, e meu pai começou a achar que Spotty era um fardo muito grande.

Certo dia, cheguei em casa e corri até o galpão para soltar Spotty, e ela tinha ido embora. Chamei Spotty, mas ela não veio até mim. Entrei em casa para dizer a minha mãe que não conseguia encontrar Spotty e, pelas lágrimas nos olhos de minha mãe, sabia que alguma coisa estava errada. Ela me disse que meu pai tinha levado Spotty embora. Nunca senti o coração partido como naquele momento. Fiquei tão ferido e solitário. As lágrimas começaram a correr. Como meu pai podia ter levado minha melhor amiga embora sem falar comigo? Continuei procurando Spotty em todos os lugares, mas em vão. Pensei em fugir de casa para me vingar de meu pai. Disse para minha mãe que seria reprovado em todos os exames para me vingar pelo que tinham feito. Senti-me injustiçado e traído. Minha preciosa cadelinha tinha partido.

Minha mãe tinha tentado impedir meu pai de se livrar de Spotty, mas não conseguiu ser bem-sucedida. Ela tentava diariamente me confortar, mas não seria confortado. Sofri durante semanas por causa de minha perda. Ninguém conseguiu me confortar. Relutante, submeti-me à decisão de meu pai, mas não concordei com ela. Depois de algumas semanas, finalmente parei de prantear, e minha mente deixou de estar constantemente focada em encontrar Spotty. No entanto, ainda na sexta série, quando vi um cachorro parecido com a Spotty, corria até ele e o chamava de Spotty. Um menino nunca esquece seu primeiro ou melhor cão.

Todos nós temos perdas similares. Algumas menores, outras maiores. A questão é como podemos ser confortados em meio a essas perdas?

## *O conforto e as lágrimas de Ana*

A aflição de Ana era grande. A dela era uma aflição do céu que só Deus podia confortar. Suas lágrimas não eram de depressão, de instabilidade emocional ou de egoísmo para conseguir a atenção do marido e dos outros. Suas lágrimas eram da aflição dada por Deus para purificar sua alma em preparação para a grande obra do Senhor em sua vida e em Israel. Suas lágrimas eram o óleo que mantinha sua máquina de orar em constante movimento. Ana não procurava a ajuda do marido — só de Deus.

Deus tem sua Ana em muitas igrejas ao redor do mundo que são mal entendidas pelos cristãos bem intencionados. As pessoas como Penina nunca recebem uma visão dada pelo Senhor que as aflige. Elas não entendem que Deus opera sua grande obra ao redor do mundo ministrando à pessoa antes de poder ministrar por intermédio da pessoa.

Eis o princípio: *Deus só pode usá-lo de forma poderosa depois de operar profundamente em você.*

Como resultado disso, com frequência, há lágrimas. Mas essas não são lágrimas oriundas de um colar quebrado ou de um relógio perdido. São as lágrimas que vêm da aflição dada por Deus que impactará o Reino de Deus.

A Bíblia tem muito a dizer sobre lágrimas. Às vezes, ela nos fornece censura para as lágrimas egoístas; mas também há um ministério de lágrimas que Deus deu àqueles que intercedem diante dele.

Quando minha mãe via minhas lágrimas, isso sempre fazia seu coração sentir compaixão por mim. Elas sempre levavam a um abraço e ao conforto dela. Quando meu pai via minhas lágrimas, isso normalmente levava à reprovação. "Filho, não aja com um bebê. Pare de chorar — você precisa crescer e ser homem".

Talvez Elcana não tenha repreendido Ana seriamente por causa de suas lágrimas, mas com certeza não entendeu o choro dela. " 'Ana, por que você está chorando? Por que não come? Por que está triste? Será que eu não sou melhor para você do que dez filhos?' " (1Samuel 1.8). Ele tentou o máximo que pôde consolá-la, mas não entendia a grande obra que Deus tinha escolhido fazer na vida de Ana, e só Deus podia secar suas lágrimas.

Considere as lágrimas de Ana à medida que examinamos juntos alguns versículos sobre lágrimas: "Ouve a minha oração, Senhor; escuta o meu grito de socorro; não sejas indiferente ao meu lamento. Pois sou para ti um estrangeiro, como foram todos os meus antepassados" (Salmos 39.12). Ana não derramava lágrimas de autopiedade. Suas lágrimas eram inseparáveis de sua profunda súplica a Deus.

> *Como a corça anseia por águas correntes, a minha alma anseia por ti, ó Deus. A minha alma tem sede de Deus, do Deus vivo. Quando poderei entrar para apresentar-me a Deus? Minhas lágrimas têm sido o meu alimento de dia e de noite, pois me perguntam o tempo todo: "Onde está o seu Deus?" Quando me lembro destas coisas*

*choro angustiado. Pois eu costumava ir com a multidão, conduzindo a procissão à casa de Deus, com cantos de alegria e de ação de graças entre a multidão que festejava. Por que você está assim tão triste, ó minha alma? Por que está assim tão perturbada dentro de mim? Ponha a sua esperança em Deus! Pois ainda o louvarei; ele é o meu Salvador* (Salmos 42.1-5).

Ana estava sedenta por Deus e, a cada ano, apresentava-se diante de Deus com oração e lágrimas.

A cultura dos judeus tinha garrafas para recolher as lágrimas quando eles choravam. Talvez Ana tivesse uma garrafa de lágrimas, mas se não tinha, Deus recolheu cada uma das lágrimas dessa mulher. "Registra, tu mesmo, o meu lamento; recolhe as minhas lágrimas em teu odre; acaso não estão anotadas em teu livro?" (Salmos 56.8).

"Aqueles que semeiam com lágrimas, com cantos de alegria colherão" (Salmos 126.5). Ana, na verdade, colheria em alegria, mas só quando suas lágrimas a levassem para mais perto de Deus.

Considere como Jesus reagiu às lágrimas: "Imediatamente o pai do menino exclamou: 'Creio, ajuda-me a vencer a minha incredulidade' " (Marcos 9.24). Jesus responderia a esse pai de coração partido da mesma maneira como Deus respondeu a Ana: "Em seguida, virou-se para a mulher e disse a Simão: 'Vê esta mulher? Entrei em sua casa, mas você não me deu água para lavar os pés; ela, porém, molhou os meus pés com suas lágrimas e os enxugou com seus cabelos. [...] Portanto, eu lhe digo os muitos pecados dela lhe foram perdoados; pois ela amou muito. Mas aquele a quem pouco foi perdoado, pouco ama' " (Lucas 7.44,47). Essa mulher lavou os pés de Jesus com suas lágrimas, e ele respondeu a sua fé e amor por ele.

“ ‘Bem-aventurados vocês, que agora têm fome, pois serão satisfeitos. Bem-aventurados vocês, que agora choram, pois haverão de rir’ ” (Lucas 6.21). Essas palavras são parecidas com a oração de louvor de Ana em 1Samuel 2. Ana estava faminta, mas Deus alimentou-a e encheu-a com seu Espírito. Ela chorou diante de Deus por causa de seu sofrimento, mas também riu em louvor a Deus. Ela, na verdade, seria levantada do lixo para ser assentada entre os príncipes. Ela, a despeito de sua infertilidade, teria muitos filhos.[12]

O menor versículo da Bíblia: “Jesus chorou” (João 11.35), é longo em sua compreensão do coração terno de nosso Senhor. Quando ele viu as pessoas que amava como Maria e Marta chorando pelo irmão morto Lázaro, ele se identificou com elas e chorou com elas. Até mesmo os judeus que estavam ali comentaram o quanto Jesus amava Lázaro (11.46). Jesus chorou por Jerusalém.[13] Quando ele chorou em sua oração, “e o seu suor era como gotas de sangue que caíam no chão” (Lucas 22.44).

O apóstolo Paulo também orou com lágrimas, “servi[ndo] ao Senhor com toda a humildade e com lágrimas. [...] Por isso, vigiem! Lembrem-se de que durante três anos jamais cessei de advertir cada um de vocês disso, noite e dia, com lágrimas” (Atos 20.19).

Se as lágrimas que você tem são provenientes do coração de Deus, então só ele pode secá-las. Busque seu conforto nele, o único que entende a profundeza de sua aflição e que opera em você.

---

[12] Há uma frase em 1Samuel 2.5 que afirma: “A que era estéril deu à luz sete filhos”. Na Bíblia, sete é o número para completude. Aqui, Ana não predizia o número de filhos que teria. Na verdade, 1Samuel 2.21 nos informa que depois de Samuel nascer, ela teve outros cinco filhos, um total de seis. No entanto, ela, com essas palavras, estava dizendo que sua vida seria plena e completa com os filhos que tivesse.

[13] Mateus 23.37-39.

## *Minha aflição por Connie que levou às lágrimas*

Minha esposa, Connie, começava a experimentar muitos problemas de saúde. Começou quando mais de dez anos atrás ela desenvolveu diabete. Alguns anos depois, seu fígado ficou prejudicado e começou a falhar. Como resultado da diabete, ela também teve danos nervosos tanto no estômago quanto nos intestinos. Em 2005, antes de receber um transplante de fígado, sua paralisia parcial do estômago estava tão ruim que ela começava a vomitar e não conseguia parar. Isso era seguido de uma dor insuportável. Quase todo mês levava-a ao pronto-socorro, onde era necessário lhe aplicar um tratamento adicional para parar de vomitar e não voltar a vomitar.

Uma noite, corri mais uma vez com Connie para o atendimento de emergência. Naquela noite, enquanto a equipe médica cuidava dela, fiquei caminhando em volta do hospital chorando com muitas lágrimas diante de Deus. A seguir, comecei a cantar enquanto escrevia esta canção. Cantei-a para Deus através das lágrimas que inundavam meus olhos.

## *A garrafa de lágrimas de Deus*

Deus guarda minhas lágrimas em sua garrafa,
ele as conta uma a uma
Nenhuma lágrima é esquecida,
seu coração está emocionado como o meu
O choro pode durar uma noite,
compartilhando a aflição da alma de Deus
Mas uma vez que o fardo é levantado, a alegria flui como um rio.

*Coro:*

Ó, a alegria vem quando o Filho levanta,
a alegria vem quando o Filho levanta
E Jesus que chorou por nós, secará todas as lágrimas
de nossos olhos
Sim, a alegria vem quando o Filho levanta,
a alegria vem quando o Filho levanta
E Jesus que agora ora por nós, secará todas as lágrimas
de nossos olhos.

Deus dá alegria e aflições, as montanhas formam os vales abaixo
As estrelas não são vistas de dia,
a escuridão é que as deixam brilhar
Lavar os pés de Jesus com suas lágrimas,
tocou o coração de Cristo
Semeando em lágrimas há colheita, almas redimidas para a vida

*Coro:*

Ó, a alegria vem quando o Filho levanta,
a alegria vem quando o Filho levanta
E Jesus que chorou por nós, secará todas as lágrimas
de nossos olhos
Sim, a alegria vem quando o Filho levanta,
a alegria vem quando o Filho levanta
E Jesus que agora ora por nós, secará todas as lágrimas
de nossos olhos.[14]

Enquanto caminhava pelo hospital e entoava meu cântico para Jesus, experimentei o conforto do Espírito Santo. Em apenas

[14] Herring, E. Truman. © copyright 2005.

alguns meses, o transplante de fígado de Connie ajudou a mudar o vômito constante e as viagens ao pronto-socorro. Sabia que minha aflição era de Deus, minhas lágrimas eram de Deus, e ninguém podia secá-las além de Deus. Foi nesse lugar secreto da comunhão com Jesus que não só recebi paz e garantia, mas também obtive a resposta para minha oração e, como Ana, diria: "Por causa disto, [...] pedi ao Senhor".

### *Apontando as pessoas de volta para a verdade*

Por volta do sexto ou sétimo ano de meu ministério, estava sendo consumido por aqueles que vinham a mim em busca de conforto. Comecei a perceber um padrão entre alguns que continuavam vindo com problemas semelhantes. Deus tinha me ensinado que todo cristão é habitado pelo Espírito Santo e pode ouvir Deus por si mesmo na Palavra. Também aprendi que Deus usa nossos problemas para nos fazer buscar na Escritura para que Deus possa ser nosso maior conselheiro e consolo.

Certo dia, uma pessoa que me procurara muitas vezes veio mais uma vez para me falar de novo sobre seus problemas. Dessa vez, em vez de me sentar e ouvir a essas dificuldades, passei à família dessa pessoa uma tarefa. Fundamentado no que sabia sobre elas e seus problemas, designei-lhes um livro da Bíblia para ler. Disse-lhes para fazerem anotações e prepararem-se para explicar que versículos tinham marcado e o que eles significavam para elas. Determinei que uma dessas pessoas lesse o livro de Jó inteiro e fizesse anotações sobre o livro. Para as outras, disse para lerem sobre a vida de José, registrada em Gênesis 37—50. Para as restantes, designei muitos salmos e pedi que os personalizassem e os orassem para Deus, inserindo suas próprias necessidades.

Após várias semanas, ninguém voltou a me procurar. Fiquei um pouco preocupado com o fato de que tivesse ofendido e afastado essas pessoas. Perguntei-lhes por que não tinham me telefonado de volta. A resposta foi tudo que precisava ouvir: "Ó, pastor, não precisava lhe telefonar porque enquanto lia a Escritura, Deus começou a falar comigo e a me confortar".

Aprendi uma grande lição naquele dia. Temos de fazer os cristãos amadurecerem até o ponto em que eles aprendem a ser confortados pela Escritura. Uma vez que tenham aprendido essa lição, então eles conseguem ir à Palavra de Deus por si mesmos, buscar sabedoria e respostas com ele.

Considere como Deus usou sua Palavra para confortar o salmista em sua aflição:

> *Antes de ser castigado, eu andava desviado, mas agora obedeço à tua palavra. [...] Foi bom para mim ter sido castigado, para que aprendesse os teus decretos. [...] Para mim vale mais a lei que decretaste do que milhares de peças de prata e ouro. [...] Sei, Senhor, que as tuas ordenanças são justas, e que por tua fidelidade me castigaste* (Salmos 119.67,71,72,75).

Você viu a ênfase de Davi? Em quatro versículos ele usou duas vezes o termo castigado e uma vez o verbo castigar. Mas ele, em sua aflição, aprendeu a *obede[cer] à tua* [de Deus] *palavra* (v. 67). Ele foi apontado em direção aos decretos e julgamentos de Deus e disse: "Para mim vale mais a lei que decretaste do que milhares de peças de prata e ouro" (v. 72).

Pense nisso! Quanto dinheiro pagamos para encontrar paz interior, realização e força para enfrentar os desafios de nossa vida? Davi conseguiu tudo isso — e mais — na Palavra de Deus.

Esse era o plano de Deus para a nação de Israel. Deus passou intencionalmente testes para humilhá-los e testá-los a fim de que aprendessem a depender dele por intermédio do conhecimento e da aplicação de sua Palavra.

> *Assim, ele os humilhou e os deixou passar fome. Mas depois os sustentou com maná, que nem vocês nem os seus antepassados conheciam, para mostrar-lhes que nem só de pão viverá o homem, mas de toda palavra que procede da boca do* S*ENHOR* (Deuteronômio 8.3).

Deus tem de nos amadurecer por meio de sua Palavra. Uma vez que aprendamos a ouvir Deus falar em sua Palavra sobre sua vontade e nossos problemas, então não há nada que possa nos impedir de ter comunhão com Deus e encontrar conforto nele.

Uma vez que aprendamos a ser confortados por Deus por intermédio de sua Palavra, então ele consegue nos usar em um ministério inspirado pelo Espírito Santo para confortar outros. "Bendito seja o Deus e Pai de nosso Senhor Jesus Cristo, Pai das misericórdias e Deus de toda consolação, que nos consola em todas as nossas tribulações, para que, com a consolação que recebemos de Deus, possamos consolar os que estão passando por tribulações" (2Coríntios 1.3,4).

Percebo um padrão entre os cristãos recém-convertidos e os cristãos imaturos — eles querem falar sobre seus problemas com os outros. Isso parece ser especialmente verdade entre as mulheres. Elas, com frequência, querem conversar sobre um problema até a morte apenas para ressuscitá-lo com outros dois problemas. Os grupos de apoio satisfazem uma necessidade — mas têm de ir à raiz do problema. Deus é o único que, em última instância, deve amadurecer, corrigir, refinar e usar as tempestades da vida para nos fazer crescer e nos tornar frutíferos.

Ana não precisou de um grupo de mulheres estéreis tentando apoiá-la, assando bolos, levando-a ao *shopping* e dizendo umas às outras que não ter filhos não é a pior coisa do mundo. Ela não precisou ouvir que podia olhar o lado positivo e perceber que não tinha de trocar fraldas e ficar presa às constantes necessidades de uma criança. Não! Ana podia se tornar uma mulher de fé que fundamentava essa fé na Escritura.

Para onde você se vira primeiro quando precisamos de ajuda ou conforto?

Nossa tendência natural é recorrer ao marido ou esposa, à mãe ou pai, a um amigo íntimo. E Deus pode usar isso como parte de seu conforto. Até mesmo Paulo foi confortado por Tito quando se sentia abatido (2Coríntios 7.6). Apenas tenha o cuidado de que aqueles a quem busca o conforto o apontem para a Escritura e o encorajem a aguentar o teste de fé em uma caminhada obediente com Deus. Já vi descrentes e cristãos carnais demonstrarem solidariedade falsa para com um cristão aflito que acaba por enfraquecer a fé deste. Já conversei com cristãos que me disseram que seguiriam a Escritura, obedeceriam a Deus e cresceriam por intermédio de seus problemas, só para que outros lhes demonstrassem falsa solidariedade e, assim, perdessem a oportunidade de Deus completar sua obra de amadurecê-los e torná-los frutíferos.

Também conheci outros cristãos composto de homens e mulheres que se juntaram para fazer um estudo da Bíblia. Eles apoiavam uns aos outros com as verdades e os princípios da Escritura. A vida deles se tornou um testemunho da fidelidade de Deus na vida desses cristãos.

## E QUANTO A VOCÊ?

Temos de chegar ao nível de maturidade em que podemos ser confortados na Palavra pelo Espírito Santo. Só realizamos nosso propósito maior em Cristo quando chegarmos a esse ponto.

- Onde você procura primeiro conforto de suas provações? Recorre aos amigos? Isola-se em desespero? Escapa por intermédio do álcool e das drogas? Ingere "comida reconfortante"? Prossegue em uma orgia de gastos? Ou vai a Deus e sua Palavra?
- Fica aborrecido com os outros se eles não veem sua aflição e lhe oferecem conforto e solução imediatos?
- Deus é de fato a fonte de sua suficiência? Você está satisfeito com a resposta humana ao problema quando Deus ainda espera que vá a ele?
- Você sabe como chegar à Palavra dele e buscar suas respostas nas verdades da Escritura?[15]

## 4. O CONTENTAMENTO

Tenha cuidado para não permitir que o mundo o deixe satisfeito com as respostas e soluções dele, em vez de buscar a Deus e sua intenção para nós.

O marido de Ana esperava que ela ficasse satisfeita com seus presentes e com ele mesmo. " 'Ana, por que você está chorando? Por que não come? Por que está triste? Será que eu não sou melhor

[15] Para ter ajuda adicional nessa área, por favor, veja o livro do autor, *God's Greater Purpose in Christ.*

para você do que dez filhos?' " (1Samuel 1.8). Ele tentava animá-la, mas não entendia a aflição posta por Deus no coração dela. Ela não dizia respeito a ter dez filhos. Dizia respeito ao único propósito de Ana diante de Deus. Se Ana não encontrasse seu contentamento no propósito de Deus, então nem mesmo dez filhos a satisfariam.

É impressionante o fato de que Deus possa operar de uma forma tão profunda e íntima em nossa vida que os outros cristãos não entendem. Os que fixam seu afeto nas coisas desta terra têm dificuldade em entender aqueles que fixam seu afeto em Cristo e na edificação do Reino dele agora. Até mesmo os discípulos que amavam Jesus e largaram tudo para segui-lo não entendiam totalmente o que Deus estava fazendo em Cristo.

## *Nem sempre os outros entenderão*

Os discípulos andaram com Jesus durante três anos. Mas a mentalidade deles era de que o Messias restauraria o reino de Israel e derrotaria os opressores romanos. Como resultado disso, eles interpretavam equivocadamente a cruz, o sofrimento de Jesus e o mistério da igreja.

- Quando Jesus falou a respeito de ir a Jerusalém para ser crucificado e ressuscitar no terceiro dia, Pedro reprovou-o. Ele não conseguia entender o fardo que Jesus carregava nem se identificar com ele. "Desde aquele momento Jesus começou a explicar aos seus discípulos que era necessário que ele fosse para Jerusalém e sofresse muitas coisas nas mãos dos líderes religiosos, dos chefes dos sacerdotes e dos mestres da lei, e fosse morto e ressuscitasse no terceiro dia. Então Pedro, chamando-o à parte, começou a repreendê-lo, dizendo: 'Nunca, Senhor! Isso nunca te acontecerá!' Jesus virou-se e disse a Pedro: 'Para trás de mim, Satanás! Você é uma pedra de tropeço para mim, e não pensa nas coisas de Deus, mas nas dos homens' " (Mateus 16.21-23).

- Quando Jesus falou a respeito de voltar ao Pai após terminar sua missão, Filipe ficou confuso e Jesus lhe disse: " 'Se vocês realmente me conhecessem, conheceriam também o meu Pai. Já agora vocês o conhecem e o têm visto'. Disse Filipe: 'Senhor, mostra-nos o Pai, e isso nos basta'. Jesus respondeu: 'Você não me conhece, Filipe, mesmo depois de eu ter estado com vocês durante tanto tempo? Quem me vê, vê o Pai. Como você pode dizer: "Mostra-nos o Pai"?' " (João 14.7-9).
- Quando Jesus levou os discípulos ao jardim do Getsêmani para orar com ele antes de sua morte, eles não entenderam sua grande agonia enquanto orava. "Então, voltou aos seus discípulos e os encontrou dormindo. 'Simão', disse ele a Pedro, 'você está dormindo? Não pôde vigiar nem por uma hora?' " (Marcos 14.37).

Moisés descobriu que o fardo que Deus lhe deu não era entendida por aqueles a quem tinha sido enviado. À medida que Moisés seguia Deus através do deserto, ele adquiriu um diferente nível de entendimento de Deus e seus caminhos do que o povo que ele guiava. Isso pode criar uma solidão de alma que só Deus pode satisfazer.

### *O contentamento é uma qualidade de maturidade aprendida*

Ana estava em uma página diferente de Elcana e sua rival Penina. Esta não estava nem mesmo lendo o mesmo livro de Ana e tentava desencorajá-la. Quando é Deus quem projeta a provação em nossa vida, ninguém além dele pode nos dar contentamento. Paulo encontrou seu contentamento em Cristo. "Não estou dizendo isso porque esteja necessitado, pois aprendi a adaptar-me a toda e qualquer circunstância" (Filipenses 4.11). Paulo se contentava com pouco ou com muito, em um palácio ou em uma prisão, comendo ou jejuando, porque seu contentamento estava em Cristo.

Um dos testes de fé pelo qual temos de passar em nossa maturidade é responder à pergunta: "Jesus é suficiente para contentá-lo e enchê-lo de propósito e alegria?"

Se só nos contentamos quando o mundo nos dá mais coisas, então acabamos por descobrir que essas coisas nos escravizam. Desperdiçamos nossa vida com nós mesmos. Quando Deus vê que seu principal amor é Jesus, então ele confia grandes coisas a você. Quando Deus vê que você foi fiel com seu dinheiro, então ele confia a você suas verdadeiras riquezas (Lucas 16.11).

Você entregaria seu cartão de crédito sem limite a um filho que fosse dependente de cocaína? Claro que não. No entanto, se tivesse um filho que demonstre fidelidade e maturidade em sua vida, então você poderia confiar tudo a ele.

Se Elcana tivesse entregado seu cartão Visa a Ana, ela teria resistido a entrar em uma orgia de gastos porque desejava o melhor de Deus. Mas se ele tivesse entregado seu cartão Visa para Penina, ela poderia ter atingido o limite do cartão — e ainda assim não estaria contente com sua vida.

Quando Deus põe sua vontade em nosso coração, as outras coisas parecem perder a importância. Se a vontade de Deus for que alguém permaneça solteiro, então ele dá a graça à pessoa para que ela fique satisfeita. Mas se a vontade de Deus para você for que se case, você continuará a ser fiel a ele — e será feliz no processo.

### *A aflição pelas nações*

Maravilho-me com alguns grandes missionários a quem Deus transmitiu sua aflição por uma nação pagã. Essa aflição vem acompanhada de um santo descontentamento com seu estilo de vida confortável em casa. A família e os amigos não entendiam como eles não eram felizes com sua vida em seu próprio país.

Hudson Taylor ficou tão aflito pela China que a riqueza em casa não trazia mais contentamento para sua vida. Hudson relata como sentiu que Deus veio a ele para lhe dizer: "Vou evangelizar o interior da China. Se você caminhar comigo, farei isso por seu intermédio". Há coisas que Deus fará com nossa ajuda ou sem ela. É uma bênção incrível quando Deus encontra uma pessoa fiel em quem pode confiar.

O grande missionário Adoniram Judson deixou os Estados Unidos no começo do século XIX para se tornar missionário em Mianmar. Como alguém entende a aflição que motiva um homem a ir para um país que é hostil a ele? Ele precisou de três anos de estudo diário para aprender o birmanês. Ele enfrentou a morte de filhos e da esposa em uma terra estrangeira que Deus tinha posto em seu coração. Ele foi preso e atormentado por quase dois anos. Contudo, continuou fielmente a cumprir o propósito de Deus para sua vida.

> Em 1823, dez anos após sua chegada, o número de membros da igrejinha tinha aumentado para dezoito pessoas, e Judson tinha finalmente terminado o primeiro rascunho de sua tradução de todo o texto do Novo Testamento birmanês. Quando Judson começou sua missão em Mianmar, ele estabeleceu um objetivo de traduzir a Bíblia e fundar uma igreja com cem membros antes de sua morte. Quando morreu, ele deixou a Bíblia, cem igrejas e mais de 8.000 cristãos.[16]

---

16 http://en.wikipedia.org/wiki/Adoniram_Judson.

O mundo nunca entenderia por que ele só conseguiu ficar satisfeito quando abandonou tudo para seguir Cristo até Mianmar. É por intermédio da aflição e do chamado de Deus em nossa vida que o Senhor realiza seu propósito em todo o mundo.

## *O entendimento equivocado da aflição e do chamado de Deus*

Estava no terceiro ano da faculdade, e meu sonho era ter uma carreira em que pudesse ter uma boa renda. Contudo, quando Deus pôs em meu coração o encargo de pregar, descobri que só conseguiria ter contentamento se seguisse a vontade dele para minha vida. Perdi todo interesse em meus sonhos anteriores e descobri minha maior alegria em fazer a vontade de Deus para minha vida.

É assim que Deus realiza sua grande obra no mundo. Ele encontra um homem ou mulher fiel e confia sua visão celestial a ele ou ela. Como resultado disso, eles só ficam satisfeitos quando estão no centro da vontade de Deus.

Connie e eu estávamos contentes em nossa igreja em que tínhamos a família e amigos. Tínhamos uma comunhão tão doce com os jovens casais cristãos que enchia nossa vida de grande satisfação. Contudo, comecei a sentir uma inquietação na alma que não podia mais ficar contente em simplesmente me sentar e ouvir os outros pregar. Sabia que tinha sido chamado a pregar. Sabia que tinha de pregar. Recebi o chamado para começar uma igreja de missão a 4.184 quilômetros de distância de nossas famílias. Sabia que minha mãe e meu pai entenderiam e apoiariam nossa mudança. Minha mãe sabia desde meu nascimento que chegaria o dia de me liberar para fazer a vontade de Deus, e ela teve a graça de *me dedicar ao Senhor*.

No entanto, temia dar a notícia aos pais de Connie. Aquele foi um dos dias mais difíceis de nosso casamento ainda em seu início. Connie estava disposta a me seguir, embora isso significasse deixar sua família. Tive uma conversa franca com meu sogro no pátio de seu quintal. Ele não queria que eu levasse sua filha para longe de casa. Ele não entendia por que eu não podia ministrar em uma igreja local e ser feliz. Ele fez sugestões alternativas. Questionou se eu podia conhecer a vontade de Deus e sentir o chamado para uma pequena cidade no estado de Washington. Sua percepção do ministério era muito parecida com a de um trabalho normal em que se pode escolher onde queremos trabalhar. Estava em um ponto da minha vida em que sabia que tinha de seguir o grande encargo do meu coração. Do contrário, desobedeceria a Deus.

Então as coisas ficaram ainda mais difíceis. Meu sogro começou a me atacar pessoalmente. Ele me disse que estava roubando sua filha dele e que não me respeitava de maneira alguma. Nessa hora, um cachorro perdido estava atravessando o quintal, e ele disse palavras que me feriram profundamente: "Tenho mais respeito por aquele cachorro que por você". Minha esposa estava entre a pressão de agradar os pais e de seguir o marido.

Tínhamos deixado meus pais em casa com orações, bênçãos e abraços e beijos. Deixamos os pais de Connie com palavras duras e o coração partido deles. Connie chorou durante oitenta quilômetros. Tenho a vívida imagem de puxar um pequeno caminhão baú de 1,22 metro por 1,82 metro na traseira de nosso pequeno carro de quatro cilindros sobre a ponte do rio Mississipi enquanto minha querida esposa soluçava profundamente. Estávamos em nosso quarto ano de casamento, e Connie tinha deixado sua família e um bom emprego para me seguir. Lamentava a agonia pela qual a fazia passar e fiquei tentado a tentar ceder a fim de manter todos felizes. Mas sabia que tinha de ser fiel à visão e ao chamado que Deus me dera.

A boa notícia é que houve um final feliz para essa história. Mais tarde, o pai de Connie nos abençoou e nosso relacionamento e comunhão foram restaurados. Eles nos visitaram no noroeste e viram pessoalmente a bênção de Deus em nosso ministério.

Entender alguém fazer a vontade de Deus, com frequência, é difícil para aqueles que estão fora da situação. Mas à medida que o seguimos, há a paz profunda de Deus em nosso íntimo... paz essa que transmite todo entendimento.

## AS QUESTÕES DIFÍCEIS

A questão do contentamento produz algumas questões muito difíceis que temos de responder com honestidade e repetidas vezes.

- Onde está seu contentamento? Nas posses? Nos relacionamentos? Na posição social ou na opinião dos outros em relação a você? Ou só em Deus?
- Você ficaria satisfeito com menos coisas materiais? O que está disposto a sacrificar?
- Você já entendeu mal a aflição que Deus deu a alguém? Quais eram as circunstâncias? Como essa pessoa respondeu? O que você aprendeu com essa experiência?
- Deus já mudou seu coração a ponto de que você só ficaria satisfeito se fizesse a vontade de Deus?
- Consegue passar no teste do ser entendido de forma equivocada pelos outros?
- Consegue passar no teste da solidão de alma?

## 5. A FALSIFICAÇÃO

É fácil se acomodar a uma falsificação. As falsificações custam muito menos que a coisa verdadeira. Elas são mais fáceis de conseguir... e são muito menos problemáticas... no início.

### *O começo da crise no Oriente Médio*

Ana podia se lembrar de quando a fé de Sara balançou. Ela se acomodou a uma falsificação e substituiu Hagar por seu ventre estéril. Mas não devemos usar meios naturais para fazer o trabalho sobrenatural. Embora a escolha tenha parecido fácil na época, a nação de Israel, depois de quatro mil anos, ainda sofre as consequências da má escolha de Abraão e Sara. São os filhos da promessa que buscamos, em quem a semente prometida será chamada, não os filhos da carne, as várias pessoas do tipo Ismael que nós mesmos criamos..

Ana teve de resistir à tentação de transferir sua esperança em Deus para qualquer outra coisa. Ela tinha um marido maravilhoso que a amava. Naquela época, muitos homens teriam se divorciado de uma esposa estéril. Mas Elcana a amava demais para rejeitá-la. Ele não bateu nela — abençoou-a. Ele não a repreendeu — recompensou-a. Ele não a humilhou — honrou-a. E tudo isso são coisas boas e piedosas. Mas às vezes até mesmo as coisas boas podem nos impedir de receber o melhor de Deus.

A maioria das mulheres teria aceitado as bênçãos de um marido que as amava tanto e esquecido a obra sobrenatural de Deus na vida delas. Ana aprendeu que a obra de Deus em sua vida a deixava dependente do Senhor e de ninguém mais. Temos de discernir se, quando alguém nos oferece uma *porção digna*, isso não passa de uma distração do propósito maior de Deus em nossa vida.

Com certeza, Deus pode usar os outros para ser o meio pelo qual responde a nossas orações. Deus usa meios naturais para realizar sua obra por intermédio do ministério de seu povo. Estamos nas mãos de Deus para ministrar a outros. Todavia, na igreja não devemos confundir atividade com poder do Espírito Santo, números com santidade e aprovação do homem com aprovação de Deus. O marido de Ana talvez tenha tentado encorajá-la muitas vezes ao lhe falar dos muitos outros benefícios que ela tinha, mas graças a Deus ela não se sentiu confortada, contente nem compromissada a receber uma falsificação, mas esperaria que Deus respondesse a suas orações.

## *Discernindo a falsificação*

Algumas falsificações são fáceis de ser discernidas enquanto outras não o são. Somos advertidos de que nem tudo que vem em nome de Deus ou até mesmo em nome de Cristo sempre é de Deus. Paulo advertiu a igreja que Satanás poderia vir como um anjo de luz e que alguém poderia pregar um falso Jesus (2Coríntios 11.1-4; 13-14).

O altar construído por Jeroboão em Betel era semelhante em projeto e propósito ao verdadeiro altar do Senhor em Jerusalém. As multidões que substituíram o verdadeiro altar de Jerusalém pelo altar de Betel acharam as palavras de Jeroboão convenientes: "Vocês já subiram muito a Jerusalém" (1Reis 12.28). No entanto, Deus enviou um profeta para repreender Jeroboão por sua religião falsificada. Era uma armadilha, um engano destinado a capturar o povo de Deus e afastá-lo da verdadeira adoração.

Ana foi tentada a se satisfazer com algo menos que o melhor de Deus para sua vida. Todos nós ouvimos a advertência:

"Não deixe que algo bom o faça perder o melhor de Deus para você". Talvez você seja o único que conhece a visão que Deus pôs em seu coração. Precisamos "imit[ar] aqueles que, por meio da fé e da paciência, recebem a herança prometida" (Hebreus 6.12). Talvez seja difícil esperar Deus fazer acontecer seu plano para nossa vida, mas não podemos aceitar um substituto.

- É fácil os pastores experimentarem o falsificado. Eles se sentem chamados a "pregar", mas não a pastorear, amar e cuidar do povo de Deus. Ficam cansados das pessoas da igreja e seus problemas. Um pastor me disse quando recebeu uma oferta de mais dinheiro em um emprego secular: "Acredito que posso ser mais eficaz como uma testemunha cristã em um emprego secular". O tempo provou que ele estava errado.

- Às vezes não é o emprego secular, mas outra posição de ministério que traz alívio a um pastor de sua atual situação difícil. O que parecia ser uma atraente bênção se torna algo muito menor do que o que Deus tinha planejado para sua vida.

Muitos solteiros ficam cansados de esperar um cônjuge cristão temente a Deus e se acomodam com o que está imediatamente diante deles. Eles, em última instância, descobrem-se presos a um relacionamento em que o jugo é desigual e perdem o melhor de Deus para sua vida.

### *O momento de uma auditoria em seu íntimo*

Auditorias são sempre uma experiência difícil. Nas auditorias comerciais, uma agência externa analisa os registros financeiros de uma empresa a fim de verificar as discrepâncias que possam existir.

Na auditoria espiritual, você permite que o Espírito Santo reflita a luz e a verdade de sua Palavra nos motivos de seu coração e nas escolhas que faz. É difícil fazer "perguntas difíceis", mas é tão compensador ficar limpo diante de Deus e viver honestamente na presença dele. Pergunte-se:

- Tem a tentação de inventar uma alternativa produzida pelo homem, em vez de esperar por Deus? Sara fez isso e teve que sofrer com a presença de Hagar e Ismael em sua vida.
- Transferiu sua esperança do único Deus verdadeiro e a pôs em outra coisa? Se esse for o caso, como isso aconteceu? Você ignorou sinais de advertência em seu processo de tomada de decisão?
- Há duplicidade espiritual em sua vida?
- Fez concessões no passado? Quais? Há padrões de concessão que consegue identificar? Pode impedir que isso aconteça no futuro?
- Em que mentiras acredita? Onde você permite que sua mente vagueie? O que faz quando está sozinho que não gostaria que ninguém soubesse? Quão negativo e crítico você é em relação aos outros?

Separe algum tempo e ore a respeito de cada uma dessas áreas. Confesse qualquer pecado que o Espírito de Deus trouxer a sua mente. Reivindique as promessas de Deus de 1João 1.9 de que "se confessarmos os nossos pecados, ele é fiel e justo para perdoar os nossos pecados e nos purificar de toda injustiça".

# *Teste três: exaurida*

*Mas a Ana dava uma porção dupla, porque a amava, apesar de que o* Senhor *a tinha deixado estéril. [...] Isso acontecia ano após ano. Sempre que Ana subia à casa do* Senhor*, sua rival a provocava e ela chorava e não comia* (1Samuel 1.5,7).

## O TERCEIRO TESTE DE FÉ

O terceiro teste que Ana enfrentou, e um que cada um de nós enfrentará, foi este:

> Você pode confiar e esperar em Deus mesmo quando é atacado por seu inimigo?

## UMA PROMESSA DE DEUS TÃO VERDADEIRA QUANTO JOÃO 3.16

Em 2Timóteo 3.12, o apóstolo Paulo escreveu: "De fato, todos os que desejam viver piedosamente em Cristo Jesus serão perseguidos". Essa promessa é tão verdadeira quanto João 3.16 ou qualquer uma das outras grandes promessas da Bíblia. Se escolher caminhar com Jesus e tentar glorificá-lo com sua vida, você é perseguido. Essa perseguição vem dos descrentes, dos amigos, dos vizinhos, daqueles da igreja e dos de fora da igreja. Mas, em última análise, a fonte de toda essa perseguição é o próprio Satanás, o inimigo da nossa alma.

Satanás nos golpeia e nos acusa. Ele usa diversas estratégias únicas em suas acusações contra nós.

- Ele tem o objetivo de nos fazer duvidar de Deus e de suas promessas.
- Ele põe pessoas em sua vida que o criticam, o rebaixam, o ferem, o fazem se lembrar de suas falhas e o fazem se sentir sem valor.
- Ele quer desencorajá-lo.
- Ele provoca o sentimento de culpa por causa de seus pecados e lhe diz vez após outra que possivelmente Deus não perdoará seu pecado.
- Ele faz acusações contra Deus — de que o Senhor o abandonou, falhou com você ou deixou de amá-lo.
- Ele tenta fazer que você se acuse e se condene.

## AS ACUSAÇÕES MAIS BÁSICAS

Dia após dia, Ana era maltratada por Penina. O registro inspirado da Escritura declara que ela "a provocava". Por quê? Para fazê-la se sentir mal. Reconhece que há pessoas ali fora que têm grande deleite em atormentar os outros? Penina descobriu o ponto fraco de Ana. Ela não podia dizer que Elcana amava menos Ana. Era óbvio que Ana era sua favorita. Ela não atacava a aparência física de Ana. Mas descobriu a única coisa que podia de fato atingir sua rival: a esterilidade.

Satanás faz exatamente a mesma coisa conosco. Ele nos estuda. Conhece nossos pontos fracos. E traz consigo um ataque sob medida para nos atingir. Quando estamos sob ataque, tentamos com frequência aguentar enquanto conseguimos... mas porque fazemos isso com nossa própria força, falhamos. Deus quer que cheguemos àquele ponto em que nos entregamos completamente a ele. Muitos resistem o quanto podem em sua própria força, tentando ser fortes por Deus. O Senhor, com frequência, permite que pressões externas ainda maiores nos tragam ao lugar de absoluta entrega que ele deseja em que estejamos para que a vida de Jesus se manifeste por nosso intermédio (2Coríntios 4.7-11; 1.8,9).

### OS DOIS PRINCÍPIOS: DESCANSO E TROCA

No meio de nossa luta, temos de chegar ao lugar de descanso na soberania de Deus. Hebreus 4.9,10 nos informa que "ainda resta um descanso sabático para o povo de Deus". Esse princípio de confiança não é *resignação*, em que *desistimos*, mas um *descanso* em que *entregamos* o controle ao nosso Pai celestial.

Quando descansamos e entregamos nossas lutas para ele, experimentamos o princípio de troca, em que trocamos nossas insuficiências e fraquezas humanas pelo poder manifesto de Deus. Leia estas palavras com atenção:

> *Ele fortalece o cansado e dá grande vigor ao que está sem forças. Até os jovens se cansam e ficam exaustos, e os moços tropeçam e caem; mas aqueles que esperam no Senhor renovam as suas forças. Voam alto como águias; correm e não ficam exaustos, andam e não se cansam* (Isaías 40.29-31).

Deus "fortalece o cansado". Ele "dá grande vigor ao que está sem forças". De onde vem essa força? Não de nossa própria capacidade, mas do Espírito Santo que vive em nós.

Deus só aliviou Ana de sua aflição quando ela alcançou o ponto em que abriu mão. Nesse ponto, ela descobriu que Deus estava ali para carregar tanto ela quanto sua aflição o tempo todo. Lembra-se da história da mulher que interferiu prematuramente no processo de transformação da lagarta em borboleta? Deus não antecipa o processo de santificação e cumprimento de seu propósito específico para nossa vida. Ele tem de nos levar o caminho todo ao longo do processo de refinamento. Para Ana, o ataque de sua adversária a fez se voltar ainda mais para Deus.

## EU PRECISAVA DE UM NOVO PAI

Conforme já compartilhei, as orações de minha mãe sobre mim foram respondidas — e me tornei pastor. Mas ela enfrentou desafios incríveis enquanto orava para Deus mudar o coração de meu pai. Ela sabia que meu pai precisava que Deus operasse em sua vida. Se ele tivesse sido um marido melhor, talvez ela não tivesse se sentido tão aflita em orar por mim. Mas sua tribulação que aguentou se tornou um catalisador para deixá-la ainda mais determinada a fazer Deus ouvir suas orações.

Tinha sete anos quando meu pai e eu passamos por um bar local. Ele me levou para dentro do bar, e nos sentamos nos bancos do bar enquanto ele bebia cerveja com outros homens. Lembro--me de pensar: "Isso é o que os homens de verdade fazem. Um dia, serei grande o suficiente para vir aqui e, como meu pai, beber como meus amigos".

Um dia, encontrei minha mãe chorando no chão da cozinha. Meu pai, embriagado, a tinha jogado no chão. Não foi a primeira vez aos sete anos em que testemunhei os efeitos malignos do álcool na vida de meu pai.

Muitas mulheres deixariam esse abuso físico as tornar amargas. Não minha mãe. Ela sabia de que o que meu pai realmente precisava era de Jesus no controle da vida dele. Satanás pode ter tentado desencorajar minha mãe de sua fé cristã, mas esses episódios só a fizeram transformar suas lágrimas em intercessão e oração até conseguir a atenção compassiva de Deus. Ela começou a orar a Deus e a confiar nele para operar milagrosamente na vida de meu pai.

Minha mãe achava garrafas de uísque que meu pai escondia pela casa. Observava enquanto ela corajosamente esvaziava as garrafas na pia. Ela até me deixava ajudar como uma ferramenta de ensino para me advertir dos perigos da bebida. Lembro-me de atravessar o quarto até a cama do meu pai aos domingos enquanto ele dormia de ressaca. Minha mãe me levava fielmente — e também minhas três irmãs — à igreja todas as semanas. O abuso repetitivo de Satanás tinha despertado um gigante adormecido à medida que minha mãe continuou fielmente a orar.

Então Deus, da noite para o dia, como lagarta que se transforma em borboleta, transformou meu pai. Sua vitória em Cristo desenvolveu asas e voou. Ele era um novo homem, um novo marido e um novo pai. O álcool nunca mais entrou em nossa casa. Agora, em todas as refeições meu pai nos lidera na oração. A leitura da Bíblia, uma breve devocional e oração antes do jantar se tornou uma tradição da família. Todo sábado, meus pais iam ministrar em uma prisão. Ver essa transformação em meu pai foi que me fez começar a pensar que precisava ser cristão como meus pais.

## VOCÊ JÁ SE SENTIU EXAURIDO?

O que você faz quando está aflito, e sua provação de fé parece muito pesada e muito longa? Faça o que Ana fez: persevere em oração. A maioria de nós quer que Deus acabe com a provação de fé. Quando um adversário nos atormenta e nos golpeia, queremos fugir e nos esconder. Nesse ponto, é fácil se tornar passivo e depressivo.

Os professores de artes marciais dizem a seus alunos para usar a força dos golpes de seus oponentes contra os próprios oponentes. Satanás usou Penina para provocar Ana — mas o tiro saiu pela culatra porque deixou Ana ainda mais desesperada, dependente de Deus e determinada a confiar nele para libertá-la. Mais tarde, ela expressaria sua vitória em louvor: "O arco dos fortes é quebrado, mas os fracos são revestidos de força" (1Samuel 2.4). Satanás, como um soldado no campo de batalha, a tinha golpeado e a derrubado. Mas Deus, contra seus ataques naturais, fez o sobrenatural, dando-lhe sua força na fraqueza, e ela prevaleceu sobre seu inimigo.

Neste capítulo examinaremos quatro lugares de acusação e aprenderemos como lutar contra eles de uma perspectiva espiritual.

## 1. GOLPEADO E ACUSADO PELOS INIMIGOS

O primeiro lugar de acusação vem de nossos inimigos. Penina não era uma amiga, mas uma inimiga, e Satanás a inspirou a acusar Ana. "E porque o SENHOR a tinha deixado estéril, sua rival a provocava continuamente, a fim de irritá-la" (1Samuel 1.6).

Quando Elcana pôs suas duas esposas sob o mesmo teto, essa foi uma receita para o desastre. Tenho certeza de que ele queria que elas se dessem bem — mas isso nunca aconteceria. Na verdade, o relacionamento foi intensificado na *rivalidade*, em que Penina "a provocava continuamente", dia após dia.

Penina conseguiu tirar vantagem da condição de estéril de Ana para provocá-la e irritá-la. Ela descobriu a rachadura na armadura de sua rival. Encontrou o ponto em que Ana era mais vulnerável e a golpeou uma vez após a outra. Sua casa, o lugar em que deveria se sentir segura, acabou por se transformar em um campo de batalha diária.

A mesma coisa pode acontecer na igreja. Você provavelmente não acha chocante descobrir que o lugar em que devia ser mais amado, entendido e aceito também pode ser o lugar em que é mais ferido, mal entendido e rejeitado. Infelizmente, nem todos da igreja caminham com Deus. Nem todos exercitam a sabedoria no que dizem e em como se relacionam com os outros. Há aqueles que não entendem o que Deus está fazendo em sua vida enquanto você carrega a aflição que Deus lhe deu. Há aqueles que são carnais, egoístas e invejosos quanto ao que Deus está fazendo em sua vida.

Por trás da provocação de Penina estava o próprio Satanás. Lembre-se, ele é chamado de "o acusador dos nossos irmãos" e daquele "que os acusa diante do nosso Deus, dia e noite" (Apocalipse 12.10). Será que seria de espantar que ele também motivasse os outros a participar da mesma estratégia?

### *O maior adversário de Ana e o maior conflito no céu*

Lembre-se, não estamos simplesmente examinando o cenário histórico do conflito na terra entre Penina e Ana. Também temos de examinar esses eventos da perspectiva do céu e interpretá-los também a partir da oração profética de louvor de Ana. Ana se ajusta ao propósito maior de Deus em Cristo como uma peça de quebra-cabeça que faz parte do todo. Observe a profecia de Ana da vinda do rei ungido que é o Senhor Jesus Cristo. "Aqueles que se opõem ao SENHOR serão despedaçados. Ele trovejará do céu contra eles; o SENHOR julgará até os confins da terra. '*Ele dará poder a seu rei e exaltará a força do seu ungido*' " (1Samuel 2.10).

Muitos comentários bíblicos reconhecem que essa é uma referência à vinda do Messias. O que começou em Gênesis no jardim do Éden como uma batalha entre Satanás e Cristo continua até o fim do livro de Apocalipse, em que Cristo joga Satanás para sempre no lago do fogo eterno. Deus prometeu a Adão e Eva a vinda da *semente da mulher* que esmagaria a cabeça de Satanás enquanto este só feriria o calcanhar da semente da mulher (Gênesis 3.15).[17] Do começo ao fim da Escritura, encontramos evidências do ódio de Satanás por Cristo e seus ataques ao povo de Deus como a mão invisível por trás dos ataques de Penina a Ana.

O Espírito Santo levanta o tema messiânico na oração de Ana quando Maria é informada que Deus fará Cristo nascer de seu ventre virgem. Observe como as palavras do louvor de Maria são semelhantes às do louvor de Ana. "Derrubou governantes dos seus tronos, mas exaltou os humildes. Encheu de coisas boas os famintos, mas despediu de mãos vazias os ricos" (Lucas 1.52,53). Ana chama Deus de sua "rocha" e em relação a seus inimigos diz: "No SENHOR minha força é exaltada" (1Samuel 2.1,2).

---

[17] Todas as outras referências no Antigo Testamento sobre ter filhos se referem à *semente do homem*. Mas aqui em Gênesis, Deus se refere à vinda daquele que nasce da *semente da mulher*. Essa referência, apesar da incompletude velada, é a primeira ao nascimento virginal que foi cumprido na vida de Maria.

Um comentário nos ajuda a entender o uso da palavra *chifre*, em vez de força, em algumas versões da Bíblia:

> O elemento profético no cântico de Ana fica mais aparente nessa palavra e fica óbvio na citação de Lucas desse versículo (Lucas 1.69) em que ele considera o cântico uma profecia preditiva que encontra seu cumprimento derradeiro em Jesus Cristo, o Rei de Deus da linhagem de Davi, o Servo de Deus que finalmente realiza a salvação de seu povo.[18]

Em relação ao uso da palavra *ungido* aprendemos que "a palavra 'ungido" é uma tradução do termo hebraico *mashiah, 'messiah'*. Essa é a primeira ocorrência dela no Antigo Testamento, ela é singularmente apropriada para o cântico de exultação de Maria.[19]

Na oração profética de Ana em relação ao Rei ungido de Deus observamos uma batalha que vai além daquela entre ela e Penina. É uma batalha que envolve o ódio de Satanás por todos que amam a Cristo. Observe o quadro panorâmico dessa batalha em Salmos 2.

> *Por que se amotinam as nações*
> *e os povos tramam em vão?*
> *Os reis da terra tomam posição*
> *e os governantes conspiram unidos contra o Senhor*
> *e contra o seu ungido, e dizem:*
> *"Façamos em pedaços as suas correntes,*
> *lancemos de nós as suas algemas!"*
> *Do seu trono nos céus*
> *o Senhor põe-se a rir e caçoa deles* (Salmos 2.1-4).

---

[18] *KJV Bible Commentary*. Nashville: Thomas Nelson, 1997, p. 536.

[19] *Believer's Study Bible*. Edição eletrônica. Nashville : Thomas Nelson, 1997, 1Samuel 2.10.

Se acharmos que nossos conflitos são apenas com nossos adversários terrenos, nunca descobriremos o segredo da produtividade que Deus tem para nós. Às vezes, os ataques das pessoas são inspirados por via indireta pelo nosso inimigo maior, Satanás. Vistam toda a armadura de Deus "para poderem ficar firmes contra as ciladas do Diabo, pois a nossa luta não é *contra seres humanos*, mas contra os poderes e autoridades, contra os dominadores deste mundo de trevas, contra as forças espirituais do mal nas regiões celestiais" (Efésios 6.11,12). Temos de prestar atenção às palavras de Pedro: "Estejam alertas e vigiem. O Diabo, o inimigo de vocês, anda ao redor como leão, rugindo e procurando a quem possa devorar" (1Pedro 5.8).

Se tivermos de experimentar a maior produção de frutos que Deus tem para nós, temos de saber que nossa vitória sobre Satanás se fundamenta na vitória de Cristo na cruz. Não devemos lutar carne contra carne, achando que se conseguirmos nos livrar de alguma maneira de nosso adversário, o conflito acabou. Não acabou! Temos de aprender a correr para Cristo, descansar nele, submetermo-nos a Deus e resistir ao Diabo. É nesse momento que descobrimos que os dardos flamejantes da língua afiada do nosso inimigo serão extintos com o escudo da fé.

Você já observou que quando Deus o chama para fazer sua vontade, Satanás sempre incita um adversário para desencorajá-lo? Na Bíblia, esses adversários tinham o nome de Penina, Saul, Absalão, Sambalate, Hamã e até mesmo Judas. Somos escolhidos por Deus para carregar sua aflição, por isso, se nos livrarmos de Penina, enfrentaremos um Saul. Se nos livrarmos de Saul, enfrentaremos um Absalão. Se nos livrarmos de Absalão, enfrentaremos um Sambalate. Se nos livrarmos de Sambalate, enfrentaremos um Hamã. Nunca nos livraremos de adversários e acusadores quando caminhamos com Deus. Se você fosse do mundo, o mundo o amaria. Você, por não pertencer mais ao mundo, passa a ser uma ameaça para o reinado de Satanás. Este é um leão que ruge tentando derrotá-lo e desencorajá-lo. Por isso, você precisa aprender a ser um soldado capacitado que usa o poderoso arco do inimigo contra esse inimigo enquanto esse arco é quebrado por Deus. Embora você, nessa batalha, tenha sido golpeado, derrubado e humilhado e sinta-se exaurido e fracassado, agora está em uma posição melhor para, pela fé, ser cingido com a força de Deus.

Há uma ameaça comum na Escritura que temos de entender: quanto mais nos aproximamos de Deus e fazemos sua vontade, mais Satanás fica enraivecido. Como resultado, ele lança um ataque espiritual contra nós. Se ele consegue descobrir alguém que seria um aliado desconhecido, incita-o a nos provocar a desistir da visão de Deus para nossa vida. Ore por seus adversários. Não fique amargo em relação a eles. Deixe-os nas mãos de Deus — e será Deus quem os tirará de seu caminho. Nas páginas da Bíblia, aprendemos o seguinte:

- A continuar a construir o muro de Deus e não ser distraído por Sambalate. A parede será concluída (Neemias 4).
- A ser como Mardoqueu e buscar a Deus. Em vez de combater seu inimigo, confie em Deus para que ele trave essa batalha. E a forca construída por Hamã contra você será usada contra ele (Et 7).
- A ser como Jesus que nos ensinou: " 'Mas eu lhes digo: Amem os seus inimigos e orem por aqueles que os perseguem' " (Mateus 5.44).
- Aprenda com a igreja primitiva que orava por seu maior perseguidor, Saulo de Tarso. Ele foi milagrosamente

convertido por Deus e se tornou o apóstolo Paulo, o maior líder da igreja do Novo Testamento (Atos 9).

Em sua jornada para uma maior produtividade com Deus não se surpreenda se ele permitir que alguém o golpeie para que você fique ainda mais dependente dele em seus maiores problemas.

### *Tempo de aplicação*

- Você já foi atacado quando começou a fazer a vontade de Deus? Como lidou com isso? Ficou tentado a primeiro combater a carne com a carne?
- De que maneiras você aprendeu a correr para Deus e resistir ao demônio?
- O que o impede de orar por seus inimigos como Jesus nos ensinou a fazer?

### 2. GOLPEADO E ACUSADO PELA CARNE

Há uma segunda fonte de ataques e acusações. Além de virem de nossos inimigos, também lutamos contra nossa carne. Há uma batalha que continua no interior de cada cristão à medida que nossa carne (também mencionada como nossa velha natureza) nos ataca e nos golpeia. Ela trava guerra com nossa nova vida em Cristo.

O segredo da produtividade é alcançar um ponto em que vemos nossa carne como um adversário maior que Satanás. Temos de alcançar um ponto em que ficamos tão desgostosos com nossa carne que tentamos morrer todos os dias para a vida do "eu". Temos de ser provocados até não conseguirmos coexistir com esse adversário. Temos de alcançar o ponto que Paulo descreveu em Romanos 7, em que descobrimos que nossa carne é nosso pior inimigo.

Observe mais uma vez o que aconteceu na vida de Ana:

> *E porque o* Senhor *a tinha deixado estéril, sua rival a* provocava continuamente, *a fim de* irritá-la. *Isso acontecia ano após ano. Sempre que Ana subia à casa do* Senhor, *sua rival a provocava e ela chorava e não comia. Elcana, seu marido, lhe perguntava: "Ana, por que você está chorando? Por que não come? Por que está triste? Será que eu não sou melhor para você do que dez filhos?"* (1Samuel 1.6-8).

Ela era *provoca[da] continuamente* e ficava *irrit[ada]*, ela *chorava* toda vez que ia adorar a Deus; seu coração estava *triste*. Isso não soa como a abundante vida cristã, não é mesmo? No entanto, Deus usou a contínua provocação de sua adversária para trazer Ana à absoluta entrega a ele. Penina, com certeza, lembra-me da minha própria carne, incansável em me provocar todos os dias.

## *Sua carne não é sua amiga — é sua inimiga*

Quando era um garoto e estava no quarto ano, o Senhor me salvou. Mas só anos mais tarde descobriria que estava espiritualmente estéril para gerar fruto para Deus. Era um homem jovem, já casado, quando meu coração foi incitado a ser mais sério em minha caminhada com Jesus. Comecei a descobrir que quanto mais tentava servir a Deus, mais meus adversários resistiam a mim. Sabia pouco sobre Satanás e a batalha espiritual. Sabia havia anos que Satanás podia me tentar a pecar. No entanto, era tão ignorante de suas estratégias que não reconheci seus disfarces quando me tentou com o que pareciam ser coisas boas.

Meu maior choque foi descobrir o que Paulo declarou: "Sei que nada de bom habita em mim, isto é, em minha carne" (Romanos 7.18). Fiquei chocado ao aprender que podia ser tentado a servir a Deus na carne. E quando tentei derrotar minha carne por meio da disciplina, Satanás me provocou ainda mais. Mesmo quando assumi um compromisso maior com a lei de Deus, fui derrotado e continuava improdutivo. O desejo de produzir frutos e agradar a Deus era a aflição que ele pôs em mim, mas eu estava reduzido ao clamor de Paulo. "Miserável homem que eu sou! Quem me libertará do corpo sujeito a esta morte?" (Romanos 7.24). Nosso fracasso e nossa esterilidade podem ser um grande professor para sermos humildes e nos fazer perceber que sem a permanência diária em Cristo, "não podem[os] fazer coisa alguma" (João 15.5).

O apóstolo Paulo teve de chegar àquele ponto em que percebeu que sua carne era incapaz de fazer qualquer coisa que tivesse valor espiritual.

> *Sabemos que a Lei é espiritual; eu, contudo, não o sou, pois fui vendido como escravo ao pecado. Não entendo o que faço. Pois não faço o que desejo, mas o que odeio. E, se faço o que não desejo, admito que a Lei é boa. Neste caso, não sou mais eu quem o faz, mas o pecado que habita em mim. Sei que nada de bom habita em mim, isto é, em minha carne. Porque tenho o desejo de fazer o que é bom, mas não consigo realizá-lo. Pois o que faço não é o bem que desejo, mas o mal que não quero fazer, esse eu continuo fazendo. Ora, se faço o que não quero, já não sou eu quem o faz, mas o pecado que habita em mim. Assim, encontro*

> *esta lei que atua em mim: Quando quero fazer o bem, o mal está junto a mim. No íntimo do meu ser tenho prazer na Lei de Deus; mas vejo outra lei atuando nos membros do meu corpo, guerreando contra a lei da minha mente, tornando-me prisioneiro da lei do pecado que atua em meus membros. Miserável homem que eu sou! Quem me libertará do corpo sujeito a esta morte? Graças a Deus por Jesus Cristo, nosso Senhor! De modo que, com a mente, eu próprio sou escravo da Lei de Deus; mas, com a carne, da lei do pecado* (Romanos 7.14-25).

Em um capítulo anterior, Paulo falou sobre morrer diariamente para sua carne e permitir que a vida de Jesus nele produzisse fruto para Deus (Romanos 6.1-14). Nossa carne não pode ser reformada, treinada, educada ou melhorada. Mesmo quando nos dedicamos a servir a Deus e tentamos reformar nossa carne ao batizá-la com a lei ou com o firme compromisso com Deus, acabamos vazios, frustrados e improdutivos.

Meu maior inimigo no serviço a Deus é minha carne. Por isso, há tanta verdade bíblica neste princípio: quando tento, falho; quando confio, ele consegue.

## *Por que você não morre?*

Enquanto estava na faculdade, meu pastor me chocou quando começou sua mensagem de domingo com estas palavras: "Morra! Por que você simplesmente não morre?" Isso com certeza chamou minha atenção para o que estava para se tornar um marco em meu entendimento de como lidar com meu maior inimigo.

Já sabia que o ministério não dizia respeito ao que você queria. Fazia sentido amadurecer a ponto de não sermos tão autocentrados no ministério. No entanto, o conceito bíblico de morte do "eu" era um remédio duro de engolir.

Lembro-me da imagem de meu pastor de um homem morto em um caixão. Ele começou a zombar dele e a insultá-lo. O morto não respondeu. Então, ele observou que o morto não ficava com os sentimentos feridos. Eles não demonstravam seus sentimentos. Toda vez que fui tentado a sentir os sentimentos feridos, ouvia o eco das palavras dele: "Morra! Os mortos não ficam com os sentimentos feridos!"

Talvez você esteja percebendo que o maior problema de Ana não era sua esterilidade. Tampouco era Penina. O maior problema de Ana era... Ana!

E a mesma coisa acontece conosco. O maior impedimento para nossa produtividade é nossa carne. E a resposta de Deus para a carne é a morte e a ressurreição. Paulo escreve: "Fui crucificado com Cristo. Assim, já não sou eu quem vive, mas Cristo vive em mim. A vida que agora vivo no corpo, vivo-a pela fé no filho de Deus, que me amou e se entregou por mim" (Gálatas 2.20).

A carne é autocentrada. Ela quer atenção. Só quando aprendermos que a vida não diz respeito a nós, mas a Deus e sua glória, estaremos preparados para Deus nos usar para produzir fruto para ele.

Leia o seguinte versículo devagar e com atenção. Medite sobre ele. Ore-o a Deus, pedindo-lhe para tornar a mensagem do versículo uma realidade em sua vida.

> *Não a nós, Senhor, nenhuma glória para nós, mas sim ao teu nome, por teu amor e por tua fidelidade* (Salmos 115.1).

### *Tempo de aplicação*

- Como os desejos egoístas e os motivos carnais o desviam de sua caminhada com Deus?
- Com que frequência você tem os sentimentos feridos no ministério? Quantas vezes você deixou seus sentimentos serem uma pedra de tropeço na grande missão de Deus para você?
- Você se identifica com o clamor de Paulo: "Miserável homem que eu sou! Quem me libertará do corpo sujeito a esta morte?" Já chegou àquele ponto em que está tão desgostoso com seus esforços que clama a Deus por poder e vitória espirituais?
- Você pode verdadeiramente dizer que foi crucificado com Cristo, que não é mais você quem vive, mas que Cristo vive em você? Você vive para a glória e a honra dele?

### 3. GOLPEADO E ACUSADO PELA FAMÍLIA

Há uma terceira fonte de ataque. Temos de lidar com acusações da nossa família. Esses ataques podem ferir mais porque vêm de pessoas que se espera que nos amem. A tentativa de Elcana de encorajar Ana pode ter atrapalhado sua própria fé e a de Ana, além de atrapalhar o processo de Deus para torná-la fértil. Ele amava Ana — e era natural para ele confortá-la. Esse golpe não foi apenas de sua rival. Indiretamente, foi de seu marido.

Seria fácil para Satanás deturpar as palavras de Elcana: "Será que eu não sou melhor para você do que dez filhos?", e transformá-las em uma acusação ou condenação.

## *Ouvindo uma conversa atrás da porta*

Imaginemos um diálogo entre Ana e seu marido...

> — Ana, você não consegue simplesmente ser feliz? Veja todas as maneiras como tento demonstrar meu amor por você! Estou ficando cansado de todo esse choro. Você não precisa ter um filho para ser feliz. Por que não consegue simplesmente aceitar o fato de que não pode ter filhos? Tenho filhos com Penina e estou satisfeito — portanto, não é necessário que você me dê filhos. Apenas aceite como as coisas são. Você é estéril — então aprenda a viver com isso.

Já vimos que foi o Senhor que deixou Ana estéril, contudo, ele criou um profundo desejo por um filho que não podia ser negado. Por que Deus lhe daria esse desejo por um filho se ele não desejava reverter a esterelidade dela? Se Deus lhe deu uma aflição do céu para um propósito, uma missão, uma pessoa ou um ministério, então você não deve permitir que nem mesmo sua família o acuse com o falso conforto. Lembre-se, há uma diferença entre o conforto oferecido por Deus por intermédio de sua Palavra e do Espírito Santo, nosso Conselheiro prometido, e o falso conforto (João 14.16,26; 15.26).

É comum quando atravessamos uma provação de fé que um membro da família se solidarize conosco e nos encoraje. Talvez um dos membros da família de Ana tenha dito: "Sinto muito que você tenha que passar por esse problema. Não é justa a maneira como Penina a trata. Você tem todo direito de se levantar e dar a ela um pouco de seu próprio remédio. Se seu marido se importasse com você, ele entenderia mais sua circunstância especial e seria mais protetor com você".

Quando uma filha tem problemas conjugais, ela, com frequência, busca conforto com sua mãe, e esta, em uma tentativa de se solidarizar com a filha, às vezes interfere com o processo de Deus de tornar humildes tanto o marido quanto a esposa.

Deus escolhe muitos meios de nos confortar — e com frequência algum membro da família nos confirma e nos apoia em nossa provação de fé. No entanto, o conforto oferecido por um membro da família não deve contradizer o conforto que Deus concede por intermédio de suas imutáveis Escrituras.

### *Os exemplos da Bíblia*

- Você já percebeu que a família de Jesus não entendia sua aflição e a missão que lhe fora dada por Deus (João 7.4-8)? Jesus nos chama a abandonar tudo para segui-lo (Marcos 10.28-30). Até mesmo o entendimento equivocado de nossa família em relação ao nosso chamado pode fazer parte do processo de Deus de testar nossa fé e fortalecê-la.
- O patriarca José e seus irmãos interpretaram de forma equivocada os sonhos que Deus lhe concedeu.
- A esposa de Jó não conseguia entender o propósito maior de Deus para seu marido. Satanás usou-a para dizer ao marido: "Amaldiçoe a Deus, e morra" (Jó 2.9).

Nesse ponto, deixe-me oferecer uma palavra de advertência. Há alguns que acham que têm uma missão de Deus e ficam fanáticos. Eles são enganados por seu orgulho e se revestem de espiritualidade extremada. Declaram que seus sofrimentos se devem ao fato de seguir a Cristo, quando na verdade sofrem por estar fora da vontade de Deus. Certifique-se de estar fazendo o que o Senhor o chamou a fazer — e não o que é motivado por você mesmo.

### *Aplicação*

- Seu cônjuge ou um membro de sua família entendeu de forma equivocada a aflição que Deus pôs em seu coração? O que aconteceu? Como você reagiu?
- O conforto deles já o desviou da vontade de Deus?
- Um membro da família já o encorajou a não desistir da aflição que Deus pôs em seu coração? De que maneiras isso o inspirou em direção à maior produtividade?

## 4. GOLPEADO E ACUSADO PELOS AMIGOS

Parece que onde quer que Ana fosse era mal entendida. Elcana não sabia o que dizer. Penina a atacava. E até mesmo Eli entendeu mal a aflição que Deus tinha posto no coração dessa mulher.

> *Certa vez quando terminou de comer e beber em Siló, estando o sacerdote Eli sentado numa cadeira junto à entrada do santuário do* SENHOR*, Ana se levantou e, com a alma amargurada, chorou muito e orou ao* SENHOR*. E fez um voto, dizendo: "Ó* SENHOR *dos Exércitos, se tu deres atenção à humilhação de tua serva, te lembrares de mim e não te esqueceres de tua serva, mas lhe deres um filho, então eu o dedicarei ao* SENHOR *por todos os dias de sua vida, e o seu cabelo e a sua barba nunca serão cortados".*

*Enquanto ela continuava a orar diante do* Senhor, *Eli observava sua boca. Como Ana orava silenciosamente, seus lábios se mexiam mas não se ouvia sua voz. Então Eli pensou que ela estivesse embriagada e lhe disse: "Até quando você continuará embriagada? Abandone o vinho!" Ana respondeu: "Não se trata disso, meu senhor. Sou uma mulher muito angustiada. Não bebi vinho nem bebida fermentada; eu estava derramando minha alma diante do* Senhor. *Não julgues tua serva uma mulher vadia; estou orando aqui até agora por causa de minha grande angústia e tristeza". Eli respondeu: "Vá em paz, e que o Deus de Israel lhe conceda o que você pediu". Ela disse: "Espero que sejas benevolente para com tua serva!" Então ela seguiu seu caminho, comeu, e seu rosto já não estava mais abatido* (1Samuel 1.9-18).

## *Fechados para Deus*

Os que estão "fechados para Deus" têm de aprender a ficar sozinhos com o Senhor. Haverá vezes em que os amigos entenderão mal a aflição de nossa alma e testarão nossa fidelidade a Deus. Haverá outras vezes em que Deus junta aqueles que compartilham em comum a caminhada de fé com Deus. Eles nos encorajarão, nos levantarão e nos manterão apontados na direção certa.

É natural que, quando estamos aflitos, procuremos alguém para ficar conosco. No entanto, desejamos alguém que entenda o que Deus está fazendo em nós, não apenas alguém que fique ao nosso lado, mas não consiga apreender a profundidade da nossa aflição. O marido de Ana, com certeza, não entendia a profundidade do que ela estava passando. Ela estava sozinha, fechada para a vontade de Deus. Em nosso processo da provação de fé, aprendemos com frequência a ficar sozinhos com Deus. Uma vez que essa lição seja aprendida, nunca mais estamos sozinhos.

O princípio que Ana descobriu é que *quando Deus é tudo que você tem, ele é tudo que você precisa.*

## *Abraão*

Ana descendia de uma linhagem de filhos de Abraão. Ele, pela fé, tinha aprendido a caminhar sozinha com Deus.

Abraão foi chamado por Deus para deixar a família e ir para a terra prometida. Demorou anos para ele deixar o pai e, mais tarde, Ló. Ele fez muitas caminhadas solitárias com Deus em que o Senhor revelou mais de si mesmo e de seu propósito para Abraão. Um dos grandes momentos solitários com Deus aconteceu quando ele levou Isaque, seu filho prometido, ao topo do monte Moriá a fim de oferecê-lo ao Senhor. Ninguém além de Deus podia entender pelo que Abraão estava passando. Ele estava sozinho com Deus. Nem mesmo Abraão conseguia entender totalmente como sua oferta de seu filho se encaixava no propósito maior de Deus para sua vida. Mas ele conhecia Deus. O Senhor era tudo que ele tinha àquela altura — mas Deus era também tudo de que ele precisava.

## *Moisés*

Moisés, apesar de que estivesse rodeado por Arão, Josué e toda a nação de Israel, passou pela experiência de estar sozinho com Deus. Moisés, da sarça ardente até o monte Sinai onde recebeu a lei de Deus, teve aprender que o fogo de Deus traz consigo a presença do Senhor.

Moisés, com frequência, estava sozinho na liderança de Israel porque o povo não entendia a maneira estranha de Deus guiar seu povo de um teste de fé ao seguinte. Eles murmuraram no mar Vermelho ao ver o exército do faraó e só se regozijaram quando viram o exército dele se afogar. Murmuraram outra vez, apenas três dias depois, em Mara quando estavam com sede de água. Murmuraram quando tiveram desejo de comer carne e alimento, e Deus lhes dava diariamente o maná. Foram testados mais uma vez pela sede e mais uma vez murmuraram até Deus lhes dar água da rocha que Moisés feriu com a vara que Deus lhe dera. Moisés entendia o que significava caminhar com Deus pela fé. O povo que ele liderava só queria caminhar pela vista. O resultado foi uma vida de solidão.

Mas essa solidão levou Moisés a aprofundar seu relacionamento com Deus. Ele aprendeu a depender totalmente do Senhor... porque ele era tudo que tinha.

### *Davi*

Mais tarde, Davi receberia a aflição dada por Deus, e seus irmãos não entenderiam o que o Senhor estava fazendo no coração de Davi. Saul se dizia amigo de Davi, mas depois se transformou em inimigo dele, deixando-o ainda mais dependente de Deus. Davi experimentou a solidão da liderança quando ficou responsável pela vida e bem-estar do bando de seguidores composto de seiscentos proscritos fiéis e a família destes.

No entanto, Davi encontrou consolo na presença de Deus para encorajá-lo em algumas de suas provações de fé mais difíceis. Ele teve de aprender a ficar sozinho com Deus como revelam muitos de seus salmos. Observe a confiança de Davi neste salmo, a despeito da oposição. Essa confiança surgiu da própria presença de Deus em sua vida durante os momentos de solidão.

> *A minha alma descansa somente em Deus; dele vem a minha salvação. Somente ele é a rocha que me salva; ele é a minha torre segura! Jamais serei abalado! Até quando todos vocês atacarão um homem que está como um muro inclinado, como uma cerca prestes a cair? Todo o propósito deles é derrubá-lo de sua posição elevada; eles se deliciam com mentiras. Com a boca abençoam, mas no íntimo amaldiçoam. Descanse somente em Deus, ó minha alma; dele vem a minha esperança. Somente ele é a rocha que me salva; ele é a minha torre alta! Não serei abalado! A minha salvação e a minha honra de Deus dependem; ele é a minha rocha firme, o meu refúgio* (Salmos 62.1-7).

Essas palavras de sabedoria foram forjadas em um coração fiel durante os momentos em que Deus era o único a quem Davi poderia recorrer.

## *Samuel e Jônatas*

Samuel, filho de Ana, aprendeu com sua mãe que quando Deus põe em seu coração uma aflição, também lhe dá sua presença e, como resultado disso, você nunca está sozinho. Samuel não encontrou ninguém na casa de Eli que entendesse a aflição que Deus pusera na alma de seus filhos. Mas o exemplo de sua mãe deve tê-lo encorajado. Ele, por intermédio dela, aprendeu que quando Deus é tudo que você tem, ele é tudo de que precisa. Samuel faria o mesmo por Davi, este foi confortado pelas vezes que passou com Samuel porque os dois entendiam a caminhada de fé e os caminhos de Deus.

Deus também concedeu a Davi um amigo em Jônatas que, como Davi, tinha um coração segundo Deus. A Escritura põe a fé de Jônatas em contraste direto com a descrença de seu pai Saul.

Jônatas foi um consolo para Davi não porque eles eram amigos, mas porque os dois entendiam a caminhada de fé com Deus. Portanto, o coração deles estava unido. Talvez Davi — quando foi perseguido por Saul e questionou o chamado de Deus e o sofrimento que acompanha o fazer a vontade do Senhor — tenha obtido conforto em saber que, em algum lugar, existiam dois homens tementes a Deus que entendiam pelo que ele estava passando para fazer a vontade de Deus.

### *Jesus*

Jesus tinha muitos que o amavam e o seguiam.

- As multidões o seguiam onde quer que fosse, apegando-se a suas palavras, ouvindo seus ensinamentos.
- Os setenta enviados por ele, dois a dois, com o poder de Deus para ministrar.
- Os doze discípulos que estavam com ele todos os dias. Eles tinham um melhor entendimento de sua aflição e missão. Mas até mesmo um deles provou ser um traidor.
- Os três que Jesus convidou para ficar com ele no monte da transfiguração e ver sua glória e ouvir a voz audível de Deus confirmando seu Filho.

Mas a despeito das multidões e da intimidade com aqueles que o seguiam mais de perto, havia coisas que ele sofria sozinho. Jesus, do jardim do Getsêmani à cruz, ficou sozinho com Deus sofrendo tal aflição que ninguém podia entender exceto seu Pai.

### *Jó*

Jó teve de aprender a permanecer sozinho na vontade de Deus quando enfrentou uma provação de fé como poucos já enfrentaram. Ele perdeu a fortuna, a saúde e os muitos filhos, mas sua esposa não perdeu a vida. Esta teve a ousadia de dizer a ele: "Amaldiçoe a Deus, e morra". Ele tinha três amigos que vieram e se sentaram em silêncio para confortá-lo. Mas eles nunca tinham carregado a aflição que Deus deu para Jó carregar e entenderam de forma equivocada o que o Senhor estava fazendo na vida desse amigo sofredor. Eles provaram ser um obstáculo, não uma ajuda. Jó foi deixado sozinho. Mas ele não estava sozinho, pois Deus o prendera para a si mesmo, e Jó só podia encontrar alívio em Deus.

Como pastor, sinto-me com frequência sozinho e preso à vontade de Deus. Existe a disciplina de esperar diante de Deus por uma mensagem específica para pregar ao povo do Senhor. Quem consegue entender Deus pôr a aflição a respeito de seu povo em um coração, além da insuportável angústia de carregá-la, até que Deus carregue tanto a você quanto ao seu povo? Quem entende a batalha espiritual e os ataques espirituais que recebe enquanto tenta guiar a ovelha de Deus? Descobri que, com frequência, Deus dá-me alguém que passou pelo que passo para me encorajar.

## *As lições aprendidas*

Esses personagens bíblicos nos lembram de diversas verdades:

- Não produzimos fruto com nossa própria força. O fruto espiritual é produzido por pessoas cheias do Espírito que vivem na força de Deus.

- Deus está sempre presente conosco. Em contraste com o ímpio que fica sozinho e em silêncio nas trevas, nós caminhos na luz da presença do Senhor.
- Estamos seguros no Senhor. Mesmo se os inimigos forem muitos e fortes, mesmo se nos sentirmos deserdados e sozinhos, mesmo se não tivermos mais força suficiente para nos agarrar a Deus, o Senhor não nos abandona. Ele não abre mão de nós. Nossos pés permanecem firmes, e prevalecemos.

Lembre-se que tudo que aconteceu aos fiéis na Escritura nos ajuda em nossa caminhada pessoal com Deus, caminhada essa semelhante à desses fiéis. Para entender melhor a profundidade de ficar trancado sozinho com Deus considere as seguintes passagens que revelam a grande angústia da alma que tanto Jó quanto Davi suportaram:

*O meu intercessor é meu amigo,*
*quando diante de Deus correm lágrimas dos meus olhos*
*ele defende a causa do homem perante Deus,*
*como quem defende a causa de um amigo* (Jó 16.20,21).

*Todos os meus amigos chegados me detestam;*
*aqueles a quem amo voltaram-se contra mim.*
*Não passo de pele e ossos;*
*escapei só com a pele dos meus dentes.*
*Misericórdia, meus amigos! Misericórdia!*
*Pois a mão de Deus me feriu* (Jó 19.19-21).

*Se um inimigo me insultasse, eu poderia suportar;*
*se um adversário se levantasse contra mim,*
*eu poderia defender-me;*

*mas logo você, meu colega,*
*meu companheiro, meu amigo chegado, você,*
*com quem eu partilhava agradável comunhão*
*enquanto íamos com a multidão festiva para a casa de Deus* (Salmos 55.12-14).

*Meu coração palpita, as forças me faltam;*
*até a luz dos meus olhos se foi.*
*Meus amigos e companheiros me evitam por causa da doença que me aflige; ficam longe de mim os meus vizinhos.*
*Os que desejam matar-me preparam armadilhas,*
*os que me querem prejudicar anunciam a minha ruína;*
*passam o dia planejando traição* (Salmos 38.10-12).

*Até o meu melhor amigo, em quem eu confiava*
*e que partilhava do meu pão,*
*voltou-se contra mim* (Salmos 41.9).

Essas passagens nos ensinam que, para quem caminha com Deus, é comum sentir grande solidão e aprofundar o relacionamento de dependência com Deus. Como foi possível Ana não ficar amarga com Penina ou não aceitar o consolo de Elcana? Como foi possível Ana ter de experimentar com maior intensidade o fogo refinador até sair como o vaso escolhido de Deus para carregar em seu ventre o profeta Samuel? Isso só foi possível porque Deus era a fonte da suficiência dessa mulher.

Paulo aprendeu bem essa lição e experimentou um relacionamento profundo com Jesus. Ele escreveu: "Quero conhecer Cristo, o poder da sua ressurreição e a participação em seus sofrimentos, tornando-me como ele em sua morte" (Filipenses 3.10).

Uma vez que aprendemos a ser confortados por Deus e nos identificamos com Cristo à medida que ele nos conforma a sua imagem, cantamos com Ana: "Levanta do pó o necessitado e do monte de cinzas ergue o pobre; ele os faz sentar-se com príncipes e lhes dá lugar de honra" (1Samuel 2.8).

Conforme terminamos essa seção, deixe-me lhe apresentar duas advertências e uma bênção sobre as amizades:

- Os amigos podem lhe ser solidários, e você pode ficar tentado a ir para eles, em vez de atravessar o fogo refinador. Não faça isso. Deus está em operação em sua vida.
- Os amigos podem ficar com você um dia e se voltar contra você no dia seguinte. Desfrute as amizades que Deus lhe deu — mas não deposite sua confiança nelas.
- Os amigos podem lhe dar a Escritura e o entendimento para edificar sua fé.

## *Aplicação*

- Você já teve algum amigo como Penina, alguém que o provocava? Ficou amargurado com essa experiência? O que fez com sua amargura? Entregou-a a Deus? Permitiu que o Senhor substituísse suas lágrimas de amargura por sua alegria santa?
- Você já teve um amigo que se tornou seu inimigo, como aconteceu com Saul em relação a Davi? Como reagiu? Conseguiu deixá-lo nas mãos de Deus?
- Você já teve um amigo como Samuel e Jônatas que entendiam a aflição e a provação de fé pela qual passavam? Eles o encorajaram? Você ficou tentado a depender muito deles?

- Você sente que tem de alcançar o ponto em sua caminhada com Deus em que se identifica com Davi em Salmos quando ele afirma confiar só em Deus?

# *Teste quatro: sobrecarregada*

*parte 1*

> *Isso acontecia ano após ano. Sempre que Ana subia à casa do* S*ENHOR, sua rival a provocava e ela chorava e não comia* (1Samuel 1.7).

## O QUARTO TESTE DA FÉ

Quando Deus escolhe operar sua vontade na terra, ele compartilha do céu a aflição de seu coração com um coração receptivo na terra. Ana recebeu a aflição de Deus porque ele escolheu abençoá-la e levantar Samuel como profeta de Deus por intermédio dela.

> O teste de fé era não deixar o desencorajamento nem sua própria aflição particular distraí-la da aflição de Deus.

Quando é o Senhor que deixa estéril, então só ele pode reverter o quadro. Quando é Deus quem fecha alguma porta em sua vida, só ele pode abrir essa porta dos muitos frios por seu intermédio.

Não permita que o desencorajamento o leve ao desespero. Deixe sua aflição guiá-lo a uma fé maior em Deus.

Para entender as aflições que Deus põe em nosso coração, consideremos uma série de questões.

## 1. QUAL É A DIFERENÇA ENTRE A AFLIÇÃO DE DEUS E A NOSSA AFLIÇÃO?

### *Nossas aflições na terra são autogeradas*

Amo fazer perguntas às crianças. Elas são tão abertas e honestas! Uma das senhoras de nossa igreja estava grávida e perguntei a sua filha:

— Você quer um irmão ou uma irmã?

Ela, desviando da minha pergunta, disse:

— Mamãe quer uma menina e papai quer um menino.

— Mas o que você quer? — perguntei de novo.

Dessa vez ela foi enfática:

— Não quero um irmão. Quero uma irmã.

A maioria de nós é como essa menininha. Temos preferência muito clara do que queremos que Deus faça por nós. Mas por mais forte que essa preferência possa ser, não passa disto: *preferência pessoal*. Nossa aflição e preferência devem se conformar ao que Deus, em sua sabedoria, planejou para nós.

Ana começou com uma aflição natural ou desejo de ter um filho. Mas antes de Deus reverter sua esterelidade, ela teria a aflição especifica de Deus. O Senhor humilhou-a antes de exaltá-la. Ele esvaziou-a antes de enchê-la:

- Ele esvaziou Ana de suas esperanças e sonhos.

- Ele esvaziou Ana da capacidade física de ter filhos.
- Ele esvaziou Ana do conforto do marido.
- Ele esvaziou Ana de sua capacidade de se vingar de Penina.
- Ele esvaziou Ana de sua confiança em si mesma.
- Ele esvaziou Ana de sua própria aflição de ter filhos e lhe deu a aflição de Deus por um filho que teria um propósito específico diante do Senhor.

E faz a mesma coisa conosco. Deus nos humilha antes de nos exaltar. Ele nos esvazia antes de nos encher. Ele nos ensina dependência e fé. Temos de passar pelo processo de abandono de nossos próprios desejos e entrega absoluta aos propósitos dele.

Para uma mulher estéril, qualquer filho seria excelente. De início, a aflição e o desejo de Ana podem ter sido apenas de ser mãe e ter a oportunidade de guiar seu filho à maturidade. Talvez ela também estivesse aflita por ter a vergonha da esterilidade, a qual gostaria que fosse removida. Para isso, qualquer filho serviria. No entanto, a aflição de Deus para Ana não era ter qualquer filho; era por um filho específico — por Samuel.

Concluo isso ao observar o panorama mais amplo de como Deus lidava com as outras mulheres estéreis da Escritura. Elas não se encontravam em situações humanamente impossíveis, mas Deus reverteu de forma sobrenatural sua esterilidade a fim de gerar seus profetas, servos e reis escolhidos.

Isabel era estéril, velha e tinha passado da idade de gerar um filho. Nada disso era um problema para Deus. Ele, em seu tempo, enviou um anjo ao marido de Isabel. Observe que essa criança não seria um filho comum. Esse filho foi escolhido e designado por Deus para um chamado específico e alto.

*Mas o anjo lhe disse: "Não tenha medo, Zacarias; sua oração foi ouvida. Isabel, sua mulher, lhe dará um filho, e você lhe dará o nome de João. Ele será motivo de prazer e de alegria para você, e muitos se alegrarão por causa do nascimento dele, pois será grande aos olhos do Senhor. Ele nunca tomará vinho nem bebida fermentada, e será cheio do Espírito Santo desde antes do seu nascimento. Fará retornar muitos dentre o povo de Israel ao Senhor, o seu Deus. E irá adiante do Senhor, no espírito e no poder de Elias, para fazer voltar o coração dos pais a seus filhos e os desobedientes à sabedoria dos justos, para deixar um povo preparado para o Senhor"* (Lucas 1.13-17).

A esterilidade de Isabel não tinha relação com sua aflição nem com o desejo de simplesmente ter um filho. Deus tinha um grande propósito — enviar João Batista como precursor de Cristo. Deus acertou seu relógio em torno de seu propósito eterno em Cristo, não em torno do desejo de Isabel de ter um filho no começo de seu casamento com Zacarias. Centenas de anos antes de Isabel nascer, Deus já tinha incluído as profecias de como João nasceria e de como seu ministério se relacionaria com Cristo (veja Isaías 40.3-5; Malaquias 3.1). Deus não só decretou quem seria o precursor do Messias, mas também quem seriam seus pais. O Senhor deu instruções específicas a Zacarias e Isabel sobre como João seria criado: ele tinha de ser nazireu desde o nascimento.

Também vemos as especificidades de Deus na escolha de um filho antes do nascimento com Sansão quando o Senhor deu instruções específicas a sua mãe de que ele tinha de ser nazireu desde o nascimento, sendo posteriormente escolhido para ser um juiz e libertador de Israel (Juízes 13.3-6).

Conclui que Deus escolheu especificamente Ana para dar à luz Samuel de uma maneira semelhante àquela que escolheu

Isabel e Maria para ser mães de João Batista e Jesus respectivamente. A fim de prepará-la para esse papel, Ana atravessou o processo de refinamento que a trouxe ao lugar de entrega absoluta em que conseguiu consagrar o filho ao trabalho do Senhor enquanto ele vivesse.

Muitos de nós não passamos pelo processo que Ana passou. Corremos para Deus com uma grande necessidade em nossa vida que nos ocupa no momento. Só enxergamos a necessidade da nossa perspectiva temporal de como ela nos afeta no momento. Talvez não estejamos preparados para ver o quadro geral de Deus — ou seja, ver além da nossa estrutura de tempo e mundo geográfico — de como isso afeta os outros e como se ajusta ao propósito maior do Senhor em Cristo. O processo de Ana de chegar ao entendimento do plano de Deus e entrega a ele levou tempo. A fé de Ana foi forjada ano a ano na provação do desapontamento.

É um processo difícil morrer para os sonhos, as necessidades e os desejos. É difícil estar disposta a se submeter de todo coração a Deus. Mas é possível — e vale bem a pena. Observe as palavras do juramento de Ana para Deus:

> *E votou um voto, dizendo: SENHOR dos Exércitos! Se benignamente atentares para a aflição da tua serva, e de mim te lembrares, e da tua serva te não esqueceres, mas à tua serva deres um filho varão, ao SENHOR o darei por todos os dias da sua vida, e sobre a sua cabeça não passará navalha* (1Samuel 1.11; Almeida Revista e Corrigida).

Em um versículo, ela se refere três vezes a si mesma como "tua serva". Embora ela use uma palavra hebraica comum para descrever uma serva, o termo fala alto da submissão de Ana à vontade de Deus. Ela tinha alcançado o ponto em que não desejava *seu filho*, mas *o filho de Deus*. Ana estava totalmente entregue a Deus, como *tua serva*. A aflição de Deus por um filho a ser consagrado a ele desde o nascimento foi realizado quando Ana chegou àquele ponto em que a aflição do coração de Deus passou a ser sua aflição também.

Muitos cristãos querem as bênçãos de Deus em seus próprios termos.

- Muitos, em vez de se submeter aos *sonhos e planos de Deus*, querem que Deus abençoe *os sonhos e planos pessoais*. Eles querem ser produtivos em seus próprios termos e em seu tempo.
- Muitas igrejas estão confiantes que Deus abençoa seus programas e métodos porque veem o número de seus membros e o fruto de seu trabalho aumentar cada vez mais, independentemente de como esse fruto foi obtido. Lembre-se, Penina podia gerar filhos naturalmente a qualquer hora que quisesse e, exteriormente, parecia ser fértil. A religião produz um monte de atividade, e nosso melhor esforço na carne pode produzir resultados; mas só o Espírito Santo gera fruto espiritual para a glória de Deus.

### *Tempo para a autoavaliação*

Pelo que é sua aflição? Você está aflito e destruído a ponto de acreditar em Deus para que o Senhor faça o impossível? Ou está simplesmente vivendo por seus próprios desejos e realização?

- Seu sonho é uma iniciativa sua — ou é algo que Deus escolheu para você em seu propósito eterno?
- Você chegou àquele ponto em que declara estar sob o senhorio de Cristo? Está preparado para devolver a Deus o que ele lhe dá?

- Você chegou àquele ponto em sua vida em que se regozija em Deus usando uma outra pessoa, não recebendo reconhecimento para si mesmo?

Durante meus quarenta anos de ministério, muitos cristãos me disseram que Deus os tinha afligido em uma determinada área. No entanto, o tempo revelou que a maioria deles ainda está perseguindo seus próprios sonhos e procuram a Deus para pôr sua aprovação sobre eles. A força, a produção de frutos e a realização encontradas em Deus nunca são obras da carne. O fruto que permanece e se multiplica sempre é a obra do Espírito Santo.

## *A aflição de Deus vinda do céu é gerada pelo Espírito*

Você, à medida que lê as páginas da Bíblia, vê o desenvolvimento do tema do plano e dos propósitos de Deus. A história é a *história dele*. É fútil tentar entender o tema e a direção mais abrangentes da história sem Jesus.

A aflição vinda do céu pela vontade de Deus para nossa vida é muito parecida com a aflição por nossa salvação. Isso não começa conosco. Não fomos afligidos primeiro por nossa alma e nossa condição de perdidos. Deus começou primeiro a nos atrair para si mesmo pelo Espírito Santo e, depois, começou a nos afligir para ver nossa necessidade de ter Jesus em nossa vida. Não iniciamos nossa salvação; Deus a inicia.

O mesmo princípio é verdade na santificação[20] e na descoberta da vontade específica de Deus para nossa vida. Deus não nos

[20] A santificação é um termo teológico que descreve o processo em que Deus faz seus filhos crescer e amadurecer na imagem de Jesus Cristo.

pede para sugerir grandes planos e, depois, rogar a ele para aceitar nossas ideias para a edificação de seu Reino. Temos de ter um relacionamento íntimo e amoroso com Jesus, e Deus, em nossa caminhada diária com ele por intermédio da Escritura, da oração e da obediência, permite-nos descobrir sua vontade para nossa vida. Deus é aquele que tem um propósito maior em Cristo e nos permite descobrir como nos adequarmos a ele.

Ana foi afligida por muito mais que um bebê. Ela foi o vaso escolhido para um propósito específico. Seu filho seria devolvido a Deus para um chamado especial. Paulo descreve o propósito incrível de Deus, em Cristo, para nossa vida ao escrever: "Porque somos criação de Deus realizada em Cristo Jesus para fazermos boas obras, *as quais Deus preparou antes* para nós as praticarmos" (Efésios 2.10). O plano de Deus para sua vida começou muito antes de você nascer.

Ana, em menina, teve sua cota de sonhos, desejos e esperanças pessoais. Ela provavelmente queria ter um marido que a amasse. Queria ter filhos que pudesse amar e nutrir. Mas seu sonho de ter filhos se transformou em um pesadelo com as palavras: "Porque o SENHOR a tinha deixado estéril". Ana passou por várias provações de fé que a refinaram e a trouxeram àquele ponto em que sua aflição pessoal foi entregue a Deus. Ela se submeteu à aflição específica dele vinda do céu.

> *E [ela], com a alma amargurada, chorou muito e orou ao SENHOR. E fez um voto, dizendo: "Ó SENHOR dos Exércitos, se tu deres atenção à humilhação de tua serva, te lembrares de mim e não te esqueceres de tua serva, mas lhe deres um filho, então eu o dedicarei ao SENHOR por todos os dias de sua vida, e o seu cabelo e a sua barba nunca serão cortados"* (1Samuel 1.10,11).

Ela abriu mão de seu sonho de criar um filho em casa e o trocou pela plena entrega ao propósito pré-ordenado por Deus para Samuel.

É importante entendermos que nossos sonhos, desejos, aflições e esperanças devem ser entregues a Deus. Devemos desejar descobrir que o que está no coração de Deus para nós. Ele é o iniciador, e temos de responder a sua vontade. Quando temos um relacionamento amoroso íntimo e uma caminhada de fé com ele; Deus muda nossos desejos para que o desejo do nosso coração seja primeiro o desejo dele.

Muitas pessoas já me disseram: "Mas Deus quer nos dar os desejos do nosso coração". Minha resposta é que muitos, convenientemente, esquecem-se da primeira metade desse versículo: "Deleite-se no Senhor, e ele atenderá aos desejos do seu coração" (Salmos 37.4). Esse versículo não sugere que Deus nos dá o que queremos. Se primeiro nos *deleitarmos* no Senhor, então ele muda nossos desejos para que fiquem em sintonia com os seus desejos divinos. Quando chegamos àquele ponto em que desejamos o que está no coração de Deus, então temos essa verdade cumprida em nossa vida. Muitos cristãos pedem que Deus atenda aos desejos de sua carne, não aos do coração de Deus.

Como o desejo ou aflição de Deus no céu se tornam nossos na terra?

Uso o termo "aflição de Deus" no sentido mais amplo do cristão individual descobrindo a vontade específica de Deus em sua vida. No Antigo Testamento, a "palavra de Deus" vinha a muitos profetas como uma revelação direta do céu. Profetas, como Isaías, Jeremias, Habacuque e outros, recebiam a palavra de Deus e a proclamavam mesmo quando ela vinha como a aflição ou o peso do julgamento de Deus por vir.

Considere a aflição no coração de Zacarias, o profeta. "Esta é a palavra do SENHOR para Israel; palavra do SENHOR que estende o céu, assenta o alicerce da terra e forma o espírito do homem dentro dele" (Zacarias 12.1). Não sugiro que a aflição que Deus põe em nosso coração é a mesma coisa que a revelação direta que os profetas recebiam e se tornaram parte das Escrituras eternas. No entanto, digo que hoje Deus ainda fala, lidera, guia e revela sua vontade para os homens e mulheres.

A vontade de Deus é que todos os cristãos cresçam em graça para ler e estudar sua Palavra, servir sua igreja, proclamar o evangelho para o perdido, caminhar em fé e santidade etc. Entretanto, em nosso estudo de Ana, uso a expressão *aflição de Deus* mais no sentido de Deus compartilhar sua aflição específica, ou chamado particular, para um cristão específico para realizar uma missão específica. A aplicação para nosso estudo é tentar entender como Deus também deseja compartilhar sua vontade, ou aflição, específica para o coração receptivo de seus filhos a fim de transformar a vida deles da esterilidade para a produtividade.

Como sabemos quando Deus compartilha sua vontade, ou aflição, específica com um de seus filhos? Ao ler a biografia de grandes homens e mulheres de Deus, você encontra uma linha em comum de como muitos chegaram àquele ponto em que sentiram um chamado específico de Deus para um propósito específico.

Muitos pastores e missionários conseguem determinar o momento em que Deus pareceu compartilhar sua aflição, ou chamado, para o ministério e as missões. Eu mesmo, quando jovem, senti um chamado específico em minha vida para o ministério em tempo integral. Mas isso não é algo reservado apenas aos pastores e missionários. O Senhor compartilha seu chamado específico para a vida de todos os cristãos que caminham em um relacionamento amoroso com Jesus.

### *Personalizemos isso*

- Foi ao ver o Senhor no alto e exaltado que Isaías compartilhou a aflição de Deus e clamou: "Eis-me aqui. Envia-me" (Isaías 6.8). Você já sentiu um momento em que Deus falou com você e revelou a vontade dele para sua vida? Como respondeu? Ficou com medo? (Isaías ficou.) Obedeceu? (Isaías obedeceu.)
- É fácil dar desculpas ou explicar as muitas vezes em que Deus fala conosco. De que maneiras você faz isso?
- Só há uma resposta aceitável para quando Deus fala conosco: *obedeça imediatamente*! Se você não faz isso, está na hora de voltar à estaca zero com Deus e começar a obedecer ao que ele o chamou a fazer.

### 2. DEUS AINDA COMPARTILHA SUA AFLIÇÃO NO CÉU COM SEUS FILHOS NA TERRA?

A resposta simples é: SIM! Acredito que Deus compartilha conosco sua aflição e vontade para nossa vida. Li os relatos de outros homens e mulheres de Deus em que o Senhor fala com eles e os guia. Já conversei com muitos amigos cristãos que receberam uma aflição de Deus a respeito de uma pessoa, um chamado, um ministério etc., específicos.

Como acredito ser útil ouvir como Deus falou e operou na vida de outros, compartilharei quatro histórias pessoais de receber aflições específicas de Deus.

### *A aflição de Deus para uma pessoa*

Experimentei o reavivamento quando era universitário, e ninguém tinha me treinado em evangelismo para me motivar a compartilhar Jesus.[21] Tinha atravessado o *campus* centenas de vezes, passando por milhares de estudantes, mas nunca tinha estado profundamente aflito para que conhecessem Jesus. Tudo mudou quando experimentei o quebrantamento e a entrega à vontade de Deus. Certo dia, enquanto passava por um estudante sentado sozinho, fui forçada a compartilhar Jesus com ele. Quando me sentava na sala de aula, sentia-me chamado a conversar com um colega de classe sobre Jesus. Mais tarde, desenvolvi a convicção bíblica de que todos os cristãos são chamados a testemunhar de Cristo. Separaria um dia da semana para me devotar ao evangelismo. Descrevi isso como a vontade geral de Deus para minha vida.

Depois, em meu primeiro pastorado, tive uma experiência incomum que poderia descrever como uma aflição específica de Deus. Estava começando uma igreja em uma pequena cidade de Washington e ia sistematicamente de casa em casa para compartilhar Cristo com as pessoas da comunidade. No processo, conheci um casal que começou a vir a nossa igreja. A esposa tinha respondido a Cristo, mas o marido não. Ele viria regularmente à igreja com ela. Já tinha testemunhado pessoalmente para ele, e ele não tinha entregado a vida para Cristo a fim de receber a salvação.

Certa manhã, estava, de uma maneira generalizada, orando para as pessoas para quem tinha testemunhado. Também orei por

[21] Um fruto do estar cheio do Espírito Santo é visto na promessa do Espírito Santo. " 'Quando vier o Conselheiro, que eu enviarei a vocês da parte do Pai, o Espírito da verdade que provém do Pai, ele testemunhará a meu respeito. E vocês também testemunharão, pois estão comigo desde o princípio' " (João 15.26,27).

esse homem e decidi visitar sua casa mais uma vez. Fui até meu carro para fazer essa visita pessoal, e meu carro não deu partida. Fiz uma oração simples: "Senhor, estou tentando testemunhar para esse homem, e meu carro não dá partida. Preciso de sua ajuda". Não era mecânico, mas examinei o que podia e limpei os cabos da bateria e tentei de novo, mas o carro ainda não deu partida. Finalmente desisti e pensei comigo mesmo: "Bem, como último recurso, posso pelo menos orar por ele". Ajoelhei-me ao lado da cama e comecei a orar, foi como se um peso ou aflição pela salvação dele viesse sobre mim. Enquanto orava, meu coração começou a se partir por ele e chorou e roguei ao Senhor pela salvação dele como nunca fizera antes. Parecia que Espírito Santo em mim fazia uma intensa intercessão por essa situação (Romanos 8.26). Então com a mesma rapidez com que a aflição me atingiu, ela me abandonou. Foi como se Deus tivesse respondido a minha oração. Senti no coração que Deus tinha acabo de operar na vida daquele homem.

Fui até o carro com a certeza de que ele daria partida e de que o homem estaria em casa. Meu carro deu partida no mesmo instante e, quando cheguei à casa dele, descobri que Deus tinha operado em seu coração no exato momento em que a aflição de Deus por ele veio sobre mim. Ele foi convencido de sua necessidade de salvação em Cristo e, embora ele estivesse no trabalho, não conseguiu parar de chorar. O Espírito Santo estava lidando com ele de forma tão intensa que ele se sentiu compelido a ir para casa. Cheguei logo depois dele. Agora ele sabia que estava perdido e só Jesus podia salvá-lo. Naquele domingo na igreja, ele fez uma profissão pública de fé.

Naquele dia, aprendi que a oração não é nosso último recurso no evangelismo e no ministério. Ela, antes, é essencial para a liberação do Espírito Santo seguir antes de nós. Aprendi que há vezes em que o Espírito Santo aflige nosso coração com a vontade de Deus e nos dá a fé para acreditar a fim de ver a obra de Deus.

### *Ir à escola na Coreia do Sul*

Minha primeira viagem missionária foi para a Coreia do Sul, em 1987. Pediram-me para recrutar uma equipe de quatro pessoas que faria parte de uma equipe maior arranjada pela Convenção Batista do Sul. Nossa equipe, enquanto orávamos e nos preparávamos, ouviu como Deus estava operando de forma poderosa na Coreia do Sul. Esperávamos ver Deus em operação durante o tempo em que passaríamos ali. Nossa equipe enfrentou um desapontamento no primeiro dia, pois fomos designados para uma pequena missão em uma loja usada como igreja. Evangelizávamos durante o dia e pregávamos à noite. Em nossa primeira noite só compareceram de trinta a quarenta pessoas. Tentamos resistir ao desânimo e perguntamos ao pastor como poderíamos ter mais oportunidades para evangelizar durante a semana. Perguntei-lhe se podíamos pregar nas escolas locais. Ele disse que não seria possível porque os alunos estavam se preparando para o exame de admissão na faculdade.

Naquela noite no hotel, nossa equipe de quatro se ajoelhou em volta da cama e começou a orar. Enquanto orávamos, experimentei mais uma vez o que parecia ser uma aflição e uma iniciação de Deus. Então todos nós começamos a orar com uma aflição específica de que Deus abriria as portas, as que estavam fechadas para nós, para ministrarmos nas escolas.

Quando o pastor veio nos pegar na manhã seguinte, ele disse que tínhamos uma porta aberta para pregar em todas as classes de uma escola de ensino médio de meninos. Chegamos na escola e descobrimos que tinham nos dado cerca de uma hora para pregar Cristo para cada classe com sessenta a oitenta alunos. Os membros da nossa equipe testemunharam, compartilharam o evangelho e convidaram os alunos a confiar em Cristo. Deus estava em operação e, em seis horas, apresentamos o evangelho para mais de quatrocentos alunos. Naquele dia, 150 deles indicaram que queriam receber a Cristo. No dia seguinte, fomos convidados pelo diretor a voltar porque seus alunos tinham pedido que voltássemos! Conseguimos falar com outras classes para as quais não tínhamos conseguido pregar no primeiro dia.

No dia seguinte, o pastor nos pegou, e fomos levados a uma escola de meninas onde 1.700 meninas do ensino secundário permitiram que compartilhássemos Jesus com elas em uma assembleia aberta. Mais uma vez, cera de 150 delas tomaram a decisão por Cristo.

Aprendi de novo que quando Deus abre as portas para sua Palavra, há uma resposta com muitos frutos. Ele já tinha estado em operação na vida desses alunos, preparando-os para receber a mensagem que proclamaríamos a eles.

## *Parando a chuva*

Anos depois, levamos uma equipe de trinta pessoas para a Índia. Estivemos em mais de 130 igrejas e conduzimos uma cruzada evangelística maciça. Nas três noites, o comparecimento foi por volta de 55.000 pessoas. Deus compareceu de uma grande forma em que milhares de pessoas vieram para Cristo. No entanto, uma noite, enfrentamos uma grande provação de fé enquanto nossa cruzada ao ar livre deixou-nos encharcados por causa da chuva.

Nossa equipe, parceiros e igrejas, todos oraram para que Deus se mostrasse poderosamente e parasse a chuva. Honestamente, não tive a fé de pedir a Deus para parar a chuva. Para mim, era mais fácil orar para Deus mudar nossa atitude e nos ajudar a aceitar a chuva e nos ajustar a ela. Mas parecia que a aflição de Deus para nós era orar especificamente para que ele parasse a chuva.

Nossas orações foram para o céu enquanto a chuva continuava a cair. As igrejas nas vilas distantes enviaram um recado, perguntando se deviam vir para a cidade por causa da chuva em suas vilas. Nossos parceiros disseram a eles para vir. O comparecimento foi baixo naquela noite por causa da chuva na região — exceto por uma pequena área em torno da nossa cruzada.

No dia seguinte, foi espalhada a notícia entre os hindus de que o Deus cristão tinha parado a chuva sobre seu lugar de reunião. Na noite seguinte, milhares vieram para a cruzada, ouviram o evangelho e responderam em fé salvadora.

### *A colina do Homem Morto*

Lideramos uma equipe de missão no Brasil na região do Rio de Janeiro. Um pastor que ministrava em uma pequena igreja na região controlada por gangues tinha me pedido para pregar em sua igreja. A estrada terminava bem atrás da igreja no topo de uma colina vazia. O pastor me levou ao topo da colina e me contou a história daquele lugar opressivo. Ele disse que quase todas as manhãs era jogado ali na colina o corpo de algum membro de gangue. Não conseguia imaginar como era viver naquele ambiente.

Ao pôr do sol, descemos da colina, e a aflição de Deus para orar invadiu meu coração. Disse aos três pastores que estavam comigo que tinha de voltar ao lugar que chamavam de Colina do Homem Morto e orar mais uma vez. Enquanto ficamos ali olhando as luzes da cidade do Rio, senti-me levado a fazer uma oração específica: "Senhor, interrompa a posse de Satanás sobre essa colina e acabe com a desova de corpos aqui atrás da igreja". Embora a maioria das minhas orações seja do tipo que denomino de "oração normal", dessa vez senti mais uma vez que essa era a aflição de Deus pela qual eu devia orar.

No dia seguinte, o pastor me disse que, pela primeira vez em muito tempo, não tinham encontrado nenhum corpo naquela colina. Ele ficou maravilhado com isso. Quando nossa equipe de missão voltou para casa, não tinha havido mortos desde aquela oração estimulada pela aflição de Deus.

No ano passado voltei ao Rio de Janeiro para pregar em uma convenção nacional do congresso de pastores e diáconos. Vi aquele pastor e lhe perguntei sobre a Colina do Homem Morto. Ele disse que, desde aquela oração, os corpos não tinham mais sido desovados ali. Não sei o que pode acontecer ali amanhã, mas compartilho isso para dizer que às vezes oramos com o coração partido que não expressa nossa própria aflição, mas a aflição do céu. Quando fazemos isso, Deus abre as portas do céu e experimentamos força, muitos frutos e realização.

### 3. QUAL A RELAÇÃO ENTRE A AFLIÇÃO DE DEUS E A ORAÇÃO?

O propósito da oração não é mudar o coração de Deus — mas nos pôr na posição em que descobrimos o que já está no coração dele.

As promessas feitas por Deus sobre a oração são com frequência mal entendidas e tomadas fora de contexto. Por exemplo, somos informados: " 'E eu farei o que vocês pedirem em meu nome, para que o Pai seja glorificado no Filho' " (João 14.13). Pedir em nome de Jesus não é uma fórmula mecânica acrescentada no fim das nossas orações. Antes, é pedir como ele pediria em nosso favor fundamentado em seu caráter e obra concluída. João 15.7 apresenta o contexto do nosso pedido: " 'Se vocês permanecerem em mim, e as minhas palavras permanecerem em vocês, pedirão o que quiserem, e lhes será concedido' ". Se estivermos nesse relacionamento de permanência que produz fruto em Cristo e se sua palavra permanecer em nós, não pedimos coisas alheias à vontade dele. Nosso pedido não é autocentrado, mas centrado em Cristo. Conforme Tiago declara, não pedimos "para gastar em [...] [nossos] prazeres" (Tiago 4.3). Isso é confirmado mais uma vez por João: "Esta é a confiança que temos ao nos aproximarmos de Deus: se pedirmos alguma coisa de acordo com a vontade de Deus, ele nos ouvirá" (1João 5.14).

Jesus nos mostrou a relação entre a aflição de Deus e a oração quando ensinou este modelo de oração: " 'Venha o teu Reino; seja feita a tua vontade, assim na terra como no céu' ". Nossa oração deve ser para descobrir a vontade do Deus — que governa no céu e introduz sua vontade do céu em nosso coração — na terra.

Encontramos um bom exemplo da aflição de Deus no céu e da oração na terra no clamor de Elias. "Elias era humano como nós. Ele orou fervorosamente para que não chovesse, e não choveu sobre a terra durante três anos e meio" (Tiago 5.17). Elias não teve, certo dia, apenas uma grande ideia de orar para que Deus fechasse o céu a fim de que não chovesse. Antes de Elias orar com uma aflição no coração, Deus já lhe tinha revelado sua vontade. A lei de Moisés diz que se Israel quebrar a aliança com Deus, este fecharia o céu e não choveria. Elias apenas orou a Deus o que este disse que faria se eles quebrassem sua aliança com eles (Deuteronômio 11.16,17).

- Muitos oram simplesmente pelo que querem.
- Muitos oram para mudar a mente de Deus.
- Muitos oram na esperança de que essa esperança se transforme em fé.
- Muitos oram fundamentados nas promessas gerais de Deus.
- Nós oramos às vezes entregando a Deus aquilo pelo que pedimos.

## O DESAFIO

- Deus tem uma aflição para sua família, sua igreja, sua cidade, seu país, para as nações e as pessoas específicas. Sempre que Deus tem uma aflição no céu, ele procura um indivíduo na terra por intermédio de quem possa realizar grandes coisas. "Pois os olhos do Senhor estão atentos sobre toda a terra para fortalecer aqueles que lhe dedicam totalmente o coração" (2Crônicas 16.9).
- Você seria um daqueles com quem Deus compartilha sua aflição? Responderia com um coração leal ao Senhor?
- Você já teve o que descreveria como a aflição de Deus pela salvação de uma pessoa?
- Já sentiu que começou a conhecer o coração de Deus para seu propósito e chamado específicos na vida?
- Como é a aflição de Deus?
- É maior que você. A única explicação possível para ela é que Deus está em operação.

- Deus sempre consegue glória e louvor. Ele não compartilha isso com o homem.
- A aflição de Deus é sempre iniciada por ele, não pelo homem.
- A aflição de Deus é sempre específica e está relacionada com o propósito maior de Deus em Cristo.
- A aflição de Deus está sempre de acordo com a santidade dele.
- A aflição de Deus nem sempre é medida em grandes números ou eventos. Deus não mede pelo "maior e melhor", mas só pelo que ele quer.
- A aflição de Deus é sempre encontrada na Escritura.
- A aflição de Deus é sempre confirmada pela obra do Espírito Santo.

## 4. QUAL É A RELAÇÃO ENTRE A AFLIÇÃO DE DEUS E NOSSA PACIÊNCIA?

Ana era uma seguidora daquelas pessoas que "por meio da fé e da paciência, recebem a herança prometida" (Hebreus 6.12). Mas isso não significava que era fácil. Lembra-se do que aconteceu? "E porque o SENHOR a tinha deixado estéril, sua rival a provocava continuamente, a fim de irritá-la. Isso acontecia ano após ano. Sempre que Ana subia à casa do SENHOR, sua rival a provocava e ela chorava e não comia" (1Samuel 1.6,7).

O dia das mães em nossa igreja era o pior domingo do ano para minha esposa. Connie tinha uma grande aflição para ter filhos, mas a esperança de que pudesse carregar um filho dela mesma nos braços diminuía a cada ano. Mas todo ano, a aflição em seu coração ficava mais pesada. O dia das mães era o dia mais triste do ano para Connnie. À medida que as mães da nossa igreja eram homenageadas com uma flor, ela era lembrada da cruel realidade de sua incapacidade de ter filhos.

Não entendia o forte instinto para ter filhos que Deus pusera em sua vida. Estava satisfeito e podia aceitar não ter filhos, mas Connie não conseguia aceitar essa ideia. Conversava com ela, orava com ela e tentei, como Elcana, confortá-la — mas sua aflição ainda persistia e não a abandonava. Mesmo depois de o médico lhe dizer que nunca conseguiria conceber, a aflição por ter filhos persistia e só ficava mais forte.

Certo dia, depois de oito anos de casados, Connie orou com lágrimas, e sua oração se assemelhou muito à oração de entrega de Ana: "Deus, o Senhor não quer que eu tenha filhos, então tire essa aflição de mim. Essa aflição é muito pesada para que eu a carregue". Mas a aflição não foi embora e, pela primeira vez em nossa condição de estéreis, oramos sobre adotar filhos. Tão logo sentimos que a aflição de Deus para nós era adotar, ele abriu as muito difíceis portas da adoção. Em pouco mais de quatro meses, recebemos um telefonema que nosso filho acabara de nascer e tínhamos de pegá-lo em menos de uma semana. Demos o nome de Matthew a nosso primeiro filho adotado, que significa "dádiva de Deus". Depois de todos esses anos de uma persistente aflição, Deus nos deu a dádiva de um lindo menininho. Então, dois anos depois, nasceu outro filho e foi adotado com o nome de Jeremy, e dois anos depois adotamos Hope para completar nossa família. Deus viu a fé e paciência de Connie e lhe deu os filhos pelos quais ansiara a vida toda.

Se Deus tivesse imprimido uma aflição em seu coração, então necessitaria tanto de fé quanto de paciência até que ela se tornasse uma realidade. Se o desejo for motivado pelo desejo pessoal, Deus não responde a ele. Você se descobre como Sara, substituindo a promessa de Deus por uma solução feita pelo homem, em vez de receber essa promessa do Senhor. Talvez você seja como Penina e consiga gerar algum fruto por meio da carne, por meio de seu talento natural e da motivação de obras religiosas. Mas essa não será a provisão prometida por Deus.

Se sua aflição é de Deus, tem de permitir que o tempo e a maneira do Senhor sejam realizados em você. Talvez você ainda não tenha sido quebrantado e não tenha se entregado totalmente à grande obra que Deus quer realizar por intermédio de seus filhos espiritualmente estéreis.

Ana precisou ser paciente para esperar em Deus. Ana era estéril e foi atormentada, mas, além disso, também foi ferida uma vez após a outra no mesmo lugar, sem alívio. Ela tinha primeiro de combater a raiva que sentia de Penina. Somos informados que sua adversária *a provocava continuamente*. A palavra para *provocar* também pode ser traduzida por *raiva*. Ana ficava irritada! Essa palavra aparece pela primeira vez em Deuteronômio 4.25, passagem em que o pecado de Israel provocou a raiva de Deus. "Uma análise do uso desse verbo mostra que cerca de 80% do uso envolve 'provoca[r] a [...] ira' de Iavé' ".[22] Achamos com frequência demais que a raiva é sempre errada. Mas a raiva de Deus, com certeza, não era pecaminosa. Quando a ira de Deus é provocada, é sempre em favor da justiça. Nossa raiva pode se transformar em raiva e amargura — mas a raiva de Deus sempre é consistente com seu caráter santo.

Seria natural Ana ficar com raiva da provocação e zombaria de Penina. Esta a provocava continuamente enquanto Ana estava

---

[22] Vine, W. E., Unger, Merrill F. e White, William. *Vine's Complete Expository Dictionary of Old and New Testament Words*. Nashville: T. Nelson, 1996, 1:191

por baixo. Mas essa última mulher parecia entregar a provocação dela a Deus e não ficava amargurada. Ela aguentou pacientemente, sempre confiando em Deus por causa de suas promessas para ela. Seu foco tinha de permanecer no Senhor ou perderia a graça disponível àqueles que se humilham diante de Deus. O Senhor triunfou e Ana louvou-o dizendo: "Não falem tão orgulhosamente, nem saia de suas bocas tal arrogância, pois o SENHOR é Deus sábio; é ele quem julga os atos dos homens" (1Samuel 2.3).

Talvez no começo Ana tenha ficado tentada a ficar com raiva de Penina. Mas conforme os anos passavam, e Deus não intervinha para lhe dar alívio, pode ser que Satanás a tenha tentado a ficar com raiva de Deus. Você já ficou tentado a ter raiva de Deus? Lembre-se de Jó. Ele confiou pacientemente em Deus — e no fim este devolveu a fortuna de Jó e aumentou em dobro tudo que ele tinha.[23] Deus, no final das contas, abençoou Ana com seu primogênito Samuel e depois cumpriu sua promessa de lhe dar até mais filhos.[24]

## *Aplicando a paciência em sua vida*

Você tem uma aflição que não vai embora? Você tem sido paciente com Deus? O amor é paciente. Manifestamos nosso amor por Deus ao esperar pacientemente e confiar nele.

Deus não afasta a aflição de você? Seu coração está certo diante dele? Você está livre de sua inclinação pessoal quanto ao que quer? Talvez esteja vivenciando Deus lhe transmitindo a aflição dele para sua vida. Você tem de esperar o tempo perfeito de Deus. Siga aqueles que por intermédio da fé e da paciência receberam o que Deus lhes prometera.

---

[23] Jó 42.10-17.

[24] 1Samuel 2.5.

Há alguns raros cristãos que só desejam o que Deus deseja e, com frequência, conhecem a vontade do Senhor por meio de seus próprios desejos santificados. Com certeza não caminho com Deus nesse grau de sensibilidade e entrega todos os dias de minha vida. No entanto, é assim que quero caminhar com o Senhor.

Quais são as possibilidades em relação a seu profundo desejo, ou aflição, diante de Deus? Há diversas possibilidades:

- Seu desejo pode ser motivado pelo ego, não pelo Espírito Santo.
- Você foi aquele que iniciou seu desejo e agora espera que Deus o abençoe.
- Seu desejo lhe foi dado por Deus e não irá embora até Deus responder a suas orações.
- Você orou por uma resposta, mas Deus respondeu negativamente. Você tem de aguentar essa negativa, viver com isso como Paulo viveu. A boa notícia é que Deus disse a Paulo: "Minha graça é suficiente para você" (2Coríntios 12.9). E a graça do Senhor também será suficiente para você.
- Você morre diariamente para o "eu". Os desejos que vêm de seu coração são normalmente os desejos de Deus.

## *Perguntas*

- Você amou a Deus sendo paciente com ele enquanto ele opera em sua vida?
- Os ataques do inimigo o voltaram para Deus? Ou eles o deixaram com raiva a ponto de ter perdido o foco e agora estar ficando amargurado?

- O tempo o fez esquecer sua aflição? Ou ele continua persistente em sua vida?
- Você aprendeu a discernir a diferença entre desejo egoísta e o desejo que Deus põe em seu coração?
- No próximo capítulo, examinaremos mais três questões para entender a aflição que Deus põe em nosso coração.

# *Teste quatro: sobrecarregada*
*parte 2*

> *Isso acontecia ano após ano. Sempre que Ana subia à casa do* SENHOR, *sua rival a provocava e ela chorava e não comia* (1Samuel 1.7).

## O QUARTO TESTE DA FÉ

Quando Deus escolhe operar sua vontade na terra, ele compartilha a aflição do céu que estava em seu coração com um coração receptivo na terra. Ana recebeu a aflição de Deus porque ele escolheu abençoá-la e por intermédio dela levantar Samuel como profeta de Deus.

> O teste de fé não era para permitir que o desencorajamento ou que sua aflição pessoal a distraísse da aflição de Deus.

Quando é o Senhor que deixa estéril então só Deus pode reverter a esterelidade. Quando é Deus quem fecha alguma porta em sua vida, só ele pode abrir a porta da produção de frutos por intermédio de sua vida. Não permita que o desânimo o leve ao desespero. Deixe que sua aflição o leve à fé maior em Deus.

No capítulo anterior examinamos quatro questões para entender a aflição que Deus põe em nosso coração. Continuemos com a questão número cinco.

## 5. POR QUE AQUELES QUE COMPARTILHAM A AFLIÇÃO DE DEUS SÃO PERSEGUIDOS NA TERRA?

Ana foi ferida vez após outra sem ter alívio. Você sabe a diferença entre seu próprio desânimo e uma aflição de Deus e entre seu sofrimento e os sofrimentos de Cristo em você (Filipenses 3.10)? Você reage ao perseguidor ou responde a Deus que permite a perseguição a fim de amadurecê-lo? "E porque o SENHOR a tinha deixado estéril, sua rival a provocava continuamente, *a fim de irritá-la*" (1Samuel 1.6).

### *O que — ou quem — está por trás da perseguição?*

A Bíblia descreve Satanás como nosso inimigo que tenta nos "devorar" (1Pedro 5.8). Ele é "o acusador dos nossos irmãos" (Apocalipse 12.10) e quer nos peneirar (Lucas 22.31) e nos destruir (1Coríntios 10.10).

Você quer uma promessa da Bíblia com a qual pode contar todos os dias? Eis uma vinda dos lábios de Jesus: "Se me perseguiram, também perseguirão vocês" (João 15.20). Se aceitarmos a aflição de Deus e quisermos a bênção dele então seremos perseguidos. Essa perseguição pode vir de Satanás e suas forças demoníacas, de pessoas do mundo e às vezes até mesmo do povo de Deus. Ter o amor de Deus e ser escolhido por ele para produzir fruto é ter Satanás marcando-o e judiando de você. O servo não está acima de seu senhor. Se perseguiram o Senhor Jesus, também perseguirão aqueles que o amam e fazem a vontade dele.

Da mesma maneira como Jó não entendeu que o motivo direto de seus problemas era Satanás, talvez também Ana não tenha entendido que Penina era a flecha da aljava de Satanás. Os cristãos não estão imunes às estratégias de Satanás.

- Pedro abriu a boca e saíram os pensamentos de Satanás na voz de Pedro. A repreensão direta de Jesus era simples: "Para trás de mim, Satanás! Você é uma pedra de tropeço para mim, e não pensa nas coisas de Deus, mas nas dos homens" (Mateus 16.23).
- Davi pecou quando fez um censo dos filhos de Israel. Mas por trás de seu ato lemos: "Satanás levantou-se contra Israel e levou Davi a fazer um recenseamento do povo" (1Crônicas 21.1).
- Saulo achava que estava servindo a Deus quando perseguiu a igreja e participou do apedrejamento de Estêvão. Depois de sua conversão, Saulo, agora o apóstolo Paulo, lembrar-nos-ia que "a nossa luta não é contra seres humanos, mas contra os poderes e autoridades, contra os dominadores deste mundo de trevas, contra as forças espirituais do mal nas regiões celestiais" (Efésios 6.12).

Não vemos que nossa batalha é espiritual, por isso, caímos na armadilha de Satanás e perdemos a graça e a fé necessárias para aguentar a dura provação que enfrentamos em nossa caminhada para a frutificação sobrenatural.

### *Por que Deus permite a perseguição?*

A perseguição não tem o objetivo de nos afligir, mas de nos tornar frutíferos. A oração de louvor de Ana testifica que enquanto a adversária a provocava e a perseguia, Deus sustentou-a. Ela testifica: "Ele guardará os pés dos seus santos" (1Samuel 2.9).

Deus teve propósitos invisíveis para direta e ativamente deixar Ana estéril. Ele não precisa nos explicar seus propósitos. O Senhor simplesmente pede que confiemos em seu coração. Podemos ficar com tanta raiva de nossos problemas e de nossos inimigos que frustramos os propósitos de Deus e perdemos o melhor dele para nós no futuro. Quando reagimos de forma horizontal — ao homem ou às circunstâncias em nossa vida — perdemos a graça que Deus reservou para nós. Se, no entanto, respondemos de forma vertical e vemos Deus como aquele que está de forma soberana sobre todas as coisas, descobrimos que nossas circunstâncias são simplesmente como um imenso rio destinado a levar nosso barco em um ritmo mais rápido ao porto de descanso e frutificação pré-preparado por Deus.

A provocação de Penina deixava Ana irritada. A Tradução Brasileira diz que Penina "atormentava" Ana. A palavra tem conotações de causar irritação e raiva, como também de fazer urrar.[25] A Bíblia da CNBB traz: "Sua rival afligia-a duramente, provocando-a a murmurar contra o Senhor que a tinha feito estéril". O inimigo tentava irritar tanto Ana para que ela tivesse uma reação violenta e pecasse.

Ana ficou tentada a se fechar em si mesma e ficar desencorajada e amargurada. Aderimos à estratégia do inimigo se ficamos tão agitados ou irritados por causa da raiva que paramos de clamar a

---

[25] Strong, James: *The New Strong's Dictionary of Hebrew and Greek Words*. Nashville: Thomas Nelson, 1997, c. 1996, H7481

Deus. Perdemos o foco e somos dominados por nossa situação, em vez de pela suficiência do Senhor.

Observe a estratégia de Satanás: o "objetivo" era deixá-la agitada, preocupada e irritada. O "meio" para isso era provocá-la dia após dia. Observe que a frase: Para "irritá-la" precede a frase: "porque o Senhor a tinha deixado estéril". Para o cristão que entende o caráter e os caminhos de Deus, quando o motivo da nossa porta fechada é Deus, temos de nos regozijar. A estratégia de Satanás era impedir Ana de receber a graça para aguentar as provações de fé fazendo-a pecar. A oração de louvor de Ana nos mostra algo sobre a forma como ela lidou com a situação até Deus dar uma resposta a sua rival. "Então Ana orou assim: 'Meu coração exulta no Senhor; no Senhor minha força é exaltada. Minha boca se exalta sobre os meus inimigos, pois me alegro em tua libertação' " (1Samuel 2.1). Ela sorriu para seus inimigos porque estava repleta da graça de Deus por acreditar e confiar nele. Portanto, ela, pela fé, regozijou-se na salvação de Deus mesmo antes de o Senhor reverter sua esterelidade. É esse regozijo pela fé, não pelos sentimentos emocionais, que traz glória a Deus e traz a nós as bênçãos do Senhor.

## COMO VOCÊ RESPONDE?

- Quando é provocado pelos outros, você já pensou que há uma batalha espiritual em andamento? Você vê Satanás em operação — ou simplesmente luta contra os "seres humanos", ou "carne e sangue" (*Tradução Brasileira*)?
- Qual é sua tendência natural quando é provocado vez após outra? Fica com raiva? Desanimado? Ou é levado a uma dependência mais profunda de Deus?

- Você sente que reage contra as pessoas ou responde a Deus nessas situações?
- Você está consciente de que Satanás pode usar as pessoas para desencorajá-lo, enfraquecer sua fé e fazê-lo perder a fé?

## *Não considere as perseguições como algo pessoal*

É natural querermos que todos gostem de nós. No entanto, se formos sérios em relação a seguir Jesus logo aprendemos que ele é o *grande divisor de águas*. Quando começo a falar aos outros sobre Jesus, logo descubro que muitos se sentem desconfortáveis comigo e alguns passam a não gostar de mim. Por quê? Considere as palavras de Jesus.

> *Se o mundo os odeia, tenham em mente que antes me odiou. Se vocês pertencessem ao mundo, ele os amaria como se fossem dele. Todavia, vocês não são do mundo, mas eu os escolhi, tirando-os do mundo; por isso o mundo os odeia* (João 15.18,19).
>
> *Dei-lhes a tua palavra, e o mundo os odiou, pois eles não são do mundo, como eu também não sou* (João 17.14).
>
> *O mundo não pode odiá-los, mas a mim odeia porque dou testemunho de que o que ele faz é mau* (João 7.7).
>
> *Todos odiarão vocês por causa do meu nome* (Lucas 21.17).

Se for para caminharmos com Jesus também temos de estar preparados para nos identificar com a perseguição e sofrimento dele. Lembre-se da promessa que ele fez: “Todos os que desejam viver piedosamente em Cristo Jesus serão perseguidos” (2Timóteo 3.12).

### *A perseguição é o resultado do conflito entre duas naturezas*

A conversa de Ana com o profeta Eli é muito interessante. Ele interpretou equivocamente o pesar dela, achando que era uma mulher maligna e que estava embriagada. Não obstante, ela estava apenas derramando sua alma diante do SENHOR. Ela respondeu a ele e disse: " 'Não se trata disso, meu senhor. Sou uma mulher muito angustiada. Não bebi vinho nem bebida fermentada; eu estava derramando minha alma diante do SENHOR. Não julgues tua serva uma mulher vadia; estou orando aqui até agora por causa de minha grande angústia e tristeza' " (1Samuel 1.15,16).

Ana provavelmente conhecia bem a história do conflito entre Sara e Hagar (Gênesis 16). Foi a falta de fé de Sara para esperar por Deus para abrir reverter sua esterelidade que a levou a pecar e pôr em movimento o plano iniciado pela carne. A partir desse ato carnal de Abraão e Sara, Deus ilustrou o conflito e a perseguição que viria aos cristãos por intermédio de falsos mestres de fé. "Naquele tempo, o filho nascido de modo natural perseguiu o filho nascido segundo o Espírito. O mesmo acontece agora" (Gálatas 4.29). Paulo considerou o evento com Ismael e Isaque uma alegoria das duas alianças: uma da lei e uma da nova aliança na obra redentora concluída de Cristo. Quando Ismael zombou de Isaque, isso foi mais que a perseguição de um homem por outro (Gênesis 21.9). Esse fato revelou que todos que nascem na carne perseguem os que nascem do Espírito.

As pessoas religiosas tentam controlar as coisas. Quando descobrem que não conseguem controlar a obra de Deus em sua vida, elas ficam com raiva e entram em ação. Muitos cristãos nominais não enfrentam muita perseguição porque não são uma ameaça para o reinado de Satanás e não manifestam a vida de Jesus neste mundo. Os cristãos calados não ficam na linha de frente do exército de Deus.

Não fique desencorajado quando é perseguido por pessoas religiosas da igreja. Elas são sempre o joio no meio do trigo, e o joio persegue o trigo de Deus. Existem muitas pessoas parecidas com Ismael, aquelas que são como a semente em chão pedregoso: só parecem acreditar, mas perseguem os verdadeiros cristãos.

Davi foi um homem segundo o coração de Deus. Ele enfrentou Golias com fé, e Deus lhe concedeu grande vitória sobre o gigante. Jônatas, o filho de Saul, também tinha grande fé em Deus, e este lhe concedeu uma grande vitória sobre os filisteus. Será que é de espantar que esses dois guerreiros por Deus tenham se tornado grandes amigos? Quando Jônatas viu a fé na vida de Davi, seu coração foi atraído para ele e se tornou um encorajador e um amigo do ungido de Deus. Essa atração aconteceu porque ambos eram segundo o coração de Deus. Saul, em contrapartida, tornou-se inimigo de Davi porque não tinha fé em Deus e tentava construir seu próprio reino. Ele tinha conflito até mesmo com seu próprio filho, Jônatas.

Quando conhecemos um cristão totalmente comprometido com Deus, nosso coração se sente atraído para um relacionamento especial. Quando, todavia, encontramos aqueles que caminham de acordo com a carne, há um conflito natural.

Assim, temos boas e más notícias. A boa notícia é que se abandonamos tudo para seguir a Cristo, Deus sempre nos atrai a uma amizade íntima entre outros cristãos com ideias semelhantes às nossas. A má notícia é que se abandonamos tudo para seguir a Jesus, sempre haverá quem se oponha a nós. É-nos prometido uma combinação de bênçãos e conflitos. Foi exatamente isso que Jesus ensinou.

> *Digo-lhes a verdade: Ninguém que tenha deixado casa, irmãos, irmãs, mãe, pai, filhos, ou campos, por causa de mim e do evangelho,*

*deixará de receber cem vezes mais, já no tempo presente, casas, irmãos, irmãs, mães, filhos e campos, e com eles perseguição; e, na era futura, a vida eterna* (Marcos 10.29,30).

Em menino, eu amava brincar com imãs. Os imãs têm dois polos — o positivo e o negativo. Os polos opostos se atraem, e os polos iguais se repelem. Costumava posicionar dois imãs de uma maneira em que eles eram atraídos um pelo outro. Mas se virasse apenas um deles de lado, ele seria repelido pelo outro imã. Às vezes, tentava trabalhar contra a natureza dos imãs e amarrá-los juntos artificialmente, contra sua natureza. Mas, no instante em que os desamarrava, eles se repeliam. Se tivesse só seguido a natureza dos imãs, eles não teriam precisado de ajuda para ficar juntos. Eles ficariam grudados por uma força invisível. Essa força invisível que mantém unidos os verdadeiros cristãos é Cristo. Quando nascemos do Espírito somos transformados por Deus da antiga natureza de filhos de Adão para a nova em Cristo. Por conseguinte, sentimos uma atração sobrenatural por outros que também fazem parte da família dele.

Quando o Espírito Santo está em operação em dois cristãos, estes se sentem atraídos um pelo outro. Essa é a boa notícia. O oposto também é verdade: o mundo ama os seus. Não espere que eles continuem a considerá-lo o mais popular em seu trabalho ou universidade.

Na igreja, temos muitos relacionamentos artificiais em que as pessoas são juntadas pelas atividades, programas, ministérios e atividades sociais da igreja. Contudo, quando o Espírito de Deus se move, alguns cristãos são atraídos a um relacionamento mais profundo em Cristo. É o amor pelo Senhor e sua Palavra e o ministério em nome de Jesus que os atrai e os mantêm unidos sem a cola artificial da religião. A cola artificial é tirada de outros membros da igreja, e eles se sentem desconfortáveis perto dos outros que são mais entusiasmados em relação a Jesus. Faz parte da história da igreja o fato de que quando há reavivamento, e a cola é tirada, muitos membros da igreja se dividem em dois grupos com base em sua atração suprema pelo Senhor Jesus. Prefiro dez amizades profundas em Cristo a cem amizades artificiais.

EXAMINE SEUS RELACIONAMENTOS

- Você tem amizade profunda e afinidade com outros cristãos que caminham com Cristo? Quem são seus melhores amigos? Como pode aprofundar esses relacionamentos?
- Que tipo de pessoa você atrai? Por qual tipo de pessoa você se sente atraído?
- Já viu alguns relacionamentos que se deterioraram por causa de seu compromisso com Jesus Cristo? De que maneiras essas amizades sofreram alterações?

## *A professora da Escola Dominical aprende uma lição*

Certo domingo, uma professora entrou na minha sala, bateu seu livro da Escola Dominical na minha mesa e disse: "Peço demissão!" Sua classe dividia o espaço com a creche da igreja. A trabalhadora da creche daquela classe específica também era membro da igreja e sabia que se esperava que respeitassem o espaço da Escola Dominical. Elas já tinham discutido sobre a divisão de espaço diversas vezes antes, mas os problemas e os mal-entendidos continuavam. A professora sentia que estavam tirando vantagem dela e não conseguia mais lidar com a situação.

Li recentemente 1Pedro 2.20, passagem em que os cristãos tinham de aguentar pacientemente e sofriam bastante quando lhes era feito mal. Perguntei se o que sua irmã em Cristo tinha feito era errado. Ela rapidamente concordou que era errado. Perguntei se ela tinha sido presa por ensinar sobre Cristo para as crianças ou tinha perdido seu emprego porque dava aula para crianças na Escola Dominical. A seguir, pedi-lhe que lesse 1Pedro 2.20. Ela começou a chorar quando viu a pequenez de ter uma mesa ou cadeiras fora de lugar. Reconheceu que sua provação não era nada em comparação à perseguição que Satanás lançou sobre a igreja primitiva para que eles parassem de ministrar em nome de Jesus.

Perguntei-lhe que lição tinha ensinado às crianças com seu acesso de raiva daquela manhã. Orei com ela e, depois, ela pegou seu livro da Escola Dominical e disse que tinha de ir e se desculpar com as crianças e dar sua lição de Bíblia. Naquele dia, ela aprendeu uma grande lição. Tirou o foco das irritações menores que sentia e o voltou para as crianças para quem ensinava.

Você consegue imaginar uma professora da Escola Dominical se sentir perseguida porque estava faltando uma peça do quebra-cabeça para crianças de Daniel na cova dos leões? A professora não estava vendo uma peça maior do quebra-cabeça ao não perceber que Deus queria que *ela* aprendesse com a fé de Daniel.

É fácil reagir de forma equivocada e ficar com raiva quando nossos direitos são violados. É nesse ponto que precisamos do poder do Espírito de Deus para controlar nossos pensamentos, emoções e reações. Aprenda a manter a coisa principal como a coisa principal — e não se preocupe com os outros detalhes!

## 6. QUE BÊNÇÃOS SÃO PROMETIDAS AO AFLITO E AO PERSEGUIDO?

### *A bênção da alegria*

Já percebeu que foram os mestres religiosos que mais perturbaram Jesus? Eles o criticavam constantemente, atacando-o e até mesmo atribuindo a ele poderes milagrosos do demônio. Jesus não desconhecia a perseguição. Por isso, ele tinha credibilidade quando disse a seus seguidores:

> *Bem-aventurados os perseguidos por causa da justiça, pois deles é o Reino dos céus. Bem-aventurados serão vocês quando, por minha causa, os insultarem, os perseguirem e levantarem todo tipo de calúnia contra vocês. Alegrem-se e regozijem-se, porque grande é a sua recompensa nos céus, pois da mesma forma perseguiram os profetas que viveram antes de vocês. [...] Mas eu lhes digo: Amem os seus inimigos e orem por aqueles que os perseguem* (Mateus 5.10-12,44).

Antes de dizermos que ninguém consegue enfrentar perseguição e se regozijar, temos de nos lembrar dos apóstolos que apanharam porque pregavam Cristo. Eles iam embora se regozijando por ter sofrido vergonha por causa do nome de Jesus (Atos 5.40-42). Paulo e Silas foram açoitados e presos, eles, no entanto, entoaram louvores a Jesus à meia-noite (Atos 16.16-43).

Paulo descobriu sua fonte de alegria em Deus. Ele escreve: "Aprendi a adaptar-me a toda e qualquer circunstância. Sei o que é passar necessidade e sei o que é ter fartura. Aprendi o segredo de viver contente em toda e qualquer situação, seja bem alimentado, seja com fome, tendo muito, ou passando necessidade. Tudo posso naquele que me fortalece" (Filipenses 4.11-13). Como Paulo aprendeu a ficar contente até mesmo por meio do sofrimento?

Observe tudo que Paulo suportou:

> *São eles servos de Cristo? — estou fora de mim para falar desta forma — eu ainda mais: trabalhei muito mais, fui encarcerado mais vezes, fui açoitado mais severamente e exposto à morte repetidas vezes. Cinco vezes recebi dos judeus trinta e nove açoites. Três vezes fui golpeado com varas, uma vez apedrejado, três vezes sofri naufrágio, passei uma noite e um dia exposto à fúria do mar. Estive continuamente viajando de uma parte a outra, enfrentei perigos nos rios, perigos de assaltantes, perigos dos meus compatriotas, perigos dos gentios; perigos na cidade, perigos no deserto, perigos no mar, e perigos dos falsos irmãos. Trabalhei arduamente; muitas vezes fiquei sem dormir, passei fome e sede, e muitas vezes fiquei em jejum; suportei frio e nudez. Além disso, enfrento diariamente uma pressão interior, a saber, a minha preocupação com todas as igrejas. Quem está fraco, que eu não me sinta fraco? Quem não se escandaliza, que eu não me queime por dentro?* (2Coríntios 11.23-29)

### AVALIE SUA RESPOSTA DE ALEGRIA

- Você já se regozijou quando foi perseguido?
- Ora pelos que o provocam?
- Já experimentou o Espírito Santo dando-lhe sua alegria, sua paz e seu amor para o perseguidor?

## *A bênção do consolo de Deus*

Ao longo da Bíblia, Deus promete consolo para seus filhos. "Este é o meu consolo no meu sofrimento: A tua promessa dá-me vida" (Salmos 119.50). "Então as moças dançarão de alegria, como também os jovens e os velhos. Transformarei o lamento deles em júbilo; eu lhes darei consolo e alegria em vez de tristeza" (Jeremias 31.13).

Deus é descrito como o "Deus de toda consolação" (2Coríntios 1.3). Em João 14.16, o Espírito Santo é descrito como o *Conselheiro* ou *Ajudador.*

Você consegue distinguir entre seu próprio desânimo e uma aflição de Deus, e entre seu sofrimento e o sofrimento de Cristo em você? Há uma diferença entre eles. Paulo disse que conhecia "a participação em seus sofrimentos" (Filipenses 3.10). É nessa experiência que entendemos o consolo de Deus.

Apostaria que a maior parte do que chamamos de aflição vem dos nossos próprios desejos e vontades. Queremos ser abençoados sem ter de atravessar o processo de santificação. Queremos ser frutíferos sem permanecer na videira e passar pelo processo de limpeza e poda (João 15). Queremos a glória sem a cruz. Queremos a vida sem a morte do "eu". Queremos uma mensagem sem estudar a Palavra. Queremos um ministério sem provações. Queremos força sem fraqueza. Queremos exaltação sem humilhação. Queremos ser plenos sem jamais ter fome de Deus. Queremos nos sentar com príncipes sem identificarmos os mendigos no monte de lixo. Queremos o fruto sobrenatural sem esterilidade.

Mas o caminho de Deus é claro. Não alcançamos naturalmente a força, a frutificação e a realização. Elas são produzidas de forma sobrenatural quando Deus opera soberanamente em nossa vida por intermédio das circunstâncias que enfrentamos.

Ana aprendeu essa lição. Deus a deixou estéril, mas continuou a reforçar a aflição dela por filhos em seu coração. Ela sabia a diferença entre seu desejo natural por um filho e a aflição de Deus que não podia ser ignorada. Ela nunca se desviou do chamado de Deus. Ela foi humilhada para ser levantada de novo pelo poder de Deus. O Senhor era sua rocha, e ela dependia completamente dele. Foi nessa condição de dependência que Deus se tornou seu consolo e suficiência.

O apóstolo Paulo experimentou um processo semelhante. Foi-lhe dado um espinho na carne, o qual ele também descreve como "um mensageiro de Satanás". Deus enviou-lhe o espinho a fim de mantê-lo humilde. Nunca fomos informados do que consistia esse espinho — e isso não importa muito. Cada um de nós tem seu próprio espinho que conhecemos muito bem. A questão não é identificar o espinho. A questão é depender do Salvador. Observe a maturidade da vida de Paulo conforme ele escreve sobre a lição que aprendeu:

> *Três vezes roguei ao Senhor que o [espinho] tirasse de mim. Mas ele me disse: "Minha graça é suficiente para você, pois o meu poder se aperfeiçoa na fraqueza". Portanto, eu me gloriarei ainda mais alegremente em minhas fraquezas, para que o poder de Cristo repouse em mim. Por isso, por amor de Cristo, regozijo-me nas fraquezas, nos insultos, nas necessidades, nas perseguições, nas angústias. Pois, quando sou fraco é que sou forte* (2Coríntios 12.8-10).

Percebeu a lição? "Quando sou fraco é que sou forte". É um paradoxo: liberamos nossa fraqueza e a entregamos a Deus. Em troca, ele infunde seu poder e força em nossa vida. É aí que o consolo divino entra em nossa vida.

Com certeza não estou no ponto em minha vida em que aprendi a me regozijar em minhas fraquezas e a me vangloriar delas. Esse é um processo... e ainda estou amadurecendo nele. Mas aprendi que quando batemos contra o aguilhão e resistimos em seguir o caminho ao qual Deus está nos guiando, ferimo-nos e perdemos sua força, consolo e graça.

Gosto mais do caminho da graça que do caminho da lei e da carne. O consolo do Espírito Santo, a percepção na Palavra de Deus e a comunhão os sofrimentos do Senhor são para aqueles que se identificam com Cristo nas provações de fé que enfrentam.

### VOCÊ JÁ EXPERIMENTOU O CONSOLO DE DEUS?

- Você busca consolo na Palavra de Deus e encontra força e paz?
- Você experimenta a comunhão com os sofrimentos de Cristo à medida que o Espírito Santo o consola?
- Você experimenta a força do Senhor em sua fraqueza?

## *A bênção da comunhão com o sofrimento de Cristo*

Acabara de ser chamado para uma nova igreja. O Pastor Search Committee [Comitê de Busca de Pastor] e o Finance Committee [Comitê Financeiro] tinham apresentado um pacote salarial mais baixo do que gostariam de dar a nossa família, mas prometeram fazer os ajustes necessários em poucos meses. Quando chegou a hora de aprovar o orçamento, os membros dos dois comitês mantiveram sua palavra e incluíram um aumento no novo orçamento. No processo de aprovação do orçamento, uma diaconisa se tornou minha adversária. Ela protestou em voz alta que *ela* não teria aumento. Argumentou que a igreja tinha acabado de me chamar e não devia me dar um aumento tão depressa. Ela observou que havia muitos aposentados da igreja não estavam recebendo aumento.

O comitê tentou explicar seus motivos para ela, mas ela não considerou nenhum deles. Permaneci em silêncio e não comentei nada. Após uma discussão desagregadora, a igreja rendeu-se à maioria e me deu o aumento de salário. Este ainda não era suficiente para viver sem o trabalho de minha esposa.

Essa era uma igreja antiga e tinha seus caminhos bem definidos, e essa mulher estimulou alguma murmuração. Na quarta-feira à noite enquanto a igreja estava reunida para uma reunião de oração, ela foi à casa dos membros da igreja, deixando uma carta comparando seu salário com o meu e contestando o aumento concedido. Voltei para casa e descobri minha cópia especial assinada à minha porta. O diretor dos diáconos, o diretor financeiro e outros líderes-chave da igreja também receberam uma cópia da carta e imediatamente me telefonaram a fim de me encorajar. Quando li a carta, fui tomado de maravilhosa alegria. Você poderia me enviar um cartão de aniversário acompanhado de um presente, mas essa carta ainda seria uma dádiva maior. Por quê? Porque essa mulher não era meu problema. Nem mesmo o grande adversário por trás dela era meu problema. Sabia que tinha sido enviado por Deus para aquele local e não permitiria que isso me chateasse. Essa era a aflição do Senhor, e isso ficou claro. Comecei a experimentar *a comunhão nos sofrimentos de Cristo*.

Nesse ponto, Deus pressionou-me em relação ao que fazer. No fim da adoração do domingo seguinte, agradeci à igreja pelo aumento de salário, mas disse que não o aceitaríamos. Queríamos que nosso salário continuasse como era inicialmente. De onde veio a reação? Semanas antes, tinha orado na igreja sobre *A bênção da esterilidade* na vida de Ana — e agora tinha a oportunidade de demonstrar uma resposta piedosa a uma situação difícil. Em vez de responder com raiva a minha agressora e de revidar, escolhi me regozijar em Deus e confiar nosso futuro a ele.

Na semana seguinte, recebemos diversas cartas anônimas que, conforme presumi, eram de membros da congregação, cada uma acompanhada de uma quantia de dinheiro. No fim daquela semana, tínhamos recebido mais dinheiro que o aumento que recusara. Deus provou ser fiel — e nos regozijamos em sua provisão.

A aflição em meu coração como pastor era que a maioria dos cristãos nunca descobriu essa grande verdade. Eles se recusam a compartilhar os sofrimentos pelos quais Cristo passa por eles. O segredo da frutificação vem por meio do sofrimento. Aprendamos com o exemplo de Ana. O coração partido precede a bênção da frutificação.

## 7. VOCÊ ESTÁ PREPARADO PARA CONTINUAR FIEL A DEUS E SEGUIR A AFLIÇÃO DELE MESMO SE ISSO TROUXER PERSEGUIÇÃO?

### *A perseguição é comum*

Após a experiência pessoal de reavivamento em minha vida, estava sedento para crescer em Cristo. Meu pastor me deu uma lista de livros cristãos para ler. Entre os muitos livros excelentes que li, dois livros sobre perseguição me prepararam para ministrar de maneira incomum. Um deles era *O livro dos mártires,*[26] de John Fox, a história da igreja perseguida. O outro era *Torturado por amor a Cristo,* de Richard Wurmbrand.[27] É difícil comparar meu nível de cristianismo com o dos cristãos que sofreram de fato por Cristo.

---

[26] Rio de Janeiro, RJ: CPAD, s.d. [N. do T.]

[27] Belo Horizonte, MG: Editora RW., s.d. [N. do T.]

Como resultado da história desses cristãos, fiquei mais bem preparado para a rejeição e o ridículo que teria de enfrentar de vez em quando no ministério. Estava até mesmo preparado para me regozijar porque sabia que Deus estava no controle. Comecei a sentir um padrão no evangelismo porta a porta: quando alguém me amaldiçoava em uma casa, isso em geral significava que Satanás estava tentando me assustar e afastar do excelente fruto que me esperava algumas portas adiante. Quando comecei a servir na igreja e enfrentei crítica, fofocas, mentiras e falsas acusações, estava mais bem preparado para isso. Meus problemas, comparados com o que a igreja perseguida tinha experimentado e está experimentando em outras nações, eram insignificantes.

Os cristãos norte-americanos têm grande liberdade religiosa. Não conhecemos o tipo de perseguição que a igreja tem conhecido ao longo de sua história. Nossos antepassados cristãos vieram para os Estados Unidos a fim de escapar da opressão e da perseguição religiosas na Europa. Mas hoje em muitas nações, os cristãos ainda são perseguidos por causa de sua fé. Milhares de cristãos ao redor do mundo morrem por causa de seu amor por Jesus. Em alguns países mulçumanos, é contra a lei um mulçumano se converter ao cristianismo. Alguns países aplicam a pena de morte àqueles que se convertem ao cristianismo.

Considero todas minhas perseguições pequenas em comparação às registradas na Escritura e à dos cristãos perseguidos de algumas outras nações.

### *Almoce com um campeão da fé*

Certo dia, David Nelms e eu discutíamos a possibilidade de a nossa igreja patrocinar diversas escolas da TTI de implantar igreja, em Nagaland, Índia. Ele arranjou para eu almoçar com Greg Kappas e um dos líderes da TTI para a Índia. Ouvi o testemunho de John[28] e estava impressionado com a graça que Deus lhe tinha dado enquanto enfrentava perseguição. John veio para Cristo do hinduísmo e começou a pregar Cristo em sua vila. Ele foi espancado e lhe disseram para não pregar mais o cristianismo. Quando ele se recuperou da surra, pregou mais uma vez Cristo e, dessa vez, foi espancado até quase à morte. Se a esposa não o tivesse resgatado e levado para o hospital, teria tido uma morte de mártir. Enquanto John compartilhava sua história, senti-me um pouco envergonhado de me preocupar com meus grandes problemas que pareciam tão pequenos e insignificantes comparados com o que os outros cristãos enfrentam em algumas partes do mundo. Perguntei-me se continuaria a pregar Cristo diante do risco de perder minha vida. John continuou sua história: depois de meses de recuperação ele saiu mais uma vez e pregou Cristo. Dessa vez, os perseguidores vieram e incendiaram sua casa. Desde essa época, Deus abençoa grandemente esse seu servo simples. Esse campeão da fé é responsável por várias centenas de novas igrejas implantadas na Índia. Perguntei-lhe se estaria disposto a ir a Nagaland e organizar escolas de implantar igreja que patrocinaríamos por intermédio da TTI, e ele aceitou esse convite. Em alguns meses, 120 pastores tinham se matriculado e concordado em começar 120 novas igrejas.

Deus quer que todos nós permaneçamos fiéis e não nos desviemos por causa de provocações de nosso inimigo ou das perseguições de Satanás. A frutificação sobrenatural está à espera daqueles que se entregam totalmente a Deus e acreditam nele para as grandes coisas.

---

[28] Seu nome foi trocado por medida de segurança.

## RESPONDENDO À PERSEGUIÇÃO

- Lembre-se da vez em que foi facilmente ofendido por outro cristão. Como se sentiria se estivesse sentado à mesa de almoço com John, ouvindo sua história de perseguição e fé?
- Alguém já lhe respondeu de forma grosseira ao tentar falar sobre Jesus? Como você se sentiu? Você se encolheu e ficou quieto? Ou se sentiu incentivado a proclamar ainda mais o evangelho?

# Teste cinco: quebrantamento
## parte 1

*Então eu o dedicarei ao* S*ENHOR* *por todos os dias de sua vida* (1Samuel 1.11).

### O QUINTO TESTE DE FÉ

O quinto teste de fé nos diz:

> Deus nos quebranta a fim de nos moldar; seu objetivo supremo é nos modelar para nos conformar à imagem de Cristo. Será que confiaremos nele e aprenderemos as lições que ele tem para nós?

Deus trouxe Ana ao ponto exato em que queria que ela estivesse. Ela foi confrontada com a questão: "A quem meu ventre e o fruto de meu ventre pertencem: a Deus ou a mim?"

### 1. O PROPÓSITO DO QUEBRANTAMENTO

Deus quer nos quebrantar — não nos ferir, mas nos curar. Pois, veja bem, temos um problema. Ainda temos, mesmo como filhos adotados de Deus, uma natureza carnal e pecaminosa que luta em nosso interior (veja, em Romanos 7, o registro de Paulo de sua experiência). Nosso Pai celestial, que nos ama e faz todas as coisas para o bem dos seus, deseja que vivamos totalmente submetidos ao senhorio de Jesus Cristo. Levar-nos a esse ponto exige um processo... e parte desse processo é nos quebrantar.

Colocando de forma simples, o propósito de Deus de nos quebrantar é submeter nossa vontade à sua, trazendo-nos àquele ponto em que nos submetemos de boa vontade a ele como escravos de Jesus Cristo.

É importante observar que ser quebrantado por Deus não é como ser quebrantado pelo mundo.

- Deus nos quebranta para que nos humilhemos. O mundo nos quebranta para nos destruir e derrotar.
- Deus, quando nos quebranta, tem um desígnio e um bom propósito. Quando o mundo nos quebranta, isso é simplesmente o resultado de viver em um mundo caído e pecaminoso.
- Deus, quando nos quebranta, faz-nos entregar o controle a ele. Quando o mundo nos quebranta, confiamos com frequência em nossa autossuficiência para manter o controle, insistindo em continuar a fazer tudo da nossa própria maneira.
- Deus, quando nos quebranta, o faz no lugar certo e da maneira certa. É para nosso bem e a glória dele. Quando o mundo nos quebranta, somos prejudicados, feridos e fraturados.

Ana se viu escrava de sua situação e de si mesma. A verdadeira liberdade não veio a sua alma ao buscar ficar livre de Penina, de Elcana, da aflição de Deus ou de seus próprios problemas. A verdadeira liberdade veio quando ela abriu mão de sua independência ou liberdade a fim de entregá-la um novo Mestre amoroso: o Senhor dos Exércitos. Ana, em completa e doce entrega ao Senhor, descobriu que o quebrantamento a levou à verdadeira realidade.

Observe a atitude de submissão e obediência de Ana quando se descreve como "tua [de Deus] serva".

> *E votou* um *voto, dizendo:* Senhor *dos Exércitos! Se benignamente atentares para a aflição da* **tua serva***, e de mim te lembrares, e da* **tua serva** *te não esqueceres, mas à* **tua serva** *deres* um *filho varão, ao* Senhor *o darei por todos os dias da sua vida, e sobre a sua cabeça não passará navalha* (1Samuel 1.11).

Ana, no processo de seu pesar e luta, aprendeu uma importante lição. *Deus era Deus, e ela não era!* Três vezes nesse versículo, ela se descreve como "tua [de Deus] serva". Sua vida não era dela mesma. Ela tinha sido comprada por um preço e pertencia a ele.

## *O cavalo quebrantado*

Um cavalo selvagem tem pouco valor para seu dono. Sua força e velocidade podem ser um perigo quando não estão sob controle. Salmos 147.10 diz: "Não é a força do cavalo que lhe dá satisfação, nem é a agilidade do homem que lhe agrada". A força na batalha pertencia ao cavaleiro, e os músculos mais fortes do corpo estavam nas pernas dos homens. Mas Deus diz que não fica impressionado com nenhum deles. Ele não se delicia em nossa autoconfiança nem em nossa força e independência. Ele só se agrada quando vivemos pela fé, em entrega a ele e com confiança nele.

A solução para a natureza independente do cavalo selvagem é quebrantá-lo. Mas um bom vaqueiro sabe que não ferirá o cavalo — está apenas quebrantando seu espírito para que ele possa ficar sob controle. Se o cavalo selvagem é quebrantado e aprende que sua maior segurança e cuidado têm origem em seu serviço ao seu dono e amizade com ele, então o cavalo pode ser de grande valor.

O processo de quebrantar a vontade do cavalo selvagem, com frequência, é doloroso. O filme *O encantador de cavalos* mostrava uma cena em que uma das pernas da frente de um cavalo era presa no chifre de sela para impedir que o animal empinasse. Isso era feito para andar em torno da arena de treinamento até o animal ficar exausto e se submetesse ao treinador. Uma vez que ele se submeteu, a jovem cavaleira e o cavalo se tornaram um.

O que talvez os outros não tenham entendido é que era Deus quem estava amarrando Ana, quebrantando-a para a glória de Deus, para seu bem e nossa instrução. Primeiro Samuel usa palavras como *provocar continuamente*, *irritação*, *pesar*, *aflição*, *choro e mágoa*. O processo era difícil de aguentar... mas uma vez que Ana aprendeu as lições que Deus tinha para ela, passou a ser um vaso dele, feito e destinado por ele para sua honra.

Estava em um grande retiro da igreja em que uma das distrações opcionais era cavalgar. Em minha hora matinal de quietude, tinha lido Salmos 32.8,9: "Eu o instruirei e o ensinarei no caminho que você deve seguir; eu o aconselharei e cuidarei de você. Não sejam como o cavalo ou o burro, que não têm entendimento, mas precisam ser controlados com freios e rédeas, caso contrário não obedecem".

Mais tarde naquele dia, esse versículo ganhou vida para mim quando tive a oportunidade de andar a cavalo. O dono deu instruções muito claras sobre seu cavalo: "Ele é bem treinado e bem disciplinado. O bridão ligado ao freio fica na boca do cavalo, mas não o puxe porque provoca dor em sua boca. Não precisa feri-lo nem causar dor para conseguir que ele responda a você". Ele acrescentou: "Esse cavalo é treinado e muito sensível ao cavaleiro. Se quiser virar para a esquerda, tudo que precisa fazer é mudar seu peso na sela e pôr algum peso no estribo esquerdo com seu pé esquerdo e o cavalo vira para a esquerda. Se quiser virar para a direita, faça a mesma coisa do lado direito. Se quiser parar, apenas repouse gentilmente a rédea no pescoço do cavalo. Ele sentirá o peso das rédeas. Ele é sensível ao peso da rédea e parará. Se quiser ir em frente, apenas levante as rédeas do pescoço dele e diga: 'Vá' ".

Esse cavalo não precisava de um chute forte para continuar a andar. Só tinha de levantar as rédeas e dizer gentilmente: "Vá!" Estava maravilhado. Inclinava-me para a esquerda, o cavalo ia para a esquerda; inclinava-me para a direita, o cavalo ia para a direita; pus as rédeas atravessadas em seu pescoço, ele parou. Pensei: "Esse é um cavalo esperto!" Ele facilitou o comandá-lo — e foi uma alegria andar naquele cavalo.

Enquanto cavalgava, o versículo que tinha lido em meu tempo de quietude ganhou vida para mim, e Deus me deu uma grande lição. O Senhor queria que eu fosse submisso e sensível a ponto de ele poder me guiar com seus olhos — não por meio da dor de um bridão e freio (Salmos 32.8,9). Deus queria que eu entregasse as rédeas da minha vida a ele e confiasse nele para cuidar de minha vida.

Quando vemos Ana em 1Samuel 1 e 2, ela é quebrantada e se torna sensível à condução de Deus em sua vida. Observe mais uma vez as três vezes em que ela se refere a si mesma como "tua serva" (1Samuel 1.11; ARC) Da mesma maneira, Abigail se curvou diante de Davi e quatro vezes chamou a si mesma de *serva de Deus* enquanto era usada por Deus para, por meio de sua submissão, impedir Davi e seus soldados armados de destruir sua casa e servos. O próprio Davi também usou essa palavra para se referir a sua própria entrega a Deus como "o filho da tua serva" (Salmos 86.16). Cada um deles encontrou liberdade ao se submeter a Deus.

Nenhum de nós pode, no sentido natural, encontrar libertação da escravidão. A chave é o objeto da nossa submissão. Quem é nosso Mestre? Para a maioria, o mestre é o pecado e o "eu", o que não leva à libertação, mas à escravidão (Romanos 6). Para alguns, seu mestre é Satanás, e este escraviza e destrói (João 10.10). No entanto, há aqueles que entregam as rédeas de sua vida para Cristo, como seu Mestre, e que encontram a verdadeira libertação no planeta terra.

A lei de Moisés teve o ritual mais incomum e tocante concernente a um hebreu que no sétimo ano de sua servidão para um senhor hebreu podia ser livre se assim escolhesse. No entanto, havia alguns que escolhiam continuar ligados ao seu senhor por toda vida porque o achavam gracioso. Eis como Moisés registra essa cerimônia:

> *Se você comprar um escravo hebreu, ele o servirá por seis anos. Mas no sétimo ano será liberto, sem precisar pagar nada. Se chegou solteiro, solteiro receberá liberdade; mas se chegou casado, sua mulher irá com ele. Se o seu senhor lhe tiver dado uma mulher, e esta lhe tiver dado filhos ou filhas, a mulher e os filhos pertencerão ao senhor; somente o homem sairá livre. Se, porém, o escravo declarar: "Eu amo o meu senhor, a minha mulher e os meus filhos, e não quero sair livre", o seu senhor o levará perante os juízes. Terá que levá-lo à porta ou à lateral da porta e furar a sua orelha. Assim, ele será seu escravo por toda a vida* (Êxodo 21.2-6).

Os escritores do Novo Testamento levantam esse tema. Conforme escreviam, eles se identificavam como "servo [...] do Senhor Jesus Cristo". Considere o seguinte:

- "Paulo, servo de Deus e apóstolo de Jesus Cristo" (Tito 1.1).
- "Simão Pedro, servo e apóstolo de Jesus Cristo" (2Pedro 1.1).
- "Judas, servo de Jesus Cristo" (Judas 1.1).
- "Tiago, servo de Deus e do Senhor Jesus Cristo" (Tiago 1.1).

Durante séculos, os seguidores de Jesus entendem tudo que Jesus tem feito por eles. Por causa do seu sacrifício e grande amor por eles, eles sacrificaram de boa vontade sua liberdade e disseram: "Amo meu Mestre e serei seu escravo minha vida toda".

Ana chegou àquele ponto de quebrantamento em que disse: "Não quero ficar por mim mesma, Senhor, marque minha orelha e eis aqui meus desejos por filhos. Reconheço que minha vida não é minha. Pertenço ao Senhor. Faça como lhe agradar, sou sua serva".

Ana, na submissão, encontrou um Senhor dos Exércitos amoroso e confiável. Penina era apenas uma vareta na mão de Satanás a fim de provocá-la como parte do processo de quebrantamento. Mas o Mestre do xadrez que movia Satanás e Penina como pequenos peões com o propósito maior por meio do qual o quebrantamento traria grandes bênçãos para Ana era desconhecido de Satanás e Penina.

O propósito de Deus para o quebrantamento em nossa vida é nos trazer à verdadeira liberdade do Espírito Santo para que as grandes missões de Deus sejam realizadas por meio de um relacionamento submisso de amor ao Senhor.

Gostaria de poder lhes dizer por meio de meu próprio quebrantamento que sempre entreguei ao Senhor as rédeas da minha vida diária. Depois de confiar no Senhor durante um dia, com frequência, pego de volta as rédeas no dia seguinte e firo o Espírito Santo. Quando não sou sensível ao sussurro de amor do Senhor, ele, como um Pai gracioso, pega as rédeas e por meio de freio e bridão me traz de volta para si.

## APLICANDO O PRINCÍPIO DE SER UM SERVO

- Quanto Jesus Cristo tem feito por você? Qual seria seu destino eterno se Jesus não tivesse morrido por você?
- À luz do grande sacrifício de Cristo, qual é a resposta lógica? Você já chegou àquele ponto em sua vida em que diz que abriria mão de sua liberdade de boa vontade para seguir Jesus como escravo pelo resto de sua vida? (Romanos 12.1,2).
- Se soubesse que seu senhor é bom, gracioso e faz todas as coisas para o seu bem, você se submeteria de livre e espontânea vontade aos momentos desconfortáveis e provações de fé sabendo que Deus estava operando seu propósito em sua vida (Tiago 1.2-5)?
- Às vezes só um machucado pode nos levar onde Deus quer que vamos. Consegue indicar uma vez em que Deus o feriu para fazer o que queria fazer em sua vida?
- Você pode se chamar de servo de Jesus Cristo?

## 2. A PROVA DO QUEBRANTAMENTO

A frase: "Então eu o dedicarei ao SENHOR", é essencial para o entendimento do ponto a que Deus levou Ana. Antes dessa época, talvez ela estivesse satisfeita em dedicar uma parte de sua vida ao Senhor. Então talvez estivesse disposta a entregar o fruto de seu ventre ao Senhor se acreditasse que seu ventre seria frutífero. Ela estaria disposta a entregar o fruto de seu ventre a Deus se achasse que depois disso ele a deixaria estéril? No processo de quebrantamento vem a entrega da posse de nossa vida. A prova de que o quebrantamento trouxe Ana à entrega absoluta é sua disposição de entregar Samuel ao Senhor.

Ana lembrou-se de seu pai Abraão e tirou força do longo teste de fé enfrentado por esse patriarca da Antiguidade. O primeiro teste de fé de Abraão foi confiar em Deus e segui-lo para onde ele o mandasse. Foi-lhe pedido para deixar sua família e ir para uma terra estrangeira que Deus prometeu dar a ele e a seus descendentes. Abraão foi informado que seria abençoado na terra prometida, mas depois ele se deparou com a escassez. Abraão, em vez de confiar em Deus pela fé, confiou naquilo que podia ver e deixou a terra prometida para encontrar ajuda no Egito. Deus, em sua graça, continuou a operar na vida de Abraão, enviando-o de volta à terra prometida a fim de esperar pelo filho prometido que viria por intermédio da estéril Sara. A provação foi longa, e Abraão e Sara, em uma tentativa de cumprir a promessa por meios naturais, tiveram Ismael, o filho da carne por intermédio de Hagar. Deus lhes disse que esse não era o filho da promessa e que tinham de esperar em Deus pelo impossível. Abraão, aos 99 anos, recebeu uma confirmação da promessa de Deus, e Isaque nasceu um ano depois. No entanto, o maior teste de fé estava à espera de Abraão alguns anos depois.

Abraão amava profundamente Isaque. Ele era o filho pelo qual esperara toda sua vida. No momento apropriado, Deus pediu Isaque de volta. No entanto, foi mais que ordem para consagrá-lo a Deus.

Foi pedido a Abraão para *sacrificá-lo* a Deus. "Então disse Deus: 'Tome seu filho, seu único filho, Isaque, a quem você ama, e vá para a região de Moriá. Sacrifique-o ali como holocausto num dos montes que lhe indicarei' " Deus estava pedindo o impossível: que Abraão matasse o filho pelo qual tinha esperado toda sua vida. A frase "seu filho, seu único filho, Isaque, a quem você ama" deixa evidente a magnitude dessa ordem. Nesse ponto, Isaque estava com vinte anos, e a aliança abraâmica, com sua morte, terminaria.

Abraão tinha dado tudo a Deus e agora este lhe pedia aquilo que partiria seu coração. Seria com o coração partido e confiança em Deus que Abraão deitaria seu Isaque no altar de Deus, o altar da entrega absoluta. Contudo, Abraão confiava que Deus levantaria Isaque da morte para cumprir a promessa feita a ele, Abraão. Este, com o coração partido, caminhou com Isaque ao topo do monte Moriá, mas desceu do monte alegre, tendo recebido de volta de Deus o filho que entregara ao Senhor.

O quebrantamento é um processo que, com frequência, envolve a morte de um sonho. Mas está enraizado no poder do evangelho em que Jesus sofreu a morte das mortes por nós, pagando por nossos pecados e triunfando sobre a morte com sua ressurreição. Como resultado disso, os cristãos sabem que "foram comprados por alto preço [...] [e que] não são de si mesmos" (2Coríntios 6.19,20). Deus não nos libertou da escravidão do pecado e de Satanás apenas para nos enviar em nosso caminho agradável, declarando nossa vida como nossa mesmo. O estilo de vida do não quebrantado está repleto com linguagem centrada em si mesmo — "meu" e "minha" —, em vez da doce entrega ao Senhor, marcado pelas palavras "seu" e "sua". É o meu dinheiro, meu tempo, meu prazer, meus sonhos, meus planos, minhas coisas, meu talento para os que não chegaram àquele ponto em que sua vida é completamente de Deus.

A linguagem do "meu" e "minha" é do orgulhoso e egoísta. Jesus Cristo, o Criador de todo o universo, vem a cada um de nós e pede nossa vida. Respondemos limitando nosso sacrifício, abaixando o padrão ou nível da nossa devoção. Só quando conseguimos devolver a Deus o que ele nos deu é que ele pode nos confiar suas verdadeiras riquezas. Deus não confia suas bênçãos àqueles que se agarram firmemente a suas posses.

Deus não compartilha sua glória com os outros. Suas grandes missões só nos são dadas quando estamos quebrantados e dispostos a sacrificar tudo. Do contrário, sem quebrantamento, o que desejamos possuir nos possui.

Sem quebrantamento, Lia deu nome a seus três primeiros filhos em relação a sua rival, sua irmã Raquel. Ela invejava a beleza de Raquel e o amor que Jacó tinha por esta a ponto de os nomes de Rúben, Simeão e Levi estarem relacionados com seu foco em sua necessidade. Ela era obcecada pela irmã e só no quarto filho de Lia, por intermédio de quem o Messias viria, que seu foco se afastou de suas necessidades, de seus problemas e de sua irmã. Ela, ao adorar ao Senhor, deu-lhe o nome de Judá dizendo: " 'Desta vez louvarei o SENHOR' " (Gênesis 29.31-35).

Lembre-se desse princípio essencial: é muito melhor não interpretar nossa vida por intermédio de nossos problemas, mas por meio de nosso louvor ao Senhor.

Você, em sua caminhada cristã e por intermédio do processo de quebrantamento, tem de aprender a chegar àquele ponto de entrega absoluta. Tire as mãos de sua vida e não foque seus problemas. Comece a focar o Senhor, regozijando-se na salvação dele. "Não há ninguém santo como o SENHOR; não há outro além de ti; não há rocha alguma como o nosso Deus" (1Samuel 2.2).

Por que Deus deve nos trazer à humildade e quebrantamento para produzir muito fruto?

- Sem quebrantamento, não damos glória a Deus.
- Sem quebrantamento, o homem é louvado.
- Sem quebrantamento, os dons de Deus são desperdiçados.
- Sem quebrantamento, confiamos em nossa capacidade e força e perdemos o imenso poder do Espírito Santo operando por nosso intermédio.
- Sem quebrantamento, produzimos as obras da lei, não o fruto do Espírito.
- Sem quebrantamento, nosso ministério é edificado em torno de nós mesmos, em vez de em torno de Jesus.
- Sem quebrantamento, dividimos o corpo de Cristo por intermédio das rivalidades mesquinhas, da inveja e da exaltação do ego.
- Sem quebrantamento, tornamo-nos orgulhosos, amargos e ficamos desencorajados quando nos deparamos com os problemas.
- Sem quebrantamento, ficamos cegos para nosso orgulho e zelo espirituais.

No seminário, inscrevi-me para um ministério na prisão que exigia acordar bem cedo aos domingos e ir à cadeia da cidade a fim de ensinar a Bíblia para os internos. O capelão que estava no comando do ministério havia anos deu a cada membro da equipe o livro a partir do qual teríamos de ensinar em uma determinada seção da cadeia. Na segunda semana, decidi que "me sentia guiado pelo Senhor" a pregar, em vez de ensinar a lição designada pela Escola Dominical. Alguns dos internos informaram o capelão, e ele nos lembrou para ensinar a lição combinada. Comecei então a defender meu caso de "me sentir guiado" pelo Espírito Santo para cumprir meu ministério de pregação. Deus tinha me chamado a pregar. Expliquei que seria mais eficaz pregando que ensinando uma lição. Uma vez que o capelão não conseguia entender que o que eu sentia era um plano melhor para meu ministério, voltei para sua Escola Dominical trimestral, peguei minha Bíblia e fui para casa. Na época, achava realmente que estava certo e que o capelão simplesmente não tinha entendido a liderança do Espírito Santo. Meu orgulho espiritual e falta de quebrantamento tinham me deixado com pontos cegos de orgulho que eu não conseguia enxergar. Mas os outros conseguiam ver muito bem isso.

No processo contínuo de Deus de usar as provações de fé, os problemas e a Palavra de Deus, rememorei essa experiência para reconhecer a imaturidade espiritual e o orgulho da minha parte. Agora que já estive em posições de liderança, como a do capelão, vi-me no espelho de muitos membros de equipe que também têm sua própria agenda. A coisa sobre pontos cegos de orgulho espiritual é que os outros que estiveram ali antes os reconhecem, enquanto você mesmo não os reconhece. Assim, sem quebrantamento, a vontade autocentrada do "Grande Meu" pode estar em nossa pregação, ensinamento, canto, serviço e em todos os nossos relacionamentos. O triste é que nem mesmo o reconhecemos enquanto os outros o veem claramente.

A maioria de nós tem experiências similares em que tentamos servir o Senhor, mas manifestamos demais a vida de nosso "eu".

Isso aparece em todos os ministérios das nossas igrejas. Alguns cristãos jovens em seu zelo têm uma grande nova ideia que sentem ter sido dada pelo Senhor. Muitas dessas ideias vêm da nossa carne, do talento e do zelo naturais. Outras são verdadeiramente motivadas por Deus. A prova de humildade e quebrantamento aparece em duas áreas.

- Como respondemos a nossos líderes quando eles nos pedem para fazer algo diferente do nosso sonho e desejo pessoais.
- Como respondemos àqueles que não estão entusiasmados com a ideia de nos seguir em nossos planos gerados por nós mesmos.

Essa motivação egoísta também aparece em cristãos mais velhos quando as coisas não saem conforme o planejado ou quando há falta de apoio para os ministérios e ideias introduzidos por eles. Também aparece em cristãos maduros que ontem estavam caminhando com Deus, mas hoje tiram o foco dele e respondem a tudo de forma carnal.

Jesus lembrou os discípulos que eles não podiam ser como os gentios que buscavam grandiosidade, procurando sempre ser servidos. Jesus os ensinou a servir os outros e a tirar o foco deles mesmos. "Surgiu também uma discussão entre eles, acerca de qual deles era considerado o maior. Jesus lhes disse: 'Os reis das nações dominam sobre elas; e os que exercem autoridade sobre elas são chamados benfeitores. Mas, vocês não serão assim. Ao contrário, o maior entre vocês deverá ser como o mais jovem, e aquele que governa, como o que serve. Pois quem é maior: o que está à mesa, ou o que serve? Não é o que está à mesa? Mas eu estou entre vocês como quem serve' " (Lucas 22.24-27). Isso não é impressionante? A única pessoa em todo universo que merece todo louvor, glória, honra e serviço veio como servo. Em Marcos 10.45, ele diz: "Pois nem mesmo o Filho do homem veio para ser servido, mas para servir e dar a sua vida em resgate por muitos".

Um das provas de quebrantamento é o coração do servo no ministério. Os que buscam ser servidos, ser reconhecidos ou ser o centro das atenções não foram quebrantados em humildade. Quando somos quebrantados, não ligamos para quem leva o crédito. Não temos um programa pessoal. Só nos importamos com Jesus receber o louvor e a glória.

### *Tornando-se um servo*

- Você sente que tem a graça que Deus lhe deu para devolver a ele? Já chegou àquele ponto em que deposita seus dons, capacidades, sonhos, preocupações e paixões no altar de Deus e os entrega a ele?
- O estilo de vida do não quebrantado usa a linguagem cheia de "meu" e "minha", em vez da doce entrega do "seu". Quanto de sua vida de oração soa como: "Dê-me o que quero", em oposição a: "Não seja feita a minha vontade, mas a tua"? Só quando devolvemos a Deus o que ele nos deu é que as verdadeiras riquezas dele podem ser confiadas a nós.
- Quando saímos de um período de quebrantamento, nós o fazemos após ter aprendido lições valiosas de vida que Deus nos transmite. Você consegue se identificar com as seguintes declarações:
- Só recebemos as grandes missões de Deus quando somos quebrantados a fim de que não tiremos a glória de Deus.

- Sem quebrantamento, a coisa que desejamos possuir nos possui.
- É muito melhor não interpretar nossa vida por intermédio de nossos problemas, mas de nosso louvor ao Senhor.

### 3. O PROCESSO DE QUEBRANTAMENTO

Da mesma maneira que Deus fez Israel passar por uma série de provações para testá-los, fazê-los conhecer o próprio coração e, no fim, fazer-lhes o bem, Ana também passou por um processo semelhante para glorificar a Deus e edificar sua fé (Dt 8.2,3,16).

Ana não foi quebrantada por Penina nem por Satanás. Ela foi quebrantada por Deus. Os outros podem nos ferir e nos golpear, mas não podem quebrantar nosso espírito. Só Deus pode nos levar àquele ponto em que somos quebrantados diante dele.

O quebrantamento é uma obra profunda do Espírito de Deus em nossa vida. Há uma grande diferença entre a mágoa piedosa que vem do experimentar a disciplina dele e o tipo de mágoa que vem por causa da dor, da perda e da perseguição. Paulo contrapôs esses dois tipos de mágoa ao escrever: "A tristeza segundo Deus não produz remorso, mas sim um arrependimento que leva à salvação, e a tristeza segundo o mundo produz morte" (2Coríntios 7.10). Deus pode usar um coração quebrantado em um relacionamento desfeito ou em uma perda, mas essa tristeza não pode ser a que apenas se volta para o interior e não leva ao arrependimento. Muitos lamentam as consequências de seus pecados, mas não têm uma mágoa piedosa que leva ao arrependimento e à transformação por intermédio do Espírito de Deus. A mágoa sem quebrantamento pode levar à depressão, ao pesar ou à amargura.

Mas quando, em nosso quebrantamento, nós nos voltamos completamente para Deus, isso pode levar a uma abertura sobrenatural para uma nova dimensão de vida.

O quebrantamento traz com ele uma *indignação* contra nosso pecado, não tanto quanto aos pecados dos outros contra nós. Ele cria em nós o *desejo veemente* de ter um relacionamento mais próximo com Deus, e nosso foco não está em quem nos ofende. A *punição* falada aqui não é contra os outros, mas contra nosso próprio pecado, uma vez que estamos "prontos para punir todo ato de desobediência, uma vez estando completa a obediência de vocês" (2Coríntios 10.6).

O quebrantamento é o resultado da humildade de espírito diante da santidade de Deus. É a submissão voluntária ao senhorio e à soberania dele sobre nossa vida. É a graça de abandonar toda fé em nós mesmos. O quebrantamento é a argila se tornando maleável nas mãos do oleiro. O quebrantamento ouve as palavras de Jesus: " 'Bem-aventurados os pobres em espírito' " (Mateus 5.3).

## *O quebrantamento em Salmos*

O livro de Salmos, o hinário de adoração de Israel, faz muitas referências a estar quebrantado diante de Deus.

> *Faze-me ouvir de novo júbilo e alegria, e os ossos que esmagaste exultarão. [...] Os sacrifícios que agradam a Deus são um espírito quebrantado; um coração quebrantado e contrito, ó Deus, não desprezarás* (Salmos 51.8,17).

O contexto de Salmos 51 é muito relevante. Davi tinha pecado contra Deus ao cometer adultério com Bate-Seba e matar Urias.

Ele passou um ano com pesar, culpa e condenação. Quando Deus enviou o profeta Natã para repreendê-lo, dizendo: "Você é esse homem" (2Samuel 12.7); Davi foi posto face a face com seu pecado — e finalmente se arrependeu e voltou para Deus. Em Salmos 51.8, a expressão "os ossos que esmagaste" é uma figura de linguagem, indicando que todo o ser de Davi tinha sido humilhado pela culpa.

Phillip Keller fala que um pastor quebrava de vez em quando a perna da frente de uma ovelha desviada e, depois, consertava essa perna quebrada. A seguir, ele carregava a ovelha até a perna sarar. Uma vez que a ovelha extraviada estivesse curada sempre andaria ao lado do pastor.[29] Davi foi levado a perceber que Deus, na verdade, aceita aquele que vai diante dele com um espírito quebrantado e contrito.

> *O Senhor está perto dos que têm o coração quebrantado e salva os de espírito abatido. O justo passa por muitas adversidades, mas o Senhor o livra de todas* (Salmos 34.18,19).
>
> *Senhor, não me repreendas no teu furor nem me disciplines na tua ira. [...] Sinto-me muito fraco e totalmente esmagado; meu coração geme de angústia. [...] Meus inimigos, porém, são muitos e poderosos; é grande o número dos que me odeiam sem motivo* (Salmos 38.1,8,19).
>
> *Salva-me, ó Deus!, pois as águas subiram até o meu pescoço. Nas profundezas lamacentas eu me afundo; não tenho onde firmar os pés. Entrei em águas profundas; as correntezas me arrastam. Cansei-me de pedir socorro; minha garganta se abrasa. Meus olhos fraquejam de tanto esperar pelo meu Deus. Os que sem razão me odeiam são mais do que os fios de cabelo da minha cabeça; muitos*

[29] Keller, Phillip. *A Shepherd Looks at Psalm 23*. Grand Rapids, Zondervan Publishing Company, 1996.

*são os que me prejudicam sem motivo, muitos, os que procuram destruir-me. Sou forçado a devolver o que não roubei. [...] A zombaria partiu-me o coração; estou em desespero! Supliquei por socorro, nada recebi; por consoladores, e a ninguém encontrei. Puseram fel na minha comida e para matar-me a sede deram-me vinagre* (Salmos 69.1-4,20,21).

*Aleluia! Como é bom cantar louvores ao nosso Deus! Como é agradável e próprio louvá-lo! O Senhor edifica Jerusalém; ele reúne os exilados de Israel. Só ele cura os de coração quebrantado e cuida das suas feridas* (Salmos 147.1-3).

Esse tema continua do começo ao fim da vida dos profetas. Eis o registro de Jeremias:

*"Acerca dos profetas: Meu coração está partido dentro de mim; todos os meus ossos tremem. Sou como um bêbado, como um homem dominado pelo vinho, por causa do Senhor e de suas santas palavras. A terra está cheia de adúlteros, e por causa disso a terra chora e as pastagens do deserto estão secas. Seu modo de vida é perverso e o seu poder é ilegítimo. Tanto o profeta como o sacerdote são profanos; até no meu templo encontro as suas iniquidades", declara o Senhor* (Jeremias 23.9-11).

Você deve se lembrar de que o quebrantamento é uma obra do Espírito de Deus. Não é mágoa emocional pela perda de um carro, um anel, uma amizade ou qualquer outra coisa. Não está centrado no autolouvor e no embaraço decorrente da falta de aprovação dos homens. Não está centrado na autopiedade em relação à síndrome do: "Ai de mim", que o acomete quando as coisas não saem do seu jeito. Se o problema que estamos vivenciando não estiver centrado em torno da Palavra de Deus, então não é quebrantamento. Se nossa aflição é preocupação e autopiedade só para dizer às pessoas como as coisas estão ruins para nós ou como alguém nos feriu, então é centrada em nossas emoções e carne. O quebrantamento nos guia a Deus e sua Palavra. Quem é quebrantado pela vontade de Deus está na Palavra de Deus, orando sem cessar e amando as pessoas como nunca amou antes.

Quando Deus nos quebranta, o faz com frequência em uma ou mais das seguintes áreas:

- Temos de ser quebrantados quanto a nossos pecados.
- Temos de ser quebrantados quanto às coisas que partem o coração de Deus.
- Temos de ser quebrantados quanto aos perdidos.
- Temos de ser quebrantados quanto a nossa carne podre.
- Temos de ser quebrantados na presença da santidade de Deus.
- Temos de ser quebrantados quanto aos pecados da nossa nação.

É verdade que quando sentimos mágoa, pesar, tristeza e danos, Deus cuida de nós. E temos de consolar os que estão emocionalmente abatidos. No entanto, o quebrantamento vai além do simples encorajamento que podemos receber durante esses momentos difíceis. Somos quebrantados para nos transformar e nos preparar para a obra de Deus por nosso intermédio.

Em Lucas 7.36-50, há uma mulher que derrama um vidro de perfume de alabastro na presença de Jesus, chorando e lavando os pés dele com suas lágrimas. Ela foi quebrantada pelo amor de Cristo por ela e pela feiura de seus pecados. O aroma do perfume se espalhou pela sala, e Jesus ficou satisfeito com o que viu no coração partido dessa mulher. No entanto, um dos fariseus, chamado Simão, expressou seu grande desprazer, julgando Jesus por permitir que uma pecadora o tocasse. Simão raciocinou que se Jesus soubesse que tipo de mulher ela era jamais teria permitido isso. Mas Jesus, sabendo todas as coisas, recebeu o ato dela de adoração e de amor. Ele abençoou-a e disse: " 'Sua fé a salvou; vá em paz' ". Quando somos quebrantados e deixamos de lado nosso orgulho e autossuficiência, estamos livres para adorar Jesus em completo abandono. As "pessoas religiosas" nunca nos entenderão. Mas tenha esperança: elas também nunca entenderam Jesus!

Finalmente, sem um coração partido, não temos um ministério para pessoas magoadas e destruídas. Deus nos usa para consolar e encorajar os outros a confiar nele por meio do processo de quebrantamento.

## FAÇAMOS UMA REVISÃO

- Os outros podem nos ferir e nos golpear, mas não podem quebrar nosso espírito. Ana não foi quebrantada por Penina nem por Satanás. Ela foi quebrantada por Deus e confiou sua alma a ele.
- O quebrantamento é uma obra profunda do Espírito de Deus.
- O quebrantamento é o resultado da humildade de espírito diante da santidade de Deus. É a entrega voluntária ao senhorio e à soberania dele sobre nossa vida.
- O quebrantamento não é mágoa emocional quanto à perda de posses ou relacionamentos. O quebrantamento não é centrado no "eu", mas em Cristo.

## PESSOAS ORGULHOSAS E NÃO QUEBRANTADAS *VERSUS* PESSOAS QUEBRANTADAS

As seguintes listas[30] contrastam dois tipos de pessoas: as orgulhosas e não quebrantadas e as humildes e quebrantadas. Leias essas listas com atenção, pedindo ao Espírito de Deus para fazer brilhar sua luz da verdade em sua vida. Siga os incitamentos dele para se arrepender e confiar em Deus para quebrantá-lo e moldá-lo na pessoa que o Senhor deseja que você seja.

### *Pessoas orgulhosas e não quebrantadas*

- Focam o fracasso dos outros.
- São farisaicas, têm um espírito crítico que só encontra falhas nos outros, olham a própria vida/faltas com um telescópio, mas a dos outros com microscópio.
- Olham os outros de cima.
- São independentes e têm espírito autossuficiente.
- Mantêm o controle, pois as coisas têm de ser do jeito que desejam.
- Têm de provar que estão certas.
- Reivindicam direitos.
- Têm um espírito exigente.
- São protetoras do próprio tempo, direitos e reputação.

---

30 Desenvolvidas originalmente por Nancy Leigh DeMoss para uma apresentação no Campus Crusade for Christ, em Ft. Collins, Colorado.

- Desejam ser servidas.
- Desejam ter sucesso.
- Desejam o progresso pessoal.
- São guiadas para ser reconhecidas e apreciadas.
- Ficam admiradas quando os outros são promovidos. e elas são negligenciadas.
- Acham isto: "O ministério é privilegiado em me ter com eles!"
- Pensam no que podem fazer por Deus.
- Sentem-se confiantes em quanto sabem.
- Têm muita consciência de si mesmas e sentem-se constrangidas.
- Mantêm as pessoas à distância.
- São rápidas em culpar os outros.
- São inacessíveis.
- Ficam na defensiva quando são criticadas.
- São preocupadas com o que os outros pensam delas.
- Trabalham para manter a imagem e proteger a própria reputação.
- Acham difícil compartilhar suas necessidades espirituais com os outros.
- Querem ter certeza de que ninguém venha descobrir seus pecados.
- Têm dificuldade em dizer: "Eu estava errado. Você me perdoa?"
- Buscam apresentar apenas as generalidades quando confessam um pecado.

- São preocupadas com as consequências de seu pecado.
- Sentem remorso só quando são pegas no erro.
- Esperam que a outra parte venha e peça perdão em um conflito.
- Comparam-se com os outros e sentem que merecem honra.
- São cegas para a verdadeira condição de seu coração.
- Não acham que tenham do que se arrepender.
- Não acham que precisam de reavivamento (apesar de acharem que todos os outros precisem dele).

*As pessoas quebrantadas*

- São sobrecarregadas com sua própria necessidade espiritual.
- São compassivas com todas as pessoas, têm espírito perdoador e procuram o melhor nos outros.
- Estimam mais todos os outros que a si mesmas.
- Têm espírito dependente e reconhecem as necessidades do outro.
- Entregam o controle.
- Estão dispostas a ceder o direito de estar certas.
- Cedem os direitos.
- Têm um espírito doador.
- São abnegadas.
- São motivadas a servir os outros.

- Desejam ser fiéis para tornar os outros um sucesso.
- Desejam promover os outros.
- Têm um senso de desmerecimento, ficam entusiasmadas em ser usadas de alguma maneira; ficam ansiosas para que os outros levem o crédito.
- Regozijam-se quando os outros são exaltados.
- Pensam: "Não mereço servir nesse ministério!"
- Sabem que não têm nada a oferecer a Deus.
- São humildes quanto ao tanto que têm a aprender.
- Não se preocupam de maneira alguma com o ego.
- Arriscam-se a se aproximar dos outros; estão dispostas a assumir o risco de amar intimamente.
- Aceitam a responsabilidade pessoal, conseguem ver no que estão erradas.
- São pessoas que não se fazem de rogada quando solicitadas.
- Recebem crítica com humildade, de coração aberto.
- Preocupam-se em ser verdadeiras.
- Sabem que tudo que importa é o que Deus sabe.
- Estão mortas para sua própria reputação.
- Estão dispostas a ser transparentes com os outros.
- Estão dispostas a ser expostas, sabem que uma vez que são quebrantadas, não há nada a perder.
- São rápidas em admitir as próprias falhas e a buscar perdão.
- Lidam de forma específica quando confessam seu pecado.

- Lamentam a raiz de seu pecado.
- Ficam arrependidas quanto ao pecado e o abandonam.
- Tomam a iniciativa de ser reconciliados; chegam lá primeiro.
- Comparam-se com a santidade de Deus e ficam desesperadas para obter a misericórdia do Senhor.
- Caminham na luz.
- Têm uma atitude de coração contínua em direção ao arrependimento.
- Sentem necessidade contínua de um encontro renovado com o Deus vivo.

# Teste cinco: quebrantamento

## parte 2

*Eu o dedicarei ao Senhor por todos os dias de sua vida* (1Samuel 1.11).

### O QUINTO TESTE DE FÉ

O quinto teste de fé nos diz mais uma vez:

> ***Deus nos quebrantará a fim de nos moldar; seu objetivo supremo é nos moldar a fim de nos conformar à imagem de Cristo. Será que confiaremos nele e aprenderemos as lições que tem para nós?***

Deus trouxe Ana ao ponto exato em que queria que ela estivesse. Ela foi confrontada com a questão: "A quem meu ventre e o fruto do meu ventre pertencem: a Deus ou a mim?"

No capítulo anterior, cobrimos O propósito do quebrantamento, A prova do quebrantamento e O processo de quebrantamento. Agora passamos para o quarto ponto: O padrão de quebrantamento.

## 4. O PADRÃO DE QUEBRANTAMENTO

A oração de Ana para Deus se segue a anos de aflição. Todos os anos, ela ia à casa do Senhor e, todos os anos, voltava de mãos vazias. Ela era provocada por Penina, por Satanás e por sua própria batalha perdida contra sua carne e desencorajamento. O processo da provação de fé de Deus foi longo — mas tinha um propósito.

### *Um cântico que todos nós podemos entoar*

O que Ana não entendia ainda era o ponto de vista do céu de seu quebrantamento. Ela não entendia como sua vida estava ligada a todas as outras mulheres escolhidas por Deus que lutavam com a esterilidade. Ana, como Sara, Lia, Raquel, Rebeca e outras mulheres de fé, não entendia totalmente o que Deus estava fazendo por meio de suas provações. Por isso, algumas coisas são mais bem entendidas depois do fato.[31] Ela ainda não tinha entendido que Deus a escolhera para demonstrar seu poder sobrenatural, para dar esperança a todos que anseiam pela frutificação natural.

Confiar em Deus enquanto sofre em silêncio é uma das formas mais sonoras de louvar a Deus. O sofrimento de Ana trouxe um cântico que refletiu a profundidade da intimidade com Deus que tinha se desenvolvido ao longo dos anos de sofrimento. O cântico de louvor de Ana reflete alguns dos maiores princípios de graça e do caminho de Deus em toda a Escritura. Ela começa seu cântico com um entendimento maior de Deus. "Não há ninguém

[31] Foi John Flavel quem disse: "Algumas providências de Deus, como as cartas aos Hebreus, são mais bem entendidas retroativamente".

santo como o Senhor; não há outro além de ti; não há rocha alguma como o nosso Deus" (1Samuel 2.2). Foi por intermédio do processo de aguentar fielmente as provações de fé que Ana passou a entender melhor a Deus. Ela via-o como santo... diferente de qualquer outro... como uma rocha da qual podia depender todos os dias de sua vida. A parte do meio do cântico declara a vitória de Deus sobre o perverso. Também fala de uma das maiores lições que Ana aprendeu: "Pois não é pela força que o homem prevalece" (1Samuel 2.9). Ela aprendeu que o caminho de vitória de Deus é por meio da total dependência dele, não por nossa própria força. Ela termina seu cântico de louvor com uma profecia da vinda do Rei e de Cristo, o Senhor Jesus mesmo: "Ele dará poder a seu rei e exaltará a força do seu ungido" (1Samuel 2.10).

Ana não foi a única na Escritura a aprender a depender de Deus por meio do sofrimento.

- Abraão e Sara receberam a clara promessa de que Deus levantaria a semente escolhida por intermédio do ventre fechado de Sara. O principal teste de Abraão e Sara foi a paciência.
- A esposa de Manoá recebeu uma promessa clara e instruções específicas em relação a Sansão, que nasceria de seu ventre estéril.[32] Deus não demorou para reverter sua esterelidade.
- Jacó não sabia quando clamou: "Tudo está contra mim!" (Gn 42.36), que, do ponto de vista do céu, Deus estava operando todas as coisas, em sua aparente perda de José, para o bem de José.[33]

---

32 Juízes 13.

33 Gênesis 43—44; cf. Gênesis 50.20.

- Jó sofreu em silêncio, sem saber das discussões de Deus com Satanás a respeito de seu servo Jó. Este não sabia que Deus estava escrevendo um livro sobre Jó para, um dia, abençoar milhões de seus filhos.[34]
- O extraordinário cântico de confiança no Senhor feito por Davi não veio em dias fáceis. Veio quando ele estava fugindo de Saul para salvar sua vida, quando seus amigos o entenderam de forma equivocada e quando ele se desesperou da própria vida. Ele, por meio de seus sofrimentos, aproximou-se do coração de Deus. Ana, de forma semelhante, foi levada a uma comunhão mais profunda com Deus por intermédio de seus sofrimentos.
- Na verdade, Jesus mesmo, embora sendo Filho de Deus e de caráter imaculado, "aprendeu a obedecer por meio daquilo que sofreu".[35] Algumas lições só são aprendidas no cadinho do sofrimento.

A maneira de Deus lidar com Ana nos fornece novas lições de fé. Ele não lhe explicou seu propósito, mas deu-lhe sua aflição por um filho. Ana, no quebrantamento sem mais nenhuma força dela mesma, entregou seu futuro ao propósito desconhecido de Deus. Ela confiou no Senhor com aquilo que não era visível nem ouvido, aquilo que era desconhecido, sabendo apenas que Deus é Deus e que ela era sua filha.

## *A oração de Ana e sua provação de fé*

Não restou nenhuma força em Ana à qual se agarrar. Seu sonho de ter um filho alcançou o ponto de quebrantamento em que

---

[34] Jó 1.

[35] Hebreus 5.8.

ela estava disposta a entregar seu sonho de um filho a Deus. Ela estava disposta a entregar seu futuro a Deus para os propósitos dele. Ela seria fortalecida em sua fraqueza:

- Ela entregou seu ponto de tropeço, sua fragilidade, ao poder de Deus (1Samuel 2.4).
- Ela abriu a boca faminta e deixou Deus alimentá-la (1Samuel 2.5).
- Ela entregou seu desejo de ter um filho e viu Deus lhe dar um conjunto completo de filhos em sua vida (1Samuel 2.5).
- Ela foi derrubada para ser levantada por Deus (1Samuel 2.6).
- Ela, na pobreza, só ficaria contente quando Deus a fizesse rica (1Samuel 2.7).
- Ela se sentou com os pobres e os necessitados sobre o monte de lixo, carregando a vergonha de sua esterilidade, antes de ser exaltada por Deus para se sentar com os príncipes (1Samuel 2.8).

Ela foi deixada estéril, foi golpeada, estava aflita e agora quebrantada — mas ela também estava no despontar das bênçãos sobrenaturais de Deus. No quebrantamento, ela recebeu da boca de Eli uma promessa de Deus que mudaria para sempre sua vida: " 'Vá em paz, e que o Deus de Israel lhe conceda o que você pediu' " (1Samuel 1.17). Com essa palavra, ela saiu de sua condição de quebrada e creu. Naquele momento, ela confiou naquela palavra como uma promessa pessoal de Deus e cessou seu próprio trabalho para entrar no descanso de Deus.[36]

[36] Hebreus 4.9,10.

### Entenda o contraste entre Penina e Ana

Agora examinemos a oração de Ana de uma perspectiva diferente. Deus permitiu que Penina fosse um catalisador para o quebrantamento de Ana e para sua entrega total a Deus.

- Enquanto Penina provocava, Ana se irritava.
- Enquanto Penina era fértil, Ana era estéril.
- Enquanto Penina se vangloriava sem parar de sua fertilidade, Ana chorava.
- Enquanto Penina tinha uma arma poderosa para a batalha, Ana tropeçava.
- Enquanto Penina se enchia ao festejar na casa do Senhor, Ana jejuava.
- Enquanto Penina podia gerar filhos, Ana estava estéril.
- Enquanto Penina era exaltada, Ana era humilhada.
- Enquanto Penina era rica, Ana era empobrecida.
- Enquanto Penina parecia receber filhos sem clamar a Deus, Ana estava reduzida a estender as mãos para Deus todos os dias como uma pedinte.
- Enquanto Penina se vangloriava na luz, Ana se sentava em silêncio diante de Deus na escuridão.

### Nossa fé caminha com Deus

Não fazemos uma boa aplicação da comparação e contraste entre Penina e Ana se não percebermos que essa comparação também se aplica a nossa caminhada com Deus. Somos, como Ana, espiritualmente estéreis e não podemos produzir fruto espiritual.

Houve um tempo em que o apóstolo Paulo foi arrebatado para o céu e lhe mostraram coisas que nenhum ser humano jamais imaginou ver. Mas observe o que aconteceu com ele depois dessa visão:

> *Para impedir que eu me exaltasse por causa da grandeza dessas revelações, foi-me dado um espinho na carne, um mensageiro de Satanás, para me atormentar. Três vezes roguei ao Senhor que o tirasse de mim. Mas ele me disse: "Minha graça é suficiente para você, pois o* meu poder se aperfeiçoa na fraqueza". *Portanto, eu me gloriarei ainda mais alegremente em minhas fraquezas,* para que o poder de Cristo repouse em mim. *Por isso, por amor de Cristo, regozijo-me nas fraquezas, nos insultos, nas necessidades, nas perseguições, nas angústias.* Pois, quando sou fraco é que sou forte (2Coríntios 12.7-10).

Ana entoou: "Pois não é pela força que o homem prevalece". Paulo entendeu esse mesmo princípio quando disse: "Pois, quando sou fraco é que sou forte". Chamo isso de o paradoxal "segredo da frutificação" não porque é um segredo, mas porque é exatamente o oposto de como servimos a Deus na religião. Essa é uma lição difícil de aprender. A vida cristã não consiste das grandes coisas que fazemos por Deus, mas do que ele faz por nosso intermédio por meio do Espírito Santo. Paulo clama a nós para que sigamos sua caminhada com Deus como um padrão e o sigamos.

Se Paulo visitasse muitas de nossas igrejas modernas, ficaria triste ao ver tantos cristãos se vangloriarem de como são frutíferos, quando esse fruto é mais o resultado da religião que o fruto do Espírito. Lembre-se das palavras de Jesus para a igreja da Laodiceia:

*Conheço as suas obras, sei que você não é frio nem quente. Melhor seria que você fosse frio ou quente! Assim, porque você é morno, não é frio nem quente, estou a ponto de vomitá-lo da minha boca. Você diz: "Estou rico, adquiri riquezas e não preciso de nada". Não reconhece, porém, que é miserável, digno de compaixão, pobre, cego, e que está nu. Dou-lhe este conselho: Compre de mim ouro refinado no fogo, e você se tornará rico; compre roupas brancas e vista-se para cobrir a sua vergonhosa nudez; e compre colírio para ungir os seus olhos e poder enxergar. Repreendo e disciplino aqueles que eu amo. Por isso, seja diligente e arrependa-se* (Apocalipse 3.15-19).

## ALGUMAS QUESTÕES

- Você luta para entender os propósitos de Deus em suas provações?
- Quando não conhece o propósito de uma longa provação, é fácil começar a questionar Deus. Você já fez isso?
- Você confiaria nele em meio à provação — e continuaria a aprender as lições que ele tem para você?

## 5. O PRINCÍPIO DO QUEBRANTAMENTO

Você já disse: "Não mereço isso"? Talvez fosse ser despedido de um emprego, perder uma promoção, ser vítima de roubo ou várias outras provações. Dizemos: "Quero JUSTIÇA!" Mas será que você a quer de fato?

A ÚLTIMA coisa que queremos é justiça. Porque se Deus fosse nos dar o que realmente merecemos, ele nos mandaria para o inferno... agora mesmo. É isso que merecemos. Não, não queremos justiça. Precisamos de *graça*.

Conhecemos o princípio de que "nada de bom habita em mim".[37] Somos totalmente incapazes de agradar a Deus em nossa carne. Por isso, temos de ser enchidos com o Espírito e caminhar a todo momento no poder dele.[38] Mas não é fácil chegar a esse ponto de convencimento quanto a nossa natureza. Por isso, Deus tem de nos quebrantar... para nos ensinar a ser totalmente dependentes dele.

## *A batalha de Davi com sua carne*

Davi, o homem segundo o coração de Deus, teve seus períodos de caminhada com Deus e demonstração de misericórdia e graça. Ele batalhava constantemente com Saul. Quando Saul tentou matá-lo, Davi virou seu rosto para Deus e viu o sorriso prazeroso de Deus com sua vida. Ele focou de novo Deus e sua graça e, por isso, conseguiu ele mesmo sorrir. Mas por meio dessas provações, Deus usou Saul na vida de Davi a fim de prepará-lo para seu ministério como pastor de Israel.

Todavia, Davi, após a morte de Saul, logo viria a descobrir que seu maior problema não era Saul, mas sua própria carne. Davi, sem Saul caçando-o todos os dias, não ficou tão alerta para seu maior inimigo, sua própria carne. Ele baixou sua guarda espiritual. Estando à vontade em Sião, ele logo ficou mais parecido com Saul.

---

37 Romanos 7.18.

38 Efésios 5.18; Gálatas 5.16-25.

A carne de Davi não era nem um pouco diferente da carne de Saul. Ele, contra a ordem de Deus, tomou várias esposas. Entregou-se, com orgulho e autoconfiança, à tentação de Satanás de fazer o censo de Israel a fim de conhecer a força potencial de seu exército, em vez de confiar em Deus. Ele cometeu adultério com Bate-Seba e roubou a esposa de outro homem. Olhando no espelho de sua alma, sua carne parecia igualzinha à de Saul. Ele matou Urias para esconder seu pecado. Em Salmos, ele pede a Deus para julgar Saul por tentar tirar sua vida. Agora ele tem de pedir misericórdia a Deus por ter tirado a vida de Urias. "Tem misericórdia de mim, ó Deus, por teu amor; por tua grande compaixão apaga as minhas transgressões" (Salmos 51.1). Davi precisava de graça.

Se for para Deus nos usar no ministério, também temos de aprender essa verdade. Devemos olhar as pessoas e dizer: "Se Deus me salvou, então ele também pode salvá-las". Uma das lições que os cristãos têm mais dificuldade em aprender é que nossa carne, depois da salvação, é tão podre quanto era antes da salvação. Deus nos deu um novo coração, mas não mudou nossa carne. Por isso, todos os dias temos de morrer para o "eu". Talvez seja chocante para você perceber essa importante verdade: cada bocadinho de você é tão capaz de pecar quanto o pior dos pecadores. Você acha que o rei Davi chegou sequer a pensar que se tornaria um assassino como Saul? Mas ele se tornou!

Estudei e preguei a vida de Davi por quase um ano. Enquanto me preparava para ensinar uma seção, passava a entender com mais profundidade a atitude de quebrantamento na vida do cristão. O contexto, conforme expresso em Salmos 51, foi depois de Davi ter verdadeiramente se arrependido e ser quebrantado a respeito de seu pecado com Bate-Seba e Urias. A repreensão amorosa de Deus deixou Davi humilde e o trouxe ao ponto em que Deus o queria. Parte da repreensão de Deus incluía Absalão, o filho de Davi, tirá-lo do trono de Israel. Quando Davi e seus homens leais estavam deixando Jerusalém, um descendente de Saul, chamado Simei, tirou vantagem do momento e amaldiçoou Davi.

> *Chegando o rei Davi a Baurim, um homem do clã da família de Saul chamado Simei, filho de Gera, saiu da cidade proferindo maldições contra ele. Ele atirava pedras em Davi e em todos os conselheiros do rei, embora todo o exército e a guarda de elite estivessem à direita e à esquerda de Davi. Enquanto amaldiçoava, Simei dizia:* "Saia daqui, saia daqui! Assassino! Bandido! O SENHOR retribuiu a você todo o sangue derramado na família de Saul, *em cujo lugar você reinou. O SENHOR entregou o reino nas mãos de seu filho Absalão. Você está arruinado porque é um assassino!"*
>
> *Então Abisai, filho de Zeruia, disse ao rei: "Por que esse cão morto amaldiçoa o rei, meu senhor? Permite que eu lhe corte a cabeça".*
>
> *Mas o rei disse: "Que é que vocês têm com isso, filhos de Zeruia? Ele me amaldiçoa porque o SENHOR lhe disse que amaldiçoasse Davi. Portanto, quem poderá questioná-lo?"*
>
> *Disse então Davi a Abisai e a todos os seus conselheiros: "Até meu filho, sangue do meu sangue , procura matar-me. Quanto mais este benjamita! Deixem-no em paz! Que amaldiçoe, pois foi o SENHOR que mandou fazer isso. Talvez o SENHOR considere a minha aflição e me retribua com o bem a maldição que hoje recebo". Assim, Davi e os seus soldados prosseguiram pela estrada, enquanto Simei ia pela encosta do monte, no lado oposto, amaldiçoando e jogando pedras e terra. O rei e todo o povo que estava com ele chegaram exaustos a seu destino. E lá descansaram (2Samuel 16.5-14).*

Observe a atitude e o espírito quebrantado de Davi:

- Davi impediu seus soldados de matar Simei.

- Davi não tentou debater nem se defender contra as mentiras de Simei.
- Davi olhou para além da maldição e esperava uma bênção de Deus.
- Davi viu Simei como parte do processo de Deus para repreendê-lo e restaurá-lo.
- Davi aguentou com humildade a maldição, as pedras, a sujeira e a humilhação diante de seus homens.

O que realmente me tocou foi a humildade de Davi em face da acusação de Simei. "Saia daqui, saia daqui! Assassino! Bandido! O SENHOR retribuiu a você todo o sangue derramado na família de Saul". Havia muitas coisas das quais Simei podia acusar Davi que seriam verdade — mas ele escolheu a área da vida de Davi em que este era mais sensível a Deus. Davi foi fiel ao deixar Saul nas mãos de Deus. Saul tinha ferido Davi de centenas de maneiras distintas, mas Davi não tinha pecado contra Saul. Nem mesmo quando Davi teria motivos para matar Saul para salvar a própria vida, ele não tocou em Saul, mas deixou-o nas mãos de Deus, para que o Senhor agisse no seu próprio tempo. Davi foi acusado de um ato do qual que era inocente. Davi, a despeito da provação, esperou fielmente que Deus o exaltasse ao trono que tinha sido ocupado por Saul.

Simei acusou falsamente Davi. Mas este sabia que era secretamente culpado de um pecado maior. Era de fato um homem cujas as mãos estavam banhadas em sangue. Não foi o sangue de Saul que ele derramou, mas o de Urias, e matou-o para esconder seu adultério. Davi sabia disso, e Deus também, é claro. Davi era culpado de pecados muito maiores do que Simei poderia imaginar.

Quando Natã, em 2Samuel 12, confrontou Davi sobre seu pecado, ele contou a história de um homem rico que tinha tirado uma ovelha de um homem pobre. Davi ficou imediatamente com raiva dessa injustiça... até Natã apontar: "Você é esse homem".[39] Sem quebrantamento, julgamos os pecados dos outros. Natã falava de nós: "Vocês são esse homem". Quando lemos as Escrituras, temos de nos ver nas histórias que lemos. Temos de nos ver em Adão e em Cristo, observando o contraste da antiga natureza de pecado com a nova natureza que temos em Cristo.

## *Meu desafio de fé*

Mais de trinta anos atrás, passei por uma profunda provação de fé e enfrentei a correção do Senhor. Sentia que era inocente, mas injustiçado. Foi essa passagem de 2Samuel 16 que Deus usou para me dar maior entendimento de como queria que eu respondesse. Embora tenha sido necessária toda minha força, não revidei nem me defendi. Conforme Pedro ordenou: "Por isso mesmo, aqueles que sofrem de acordo com a vontade de Deus devem confiar sua vida ao seu fiel Criador e praticar o bem" (1Pedro 4.19).

Naquele momento, Deus me deixou ver meu acusador de forma distinta e aprendi que não importava do que era acusado, pois sou um pecador contumaz e mais culpado do que todas as falhas das quais já fui acusado. Tenho de aprender a me lembrar que, embora os fatos de que sou acusado possam não ser verdade, ainda assim sou culpado. Devia dizer a mim mesmo: "Ele, com certeza, pegou os fatos errados, e não sou culpado disso. Mas ele não conhece um décimo de minhas falhas e pecados".

[39] 2Samuel 12.5-7.

Por exemplo, suponha que sou acusado de mentir sobre um determinado assunto. Os fatos do acusador talvez estejam completamente equivocados e tenho certeza de não ter mentido. Mas uma coisa é certa. Deus e eu sabemos que menti no passado. Minha primeira resposta seria agradecer a Deus por seu perdão e misericórdia. Preciso me lembrar que se acho que estou de pé hoje, então talvez eu caia amanhã.

Cada um de nós tem imensa capacidade de pecar. Você já mentiu? Nunca teve pensamentos impuros? Já criticou alguém no passado? Eu também. E temos de ir a Deus em completa dependência dele. À parte dele, somos impotentes para responder corretamente às situações com as quais nos defrontamos na vida. As respostas piedosas precisam do poder de Deus.

Desde essa época aprendi a levar as acusações dos inimigos para Deus. "Deus, o Senhor sabe que não sou culpado dessa intriga, mas hoje me humilho diante do Senhor e admito que no passado fui culpado de coisas muito piores. Sei que na minha carne não habita nada de bom. Existem muitos pecados secretos que o Senhor perdoou e cobriu para que ninguém os conhecesse. Hoje, estou procurando-o para que me impeça de tropeçar e de cair naquilo de que sou acusado. Seria fácil ter pecado da maneira que me acusam. Sei que na minha carne sou capaz de pecar praticando o que fui falsamente acusado de fazer. Sei que nada de bom habita em minha carne e, se não fosse por sua graça diária, poderia cair amanhã. Senhor pegue essa maldição e a transforme em uma bênção. Também oro por meu acusador, para que o Senhor tenha misericórdia dele, pois o Senhor morreu por ele. Se o Senhor salvou a mim, um dos maiores pecadores, então também pode salvá-lo".

### *Saiba quem é seu inimigo*

A maioria dos cristãos ainda não entendeu que quando olha para seu inimigo, Deus está lhes dando uma desagradável visão de si mesmos. Toda demonstração de pecado na vida dos personagens bíblicos é evidência do que somos potencialmente capazes de fazer. Temos de chegar até o ponto em que ficamos mais desgostosos com nossa carne que com qualquer um de nossos acusadores. Se não chegarmos a esse ponto, sempre nos veremos como vítimas, em vez de como vitoriosos. Só por intermédio da obra esclarecedora do Espírito de Deus que conseguimos chegar ao ponto de quebrantamento.

Abra sua Bíblia e sente-se mais uma vez na cruz e lembre os sofrimentos de Jesus por você. Foi na cruz que fomos lembrados: "Deus [Pai] tornou pecado por nós aquele [Deus Filho] que não tinha pecado, para que nele nos tornássemos justiça de Deus" (2Coríntios 5.21; explicações do autor). Quando você ouve as próprias palavras de Cristo em relação a você, é levado ao quebrantamento.

O que alguém pode lhe fazer que você já não tenha feito cem vezes mais para Cristo? Entender o pecado e a vergonha que Jesus carregou por você na cruz é a chave para o quebrantamento. Lembro-me com frequência de meu grande pecado à medida que me vejo na face daqueles que crucificaram Cristo. Tenho de me ver no rosto de todos os pecadores daquele dia e sentir raiva, não contra os pecadores, mas contra mim mesmo até meu quebrantamento, e só assim consigo sentir a compaixão de Cristo por aqueles que o crucificaram. As palavras de Cristo: "Pai, perdoa-lhes" ecoam em meu coração por todos os pecadores; assim, não entendo totalmente nem minha posição em Adão, não tendo nenhuma justiça, nem minha nova posição em Cristo, tendo a mesma justiça de Deus imputada a mim pela fé em Cristo.

Olhei nos olhos de pecador e vi que eu também poderia ter negado o meu Senhor. Fui aquecido pelo fogo naquela noite fria e disse: "Não conheço esse homem!". Confabulei com os fariseus para matar Cristo. Vejo-me no rosto daqueles que cobriram o rosto dele. Bati nele com meu punho e disse: "Profetize-nos Cristo. Quem foi que lhe bateu?". Vi-me pressionando a coroa de espinhos em sua cabeça e, depois, batendo nele com o junco e zombando: "Salve, rei dos judeus!" Vi-me em Pilatos, escolhendo a correção política, em vez da justiça, e sentenciando Jesus a ser crucificado. Lavei minhas mãos ensanguentadas por minha participação na morte de Cristo da mesma maneira que Pilatos as lavou, e minhas palavras: "Estou inocente do sangue deste homem", representam a mentira mais tenebrosa. Não só gritei: "Crucifica-o" diante de Pilatos; mas também segurei o chicote em minha mão e chicoteei a carne de suas costas.

Na cruz, tornei-me o principal ofensor, o mais vil dos pecadores e o pior dos zombadores de Cristo. Peguei o martelo e os pregos e trespassei suas mãos e pés. Cuspi nele, amaldiçoei-o e zombei dele. Não fiquei apenas assistindo ele morrer, ajudei a crucificá-lo e sou culpado por crucificar o inocente.

Precisamos ver mais que os pecados que cometemos. Temos de ver a natureza pecaminosa em nossa carne. Quando Cristo me salvou, não era apenas um menininho inocente do quarto ano por quem ele morreu. Agora me vejo no rosto daqueles que crucificaram o Senhor, e isso me deu uma perspectiva diferente em relação ao que os outros fazem ou falam de mim. Eu era um daqueles cachorros cruéis que rondavam Jesus na cruz.[40]

---

[40] Salmos 22.16.

Só quando você despreza sua própria carne mais do que despreza seus inimigos é que permite que Deus o quebrante. Olhe seu adversário com orgulho e sem quebrantamento e, no fim, você acaba ficando como essa pessoa. Só quando morremos para nossa carne, a vida de Cristo se manifesta por nosso intermédio.

### *Nada de bom*

Olhe seu adversário com humildade e clame a Deus por ajuda. "Senhor, sei que as coisas boas não habitam em minha carne. Tudo que desprezo em meus inimigos está potencialmente em minha carne ímpia. O Senhor disse que aquele que acha que está de pé deve prestar atenção para não cair. O Senhor permitiu que eu visse em meu inimigo o que posso me tornar amanhã caso não habite diariamente no Senhor. Deus, não quero ser conhecido como aquele que é amargo, mas como aquele que melhorou porque passei por seu fogo refinador.

A postura: "Vou, mas pela graça de Deus" deve ser nossa resposta para a vida de todos os personagens bíblicos que Deus registrou para nós.

Conforme lê a Bíblia, você deve olhar além do contexto imediato a fim de encontrar os princípios universais de Deus que se aplicam a todos nós. A descoberta desses princípios de vida fornece ainda mais entendimento e aplicação. Um dos filtros que gosto de usar é o duas posições que todo cristão atravessa: "Antes em Adão, mas agora em Cristo". Vários anos atrás, escrevi um poema contrastando minha posição anterior em Adão com minha posição atual em Jesus Cristo. O poema intitulado *Vendo o primeiro e o último Adão* foi incluído como Apêndice 1 por ser muito extenso. No entanto, seria muito benéfico para você abrir o apêndice e lê-lo agora. Lembre-se que todo pecado e falha revelada nas pessoas da Escritura também estão potencialmente em nós. Quando julgamos o pecado do outro, acabamos por nos lembrar que podemos cometer o mesmo pecado amanhã.

Ouvia, quando era um jovem cristão, alguns membros da igreja demonstrarem choque quando os outros cometiam determinados pecados. E me perguntava como um membro da igreja podia cair nesse pecado. Achava que havia alguns pecados aos quais jamais sucumbiria. Mais tarde em minha caminhada com Deus, descobri que quanto mais me aproximo de Jesus, mais pecador me torno aos meus próprios olhos. Não que cometa de fato mais pecados. Antes, fiquei mais sensível à profunda depravação que sempre esteve em minha carne. O fato de minha luta não ter conseguido vencer batalhas menores com a carne me provou que não conseguiria derrotar minha carne por meio do poder ou de solução religiosa. Foi depois de ser derrotado uma vez após a outra por minha carne que vi a verdade bíblica de que não podemos derrotar a carne. Temos de morrer todos os dias para a vida de nosso "eu". Com isso, passamos a nos identificar com o clamor de Paulo: "Miserável homem que eu sou! Quem me libertará do corpo sujeito a esta morte?" (Romanos 7.24).

Claro que a reposta é: não eu! Conforme Paulo prossegue e diz nesse capítulo: "Graças a Deus por Jesus Cristo, nosso Senhor" (Romanos 7.25). Só pelo poder do evangelho e da obra do Salvador por meio da capacitação do Espírito Santo que conseguimos ver vitória.

Quando Paulo disse que era "o pior" dos pecadores, ele ficou face a face com a total depravação da carne. Quando ele escreveu: "Não há nenhum justo, nem um sequer", o apóstolo entendeu a inegável santidade de Deus.

Você percebe estas duas verdades: a absoluta depravação da carne e a inegável santidade de Deus? Ver essa verdade dupla traz humildade e quebrantamento para nossa vida. Em geral, aqueles que veem a santidade de Deus são os primeiros a desprezar sua própria carne e pecado enquanto sentem misericórdia e compaixão pelos pecados dos outros. Sem quebrantamento, passamos a ser mais julgadores de alguns, perdoando algum comportamento pecaminoso de uns enquanto condenamos o comportamento pecaminoso de outros.

Tiago e João, dois dos discípulos mais próximos de Jesus, pediram permissão para chamar fogo do céu e consumir determinadas pessoas porque elas não receberam a mensagem de Jesus. Este repreendeu-os dizendo: " 'Vocês não sabem de que espécie de espírito vocês são' ".[41] É possível experimentar a graça e a salvação de Jesus e até mesmo caminhar diariamente com ele, e um dia despertar com pensamentos julgadores oriundos da carne.

Sem quebrantamento, pregamos para as pessoas de um púlpito elevado, em vez de nos sentarmos com elas a fim de compartilhar — um pedinte com o outro — que descobrimos "o pão da vida". Sem quebrantamento, tornamo-nos farisaicos na relação com a lei — observando-a externamente, mas sem jamais lidar com nossa pecaminosidade interna.

## *Um hino que transmite verdade*

Robert Robinson (1735-1790),[42] criado em Londres, levou uma vida rebelde, envolvido na versão de gangues do século XVIII.

---

[41] Lucas 9.51-56.

[42] Osbeck, K. W. (1990). *Amazing Grade: 366 Inspiring Hymn Stories for Daily Devotions* (343). Grand Rapids, Mich.: Kregel Publications.

Aos 17 anos, ele ouviu o evangelista George Whitefield pregar. Robinson tinha ido à reunião com a intenção de "zombar daqueles pobres e iludidos metodistas" e terminou professando fé em Cristo como seu Salvador.

Deus, logo depois de sua conversão, chamou-o a pregar o evangelho. Ele se tornou pastor de uma grande igreja batista em Cambridge, Inglaterra. Robinson passou a ser conhecido por ser um pastor e estudioso fiel. Mas ele ficou mais famoso pelos hinos que escreveu, incluindo estas palavras escritas quando tinha apenas 23 anos.

Manancial de toda bênção,
Vem o canto inspirar!
Dons de Deus que nunca cessam,
Quero em alto som louvar.
Faz brotar-me novo canto
Dos remidos lá na luz;
E Teu servo, faze-o santo,
Pra louvar-Te, ó Jesus!

Meus louvores dar eu quero,
Pois Jesus me socorreu,
E por Sua graça espero
Transportar-me para o Céu.
Eu, perdido, procurou-me,
Longe, longe, já sem luz;
Maculado, resgatou-me,
Com o Seu sangue, meu Jesus.

Cada dia, cada hora,
Sou à graça devedor;
Não me lances nunca fora,
Confiarei em Teu amor.

Eis minh'alma vacilante,
Faze-a firme em Teu amor;
Faz-me justo, bom, constante,
Para sempre, ó Senhor.

Gostaria que você observasse os últimos versos por um momento. Você consegue sentir a luta emocional que Robinson teve? Cada um de nós enfrenta a mesma coisa. Às vezes estamos *propensos a adorar — Senhor, sinto isso — propensos a servir o Deus que amo*. Outras vezes, estamos *propensos a errar — Senhor, sinto isso — propenso a deixar o Deus que amo*.

Esta é a batalha diária que enfrentamos: caminhar pela carne... ou caminhar pelo Espírito. Em qual você está hoje?

## QUESTÕES A CONSIDERAR

- De que maneiras você luta com sua carne?
- Com Deus produz vitória em sua vida? (Veja Romanos 8.37; 1Coríntios 15.18.)
- Pegue as palavras do hino *Manancial de toda bênção* e as transforme em uma oração para Deus, pedindo-lhe força espiritual para caminhar todos os dias pelo Espírito.

# Teste cinco: quebrantamento
## parte 3

*Então eu o dedicarei ao* SENHOR *por todos os dias de sua vida* (1Samuel 1.11).

### O QUINTO TESTE DE FÉ

Enquanto examinamos mais uma vez o quinto teste de fé, somos lembrados:

> Deus nos quebrantará a fim de nos moldar; seu objetivo supremo é nos moldar a fim de nos conformar à imagem de Cristo. Será que confiaremos nele e aprenderemos as lições que tem para nós?

Deus trouxe Ana ao ponto exato em que queria que ela estivesse. Ela foi confrontada com a questão: "A quem meu ventre e o fruto de meu ventre pertencem: a Deus ou a mim?"

Nesse terceiro e último capítulo dedicado ao quebrantamento, examinaremos duas importantes verdades.

## 6. O SOFRIMENTO ORIUNDO PELO QUEBRANTAMENTO

> *E [ela], com a* alma amargurada, chorou muito *e orou ao* SENHOR. *E fez um voto, dizendo: "Ó* SENHOR *dos Exércitos, se tu deres atenção à humilhação de tua serva, te lembrares de mim e não te esqueceres de tua serva, mas lhe deres um filho, então eu o dedicarei ao* SENHOR *por todos os dias de sua vida, e o seu cabelo e a sua barba nunca serão cortados (1Samuel 1.10,11).*

O sofrimento de Ana tinha origem no fundo de sua alma. Ela não conseguia se livrar da aflição de ter um filho. Seu sofrimento e lágrimas eram reais.

### *Nossa história*

Todos nossos três filhos foram adotados ao nascer. Connie não teve de passar pelos nove meses de gravidez, pelos mal-estares matinais, o ganho de peso e finalmente as dores do trabalho de parto que precedem o nascimento. Connie teve o coração de mãe muito antes de se tornar mãe pela adoção. Seu sofrimento e lágrimas também foram reais.

Em nossa situação, Deus graciosamente abriu a porta para uma agência de adoção nos entrevistar e aceitar como potenciais pais adotivos. Mas não foi fácil. Inicialmente, todas as agências de adoção que procuramos em Portland disseram que não estavam aceitando novos candidatos. No entanto, em uma agência, a moça que normalmente atendia ao telefone estava fora do escritório quando telefonamos. Ela nos tinha dito antes que não estavam aceitando nenhum novo pedido para adoção. Na providência de

Deus, naquele dia outra mulher atendeu o telefone. Ela também nos disse que não estavam aceitando novos pedidos. Mas então ela perguntou a minha esposa onde eu trabalhava. Quando soube que eu era um pastor batista, ela nos ajudou porque era filha de um pastor batista, e fomos aceitos para uma entrevista. Oramos com fervor, fidelidade e constância até o dia em que recebemos o telefonema para irmos buscar nosso filho.

Demos o nome de Matthew ao nosso primeiro filho. Seu nome significa "dom de Deus". Nosso segundo filho chama-se Jeremy, segundo o profeta, cujo sentido é "designado por Jeová". Nosso terceiro filho foi uma menininha que chamamos de Hope, que significa "expectativa do bem proveniente de Deus".

Deus foi muito bom ao responder a nossas orações. Quando nos unimos a nosso novo filho, começamos a orar pela jovem adolescente que tinha feito a escolha certa de não abortar o filho, mas dá-lo para adoção. De acordo com as rigorosas diretrizes de adoção do nosso Estado, nunca podemos saber quem era a mãe natural, só que era uma jovem adolescente. Além disso, o Oregon tinha uma lei de que havia um período de espera em que a mãe natural podia pedir o filho de volta. Não conseguíamos imaginar como lidaríamos com a perda do filho pelo qual havíamos orado a Deus por muitos anos. Finalmente, passou o prazo limite, e fomos diante do juiz que selou os registros e tornou oficial o fato de que éramos os pais legais de nosso filho adotivo. Ele nos deu o certificado de adoção do nosso filho registrando-nos como os pais. Celebramos no caminho da corte de Portland para casa parando em um restaurante local. Ali, Deus nos deu a garantia não só de que nosso filho ficaria bem, mas de que a mãe natural também ficaria bem.

A jovem atrás do balcão pegou nosso pedido e notou nosso bebezinho. Deixei nosso reservado por um momento e, quando voltei, antes mesmo de comermos, Connie disse: "Temos de sair daqui agora". Perguntei por que, e ela disse que me diria no carro.

Enquanto me afastava da mesa, a jovem que tinha pegado nosso pedido deixou sua posição atrás do balcão e veio até ali e olhou nosso bonito bebê. Ela disse para Connie: "Espero não a estar incomodando, mas tenho um lugar especial para bebês em meu coração agora porque acabei de dar meu filho para adoção". A curiosidade de Connie se transformou em nervosismo quando todas as perguntas da minha esposa deixaram claro que esse não tinha sido um encontro casual. "Quando seu filho nasceu? Em que hospital ele nasceu? Qual foi a agência de adoção?" Não só todas as perguntas batiam com a de Matthew, mas nosso filho também era parecido com essa jovem.

Quando nos sentamos no carro, perguntamo-nos o que tinha acabado de acontecer. Ficamos convencidos de que a jovem era a mãe natural de Matthew. O que devíamos fazer? A agência de adoção tinha enfatizado a questão da privacidade de que nem a mãe nem nós nos conheceríamos. Oramos mais uma vez pela jovem mãe natural do nosso filho. "Senhor, por que o Senhor arranjou esse encontro hoje?" A resposta veio da própria jovem. Connie tinha lhe perguntado primeiro por que escolhera dar o filho para adoção. A resposta dela nos acalmou: "Porque tinha que fazer o que fosse melhor para o meu bebê e tinha certeza de que a adoção era o melhor para ele. Tinha certeza de que ele receberia pais amorosos". Deus foi bom não só por nos dar nosso filho, mas também por nos garantir que a mãe natural estava bem.

Deus levou Ana a entregar completamente seu filho para o Senhor. Seu filho seria adotado por Deus mesmo e viveria na casa do Senhor, não na casa de Ana. A escolha de Ana seguiu exatamente o plano de Deus, embora fosse óbvio que, para Ana, resultaria na dor da separação. Essa foi a terceira experiência dolorosa relacionada a Samuel:

- A primeira, ela esperou anos para ficar grávida.
- A segunda, ela experimentou as dores físicas do trabalho de parto no nascimento dele.
- A terceira, ela se ligou ao filho amado e, depois, teve a dor da separação ao abrir mão dele para que fosse adotado por Deus.

Connie e eu experimentamos as dores do trabalho de parto por procuração quando nossa filha deu à luz seu primeiro filho, Trace. Assistimos ao tudo, e esperamos durante horas enquanto as dores do trabalho de parto se intensificavam e ficavam mais frequentes. Segurava a mão de Hope e, quando a dor começava, ela apertava minha mão com tal intensidade que sabia que sua dor era imensa. Foi difícil acompanhar impotente o processo de sofrimento e saía com frequência do quarto para dar breves caminhadas pelo corredor. Finalmente os médicos decidiram que o trabalho de parto estava durando demais e o estresse da mãe e do bebê estava muito grande para um parto natural. Eles a levaram para a sala de cirurgia para fazer cesariana. Pensei comigo mesmo que se vivêssemos nos tempos bíblicos, um parto difícil como esse poderia ter matado a mãe e a criança. Minha filha poderia ter morrido no parto.

Por causa de seu pecado, Deus disse a Eva que o nascimento aconteceria com sofrimento. "À mulher, ele declarou: 'Multiplicarei grandemente o seu sofrimento na gravidez; com sofrimento você dará à luz filhos' " (Gênesis 3.16). Aqui a palavra sofrimento se refere ao sofrimento físico.

Ana não só conheceu a dor física do parto, mas também conheceu uma ainda maior — a dor do quebrantamento diante de Deus. O sofrimento pelo qual Ana passou para alcançar o quebrantamento e derramar sua alma para o Senhor foi muito parecido com o sofrimento de Abraão ao entregar Isaque para Deus. As dores do nascimento não podem ser comparadas com os anos de mágoa e sofrimento experimentados por Ana antes de receber a promessa de Deus de que teria um filho.

Examinando as seis palavras hebraicas usadas para descrever a aflição de Ana, adquirimos uma percepção mais profunda do sofrimento do quebrantamento que ela experimentou. Essas palavras são:

- Alma amargurada
- Aflição
- Angústia
- Derramamento de sua alma
- Desgosto
- Pesar

Examinemos mais de perto cada um desses seis aspectos:

### *Alma amargurada*

*E, com a* alma amargurada, *chorou muito e orou ao* S*ENHOR* *(1Samuel 1.10).*

Essa é a primeira palavra usada para descrever o clamor amargurado de Esaú quando soube que Isaque tinha dado sua bênção para o enganador Jacó. "Quando Esaú ouviu as palavras de seu pai, deu *um forte grito e, cheio de amargura*, *implorou* ao pai: 'Abençoe também a mim, meu pai!' " (Gênesis 27.34). Observe a referência a *mim* nesse versículo. Esaú estava lamentando sua perda. Ele ficou amargurado e tentou se vingar do irmão por lhe roubar a primogenitura. Há uma amargura que não nos torna melhores porque ela não inclui a mágoa piedosa que leva ao arrependimento.

A mesma palavra é usada quando Deus transformou o clamor amargurado de Jó em uma bênção de louvor. "Por que se dá luz aos infelizes, e vida aos de *alma amargurada*, aos que anseiam pela morte e esta não vem, e a procuram mais do que a um tesouro oculto" (Jó 3.20,21).

O sofrimento de Ana era semelhante ao clamor amargurado de Mardoqueu. Ele chorou diante de Deus quando soube do decreto para destruir todos os judeus. "Quando Mardoqueu soube de tudo o que tinha acontecido, rasgou as vestes, vestiu-se de pano de saco, cobriu-se de cinza, e saiu pela cidade, *chorando amargamente em alta voz*" (Ester 4.1).

Ezequias experimentou um sofrimento semelhante quando Deus enviou Isaías para anunciar sua morte. Ele clamou a Deus com lágrimas e recebeu resposta imediata do Senhor.

> *"Lembra-te, Senhor, de como tenho te servido com fidelidade e com devoção sincera, e tenho feito o que tu aprovas". E Ezequias chorou amargamente. Então a palavra do Senhor veio a Isaías: "Vá dizer a Ezequias: Assim diz o Senhor, o Deus de seu antepassado Davi: Ouvi sua oração e vi suas lágrimas; acrescentarei quinze anos à sua vida. [...] Mas, que posso dizer? Ele falou comigo, e ele mesmo fez isso. Andarei humildemente toda a minha vida, por causa dessa* aflição da minha alma. *Senhor, por tais coisas os homens vivem, e por elas também vive o meu espírito. Tu me*

*restauraste a saúde e deixaste-me viver. Foi para o meu benefício que tanto sofri. Em teu amor me guardaste da cova da destruição; lançaste para trás de ti todos os meus pecados*" (Isaías 38.3-5,15-17).

Finalmente, essa mesma palavra é usada na passagem mais incomum da lei em relação à cobiça. Se o marido suspeitasse que a esposa tinha praticado adultério, mas não tivesse prova disso, então ele podia levar a esposa diante do sacerdote que a faria beber água amarga. Se ela fosse culpada de adultério, então aconteceria uma maldição, e o ventre dela incharia, e as coxas se putrefariam. Entretanto, se ela fosse inocente, então as palavras do sacerdote trariam uma bênção e ela conceberia e teria um filho.[43]

Conforme observamos, essa amargura de alma foi experimentada por homens e mulheres ao longo dos séculos. Para aqueles de nós que estamos em Cristo e confiamos na mão soberana de um Pai amoroso, a maldição se transforma em bênção e as provações de fé são destinadas a nos refinar. Clamamos a Deus no processo, durante o sofrimento do quebrantamento, e Deus nos abençoa com grande fertilidade. Os problemas da vida, para os que não confiam em Deus, os tornam amargos, e eles clamam com pesar.

### *Aflição*

*E [Ana] votou um voto, dizendo: Senhor dos Exércitos! Se benignamente atentares para a aflição da tua serva, e de mim te lembrares, e da tua serva te não esqueceres*" (1Samuel 1.11, Almeida Revista e Corrigida).

[43] Números 5.27.

Essa palavra *aflição* foi usada repetidamente por Jó para descrever seu sofrimento. Em 2Samuel 16.12, foi usada por Davi quando Simei o amaldiçoou: "Talvez o SENHOR considere a minha *aflição* e me retribua com o bem a maldição que hoje recebo".

O termo aflição a palavra escolhida com frequência por Davi em Salmos. Considere como Davi usou-a quando disse:

> *Volta-te para mim e tem misericórdia de mim, pois estou só e aflito. As angústias do meu coração se multiplicaram; liberta-me da minha aflição. Olha para a minha tribulação e o meu sofrimento, e perdoa todos os meus pecados* (Salmos 25.15-17).

Embora essa palavra fale da mágoa profunda da alma, ela também era uma palavra que dava esperança. O termo *aflição* foi usado em Êxodo 4.17, passagem na qual Deus olha a aflição de seu povo na escravidão, trabalhando para o faraó. Ana escolhe essa mesma palavra para descrever o sofrimento que experimentava, lembrando não só seus antepassados que também tinham sido muito afligidos em sua escravidão para o faraó, como também o clamor deles ao coração de Deus.

### *Angústia*

> *Ana respondeu: "Não se trata disso, meu senhor. Sou uma mulher* muito angustiada (1Samuel 1.15).

Ana conheceu o sofrimento da angústia conforme descreveu para Eli, quando este pensou que ela estivesse bêbada.

Essa palavra hebraica é traduzida por "árdua" ao descrever a crueldade da escravidão dos hebreus para o faraó. "Tornaram-lhes a vida amarga, impondo-lhes a árdua tarefa de preparar o barro e fazer tijolos, e executar todo tipo de trabalho agrícola; em tudo os egípcios os sujeitavam a cruel escravidão" (Êxodo 1.14).

A palavra é traduzida por "pesado" a fim de descrever o fardo que Salomão pôs sobre Israel quando seu próprio coração foi endurecido contra Israel por causa de sua idolatria.[44] " 'Teu pai colocou sobre nós um jugo *pesado*, mas agora diminui o trabalho árduo e este jugo pesado, e nós te serviremos' " (2Crônicas 10.4).

Talvez Ana tenha tido mais fé e não se tornou escrava de seu infortúnio. Mas temos de entender que seu infortúnio era uma aflição dolorosa, profunda e pesada, como o fardo de um escravo. No entanto, ela foi ao Senhor e derramou sua alma para ele. E Deus transformou seu infortúnio em alegria. Lembro-me das palavras de Jesus para os discípulos:

> *Digo-lhes que certamente vocês chorarão e se lamentarão, mas o mundo se alegrará. Vocês se entristecerão, mas a tristeza de vocês se transformará em alegria. A mulher que está dando à luz sente dores, porque chegou a sua hora; mas, quando o bebê nasce, ela esquece a angústia, por causa da alegria de ter vindo ao mundo. Assim acontece com vocês: agora é hora de tristeza para vocês, mas eu os verei outra vez, e vocês se alegrarão, e ninguém lhes tirará essa alegria* (João 16.20-22).

Os discípulos, um dia, chorariam — mas Deus, por meio da vitória na cruz, transformaria o pesar deles em alegria na realização da ressurreição. Esse mesmo tipo de alegria deve caracterizar nossa vida porque conhecemos aquele que foi morto e que agora vive para todo o sempre.[45] Ele pega nossa aflição difícil e pesada que resulta em um espírito angustiado e a transforma em alegria.

---

[44] Na Tradução Brasileira a palavra é traduzida por "duro".

[45] Apocalipse 1.17,18.

### *Derramamento de sua alma*

*Não se trata disso, meu senhor. Sou uma mulher muito angustiada. [...] Estava derramando minha alma diante do* SENHOR (1Samuel 1.15).

A palavra *derramar* era usada quando o sacerdote levava os sacrifícios para o Senhor e derramava o sangue no altar. Lemos cinco vezes em Levítico que o sacerdote tinha de derramar o sangue do sacrifício em torno do altar. Como essa palavra é adequada para descrever a situação difícil de Ana. Ela estava no lugar da casa do Senhor em que o sacerdote derramaria o sangue sobre o altar.

Descobrimos um grande contraste no fato de que as mãos ensanguentadas de Hofni e Fineias, os filhos de Eli, que também derramavam o sangue — mas eles foram rejeitados por Deus por causa de sua imoralidade. Em contrapartida, Ana derramou sua alma com um coração quebrantado, e seu sacrifício foi aceito por Deus. Com certeza, as palavras de Davi se aplicam aqui: "Os sacrifícios que agradam a Deus são um espírito quebrantado; um coração quebrantado e contrito, ó Deus, não desprezarás" (Salmos 51.17).

Você, em seu quebrantamento, já derramou sua alma para o Senhor? Certifique-se disto: assim como Deus respondeu para Ana, ele também responderá para você.

### *Desgosto*

*Não tenhas, pois, a tua serva por filha de Belial; porque da multidão dos meus cuidados e do meu* desgosto *tenho falado até agora* (1Samuel 1.16, *Almeida Revista e Corrigida*).

O sofrimento de quebrantamento também pode ser visto com essa palavra hebraica traduzida por "tristeza". Ana foi a primeira pessoa da Bíblia a usar essa palavra em particular. Esse *desgosto* é diferente da murmuração de Israel no deserto. Eles reclamavam contra Moisés, e a descrença deles deixou Deus com raiva. O desgosto de Ana é mais similar à queixa de Jó quando este estava buscando a Deus.

Jó usou cinco vezes essa palavra enquanto tentava entender como Deus estava operando em sua vida. Um exemplo é Jó 10.

> *Minha vida só me dá desgosto; por isso darei vazão à minha queixa e de alma amargurada me expressarei. Direi a Deus: Não me condenes; revela-me que acusações tens contra mim* (Jó 10.1,2).

Davi também usou essa palavra quando buscava a Deus em suas muitas provações e problemas. "Derramo diante dele o meu *lamento*; a ele apresento a minha angústia" (Salmos 142.2; grifo do autor). Deus está nos instruindo aqui que é adequado *reclamar* diante dele quando clamamos quebrantados a ele, pedindo-lhe para nos libertar milagrosamente. Ana não era uma queixosa amargurada, lamentando seu sofrimento, reclamando com as pessoas e com Deus. Seu desgosto e aflição eram para Deus mostrar misericórdia e graça. Ela fez a coisa certa com seu desgosto — levou-o a Deus.

O que você faz com seus desgostos? Leva-os a Deus?

### *Pesar*

> *Não julgues tua serva uma mulher vadia; estou orando aqui até agora por causa de minha grande angústia e tristeza* (1Samuel 1.16).

Observe como tanto Jó quanto Davi levaram seu pesar diante de Deus. E o Senhor respondeu a ambos em seu tempo e da sua maneira.

Então Jó respondeu: Se tão-somente pudessem pesar a minha *aflição* e pôr na balança a minha desgraça (Jó 6.1,2).

> *Estou exausto de tanto gemer. De tanto chorar inundo de noite a minha cama; de lágrimas encharco o meu leito. Os meus olhos se consomem de tristeza; fraquejam por causa de todos os meus adversários* (Salmos 6.6,7).

Especulo com frequência *o que aconteceria se toda mão se recusasse a dar à luz por causa da dor antecipada que sabe que pode experimentar?* A raça humana teria sido extinta milhares de anos atrás! Conheço muitas mulheres da nossa igreja que comparam a dor do trabalho de parto com a alegria da vinda do recém-nascido. O sofrimento delas logo foi esquecido e substituído pela alegria do filho recém-nascido. Por que uma mulher teria seis filhos se a dor fosse tão grande? Jesus disse que a dor é esquecida por causa da alegria da criança.[46]

Façamos uma analogia com ser espiritualmente frutífero. Você recusaria mais fruto porque não quer que o vinhateiro corte fora algumas folhas inúteis para sua vida? Deus poda todo ramo da videira de Cristo.[47] Da mesma maneira como o Criador escolhe o nascimento físico por intermédio da dor, também Deus escolhe que nos identifiquemos com os sofrimentos de Cristo, se for para produzirmos muito fruto.[48] Se a igreja recusa o sofrimento do quebrantamento, não veremos a grande colheita de almas que nos aguarda.

---

46 João 16.21,22.

47 João 15.2.

48 Filipenses 3.10.

### *Escolhendo as crianças do ônibus*

Quando era um jovem pastor, participei de uma conferência em que ouvi Jack Hyles falar. Naquela época, ele era o pastor da maior igreja dos Estados Unidos. Ele contou uma história que me fez perceber que, às vezes no ministério, a dor do quebrantamento precede grandes frutos. A igreja dele começou a crescer com centenas de pessoas sendo salvas. Boa parte disso foi resultado de um ministério em um ônibus iniciado pela igreja e cujo crescimento foi muito rápido. Alguns líderes da igreja, muitos dos quais faziam parte da base financeira da igreja, ficaram aborrecidos com o ministério no ônibus e deram um ultimato a Jack: "Escolha entre nós ou as crianças do ônibus". Jack disse que andou durante horas pelas ruas de Chicago e se descobriu em uma viela em que agonizou durante a noite. Quando Deus finalmente falou com ele, Jack se levantou aliviado da aflição e tinha a paz de Deus quanto à situação. Ele clamou dizendo: "Ficarei com as crianças do ônibus".

Quando relatou essa história, ele descreveu como muitos pastores e missionários de toda a América e do mundo eram provenientes de sua igreja. De onde Deus os levantou? Não dos membros ricos que só buscavam seus interesses pessoais. Eles vieram das várias crianças do ônibus que Deus para salvar em toda a cidade. Essas crianças do ônibus se tornaram pastores e missionários e eram o fruto resultante de uma oração angustiante.

Muitos cristãos têm medo de passar pelas dores de parto de Deus a fim de gerar a produtividade maior que Deus deseja para nós. Quando jovem, tinha medo que Deus, se entregasse o controle completo de minha vida a ele, pudesse me enviar para a África como missionário. Mas temos de lembrar que ele nos ama e tem o melhor plano para nossa vida — independentemente de para onde nos mande.

Você já temeu a vontade de Deus? Lembre-se daqueles que atravessaram grandes provações de fé. A bênção de Deus com grandes frutos está a sua espera.

## 7. O PRODUTO DO QUEBRANTAMENTO

Dedicamos muito tempo a esses três capítulos sobre quebrantamento. Terminemos com uma questão: o que produz o quebrantamento?

### *As provações de Jó*

Jó, depois de passar por incontáveis provações, testifica: "Mas ele conhece o caminho por onde ando; se me puser à prova, aparecerei como o ouro" (Jó 23.10).

- A primeira frase desse versículo: "Mas ele conhece o caminho por onde ando", não fala só de Deus estar ciente da situação de Jó; ela também descreve o fato de que Deus *guiou* Jó por esses caminhos. As provações de Jó foram iniciadas, planejadas e dirigidas por Deus. Tudo que pudesse afetar a vida de Jó era filtrado pela vontade e pelos planos de seu Pai celestial.

- A segunda frase: "Se me puser à prova", fala-nos que há tanto um propósito quanto um fim para esses testes. Jó sabia que Deus tinha um plano para o que ele estava atravessando. Ele também sabia que havia uma conclusão ordenada por Deus para as provações e que elas terminariam assim que o propósito divino fosse alcançado.

- A última frase: "Aparecerei como o ouro", fala-nos do produto dos testes de Deus. O objetivo dos testes era refinar Jó, purificá-lo para torná-lo, nas palavras do Novo Testamento, mais conforme à imagem de Jesus Cristo.

Esse é o produto do quebrantamento. Deus nos quebranta não para nos ferir ou nos prejudicar, mas para nos conformar, transformar-nos e amadurecer-nos. Deus nos desenvolve ao longo da vida. Esse desenvolvimento acontece quando Deus usa uma combinação de eventos e de pessoas a fim nos dar lições que precisamos aprender.

Eugene Peterson, autor da tradução da *Bíblia A Mensagem*, escreve:

> É estranho o fato de uma religião que carrega a cruz como seu principal símbolo exigir um curso intensivo de sofrimento. Mas ela exige. Ah, como exige. De alguma maneira, terminamos com um país cheio de cristãos que consideram o sofrimento — quer venha de um corpo quebrado quer de um coração quebrantado — uma violação de seus direitos espirituais. Quando as coisas correm mal no corpo, no trabalho ou na família, eles se lamentam e se queixam sem parar. Às vezes eles protestam com veemência. Entre as queixas e os protestos, buscam a companhia daqueles que os anestesiam com palavras reconfortantes e música suave. Eles não têm dificuldade em encontrar esses esteticistas —espiritualidades que acabam com a dor sobejam em nossas igrejas. A única cruz que eles parecem conhecer é uma joia barata... O quebrantamento não diminui uma vida de fé, mas aprofunda-a. [...] O sofrimento não é evidência da ausência de Deus, mas da presença dele e é em nossa experiência de ser quebrantados que Deus faz sua obra mais óbvia e característica de salvação.[49]

[49] Eugene Peterson escrevendo no prefácio de *Broken in the Right Place*, de Alan E. Nelson.

## *Os frutos prometidos*

O apóstolo Pedro estava escrevendo para um grupo de cristãos do século I que atravessava provações incríveis. Um de seus objetivos era lhes dar esperança e a perspectiva de que Deus estava no controle das coisas.

> *Graça e paz lhes sejam multiplicadas, pelo pleno conhecimento de Deus e de Jesus, o nosso Senhor. Seu divino poder nos deu tudo de que necessitamos para a vida e para a piedade, por meio do pleno conhecimento daquele que nos chamou para a sua própria glória e virtude. Dessa maneira, ele nos deu as suas grandiosas e preciosas promessas, para que por elas vocês se tornassem participantes da natureza divina e fugissem da corrupção que há no mundo, causada pela cobiça* (2Pedro 1.2-4).

Observe estas palavras: "Seu divino poder nos deu tudo de que necessitamos para a vida e para a piedade". Deus não mantém seus filhos como indigentes espirituais. Ele nos abençoa muitíssimo.[50] Temos *tudo* de que precisamos para levar uma vida cristã vitoriosa. Pedro continua e diz:

> *Por isso mesmo, empenhem-se para acrescentar à sua fé a virtude; à virtude o conhecimento; ao conhecimento o domínio próprio; ao domínio próprio a perseverança; à perseverança a piedade; à piedade a fraternidade; e à fraternidade o amor* (2Pedro 1.5-7).

Aqui Pedro nos lembra que temos de amadurecer. E ele enumera as qualidades de caráter essenciais para nos capacitar a amadurecer na semelhança com Cristo: *fé, virtude, conhecimento,*

[50] Veja também Efésios 1.3; 3.20,21.

*domínio próprio, perseverança, piedade, fraternidade* e *amor*. Há uma progressão de uma qualidade para a outra. Essa progressão se traduz em A-M-A-D-U-R-E-C-I-M-E-N-T-O.

A seguir, ele faz uma promessa incrível:

> *Porque, se essas qualidades existirem e estiverem crescendo em sua vida, elas impedirão que vocês, no pleno conhecimento de nosso Senhor Jesus Cristo, sejam inoperantes e improdutivos* (2Pedro 1.8).

Isso não é incrível? Pedro diz que se cooperarmos com Deus e permitirmos que ele nos faça crescer, ele nos transforma e nos faz amadurecer por intermédio das provações que experimentamos, PRODUZIREMOS FRUTOS! Na verdade, Pedro escreve no negativo: "Impedirão que vocês [...] sejam inoperantes e improdutivos". Perguntava-me com frequência por que ele tinha escrito isso de forma negativa, em vez de afirmá-lo de forma positiva. Pedro estava enfatizando que a verdadeira natureza do cristão é *nunca* ser inoperante ou improdutivo. Deus quer que produzamos frutos. Mas há momentos em que parece que somos inoperantes e improdutivos — esses são os momentos em que estamos passando pelo processo de quebrantamento do Senhor. Mas não ficamos parados nesse ponto. Pedro diz que, se pretendemos viver pela fé e confiando em Deus, *não (permanecemos) inoperantes e improdutivos.*

Finalmente, Pedro se dirige àqueles que não estão produzindo fruto.

> *Todavia, se alguém não as tem, está cego, só vê o que está perto, esquecendo-se da purificação dos seus antigos pecados* (2Pedro 1.9).

Essas pessoas são cristãs? Sim, é claro que são. Elas perderam sua salvação? Não, isso não é possível. Então por que elas são improdutivas? Pedro diz que é por que elas são míopes... estão *ceg[as]*... e *esquece[ram-se]*.

Do que elas se esqueceram? Elas se esqueceram do que Jesus fez por elas na cruz, que ele morreu e pagou por *todos* os pecados delas. Quando sabe que é totalmente perdoado, você responde a Deus com confiança amorosa. E se fizer isso, você cresce (vv. 5-7) e se torna produtivo (v. 8).

Alan Nelson escreve:

> Tenho certeza de que ele [Deus], provavelmente na maior parte do tempo, vê as coisas de uma forma um tanto diferente de mim. [...] Com frequência fico olhando fixo no espelho, perguntando-me como os outros me veem. [...] O quebrantamento tem que ver com a morte, a cessação do espírito desenfreado. Qualquer pessoa que esteja em um período de quebrantamento ou que se lembre vividamente da dor e da desilusão do processo, conhece-o como um momento solene. [...] Oro para que Deus use esses pensamentos e palavras para aumentar sua capacidade para ele, para fazer sentido dos eventos aparentemente paradoxais que transpiram em tempos de quebrantamento e, acima de tudo, que você entenda o processo pelo qual ele tenta subjugar sua alma. [...] Porque a primeira dor traz um belo resultado: o surgimento de nova vida.[51]

## *E daí?*

- Você realmente apreende tudo que Jesus fez por você na cruz? Vive momento a momento com a consciência da graça maravilhosa e bênção dele para você?

---

[51] Nelson, Alan E. *Broken in the Right Place*, p. 4-5.

- Se você se esquecer ou ficar entorpecido em relação ao evangelho, arrependa-se. Volte ao firme entendimento de que você se tornou uma nova criação em Cristo,[52] de que é abençoado com toda bênção espiritual em Cristo,[53] e que é perdoado,[54] redimido[55] e está seguro para sempre nele.[56]
- Examine as referências bíblicas nas notas de rodapé na parte debaixo desta página. Depois de lê-las e meditar sobre elas, reserve um tempo para agradecer a Deus por seu dom indescritível da salvação em Jesus Cristo.

### UMA OBSERVAÇÃO PARA OS PASTORES SOBRE O QUEBRANTAMENTO

Deus designou um tipo especial de quebrantamento para os pastores e professores de sua Palavra. Esse quebrantamento é encontrado no paradoxo da responsabilidade humana e da capacitação divina. Embora seja verdade que temos de estudar para nos "apresentar[...] a Deus aprovado[s]"[57] (nós nos pomos o esforço), também temos de morrer para nós mesmos e confiar completamente em Deus (sabemos que, em última instância, é o Espírito de Deus que fala para o coração dos homens e mulheres). Temos de estar quebrantados para a autoconfiança em nosso talento, personalidade e experiência.

John Piper, em seu excelente livro, *Supremacia de Deus na pregação*,[58] descreve a abordagem que usa para preparar uma

---

52 2Coríntios 5.17.

53 Efésios 1.3.

54 Colossenses 2.13; Efésios 1.7.

55 Romanos 3.24-31.

56 Romanos 8.35-39.

57 2Timóteo 2.15.

58 São Paulo, SP: Shedd Publicações, 2003.

mensagem para sua congregação. Ele segue esse procedimento durante a semana e também o revê durante os dois últimos minutos antes de se levantar para pregar. Ele denomina essa abordagem de "AOCAA":

- Admitir — minha total impotência não só para a tarefa em vista, mas para sequer respirar sem ele.
- Orar — por ajuda. Implore para ter percepção, poder, humildade, amor e memória. (Piper sugere separar 3 horas e 30 minutos antes da adoração e dedicar duas horas em oração quanto ao seu texto.)
- Confiar em Deus — para dar-lhe poder para a glória do Senhor, fundamentado em promessas específicas de sua Palavra.
- Agir — em confiança de que Deus estará com você para cumprir sua palavra para a glória dele.
- Agradecer a Deus — pelo privilégio de pregar sua Palavra.[59]

Piper escreve: "A felicidade e a gravidade deviam ser entretecidas de tal maneira na vida e na pregação de um pastor a fim de moderar a alma descuidada e suavizar a aflição dos santos".[60]

Chamo meus companheiros pastores e professores a vir quebrantados diante de Deus todas as semanas, clamando pelo toque dele, confiando em seu Espírito e aguardando o fruto que só ele pode fornecer.

---

[59] Píper, John. *The Supremacy of God in Preaching*, edição revisada, p. 48-49.

[60] Ibid., p. 52.

# *Teste seis: abençoada*

*parte 1*

*Eli respondeu: "Vá em paz, e que o Deus de Israel lhe conceda o que você pediu"* (1Samuel 1.17).

## O SEXTO TESTE DE FÉ

O sexto teste de fé é descobrir a vontade de Deus e receber a promessa.

Conforme iniciamos este capítulo, observe os atos e a fé de Ana.

- Ana buscou continuamente a Deus em oração ano a ano com paciência e perseverança.
- Ana derramou sua alma para Deus.
- Ana alcançou o ponto de quebrantamento e entrega absoluta de seu desejo por filhos.
- Ana, por três vezes, chamou a si mesma de *serva* do Senhor enquanto se curvava para Deus como sua serva.

- Ana tinha uma atitude em que demonstrava pertencer ao Senhor, não a ela mesma. Sua vida — e seu legado — pertencia a Deus.

Ela tinha agora tanto um coração sensível quanto ouvidos abertos para ouvir Deus falar com ela. Seu coração era receptivo ao menor sussurro de Deus. Ela estava no lugar certo no momento certo e com o coração certo para ouvir uma palavra de Deus que podia reivindicar pela fé.

O coração de Ana era tão sensível a Deus que ela via além do infiel sacerdote Eli, via o Deus fiel que falava com ela por intermédio do cargo ungido de Eli, o de sumo sacerdote. Quando Eli lhe disse: "Vá em paz" que Deus "lhe conceder[á] o que você pediu", ela sabia ter ouvido Deus falar. As palavras de Eli tinham sido apenas uma saudação reconfortante que ele fazia a muitos que vinham adorar ao Senhor. No entanto, Ana ouviu Deus claramente.

Descobrir a vontade específica de Deus foi um longo processo para Ana. Mas o processo de descobrir a vontade de Deus transformou-a. Samuel precisava de uma mãe que focasse Deus e sua vontade, não os desejos pessoais dela. Ele precisava de uma mãe que oraria por ele enquanto ele servia na Casa de Deus. Eles precisavam de um modelo de piedade para que pudesse caminhar corajosamente com Deus e levar a nação de volta ao Senhor.

## A PERGUNTA FEITA COM MAIS FREQUÊNCIA AOS PASTORES

Se perguntar aos pastores de todo o país: "Qual a pergunta que lhe fazem com mais frequência?" É provável que ouça de volta: "Como sei qual é a vontade de Deus?" Os seguidores de Jesus dos

Estados Unidos — e de todo o mundo — são consumidos pelo desejo de conhecer a vontade de Deus. Infelizmente, não muitos deles estão igualmente comprometidos em *fazer* a vontade do Senhor quando descobrem qual é ela. Por isso, Jesus disse: " 'Se alguém decidir fazer a vontade de Deus, descobrirá se o meu ensino vem de Deus ou se falo por mim mesmo' " (João 7.17). Queremos que Jesus opere da seguinte forma: "Eu lhe mostro minha vontade, e depois você decide se quer ou não fazer isso". Mas ele não age dessa maneira. Ele diz: "Você está disposto a fazer minha vontade? Se esse for o caso, então vou lhe mostrar qual é ela. Mas só se estiver pronto a obedecer".

Como ouvimos uma resposta específica de Deus a nossas orações? Neste capítulo, responderemos a essa pergunta ao examinar com sabedoria as questões específicas quanto a discernir a vontade de Deus:

- Como passamos da esperança geral em Deus para a fé em uma promessa específica dele?
- Como descobrimos a vontade de Deus para nossa vida?
- Como fazer a vontade geral de Deus para todos os cristãos se relaciona com descobrir a vontade específica dele para minha vida pessoal?
- Como conseguimos chegar ao lugar em nosso coração em que podemos ouvir e discernir a vontade específica de Deus para nossa vida sem tendências nem preferências pessoais?
- É possível descobrir e fazer a vontade de Deus um dia e, depois, no dia seguinte ser enganado e perder a vontade de Deus?

### 1. *Como passamos da esperança geral em Deus para a fé em uma promessa específica dele?*

*Termos definidores*

Primeiro definamos o que pretendemos dizer com a expressão *esperança geral.* Deus nos convida continuamente a crer e confiar nele. O cristão que tem esperança geral demonstra uma atitude de fé no caráter de Deus e está respondendo continuamente ao evangelho. Observação: muitos cristãos presumem que o evangelho é apenas para os não cristãos, chamando-os ao arrependimento de seus pecados e a vir à fé em Cristo como Salvador e Senhor. Com certeza, isso é verdade... mas o evangelho também é para os *cristãos*, à medida que Deus nos chama continuamente ao arrependimento dos pecados que cometemos como cristãos e a continuar a confiar em Cristo como Salvador e Senhor. Isso é *esperança geral.*

A esperança e a fé são inseparáveis. A esperança em Deus é a inspiração e a motivação para encontrar uma promessa específica a fim de exercitar a fé nela. "Ora, a fé é a certeza daquilo que esperamos e a prova das coisas que não vemos" (Hebreus 11.1). A *Tradução Brasileira* traz: "Ora a fé é a substância das coisas esperadas, a prova das coisas não vistas." *A Mensagem* traduz esse versículo desta maneira: "O fato essencial da existência é que esta confiança em Deus, esta fé é o alicerce sólido que sustenta qualquer coisa que faça a vida digna de ser vivida. É pela fé que lidamos com o que não podemos ver".

O segundo termo a definir é quando passamos da esperança em Deus para *a fé em uma promessa específica dele.* Há mais de 7.000 promessas na Bíblia. Muitas delas foram feitas para indivíduos específicos em momentos específicos de situações específicas. Por exemplo, se digo a meus filhos que pagarei o jantar deles em um restaurante, essa é uma promessa específica. Não estou me propondo a pagar jantar para *todas as crianças*. Só para as minhas. Algumas promessas são específicas.

No entanto, há muitas promessas na Bíblia que são para *todos*. Por exemplo, Isaías 26.3 afirma: "Tu, Senhor, guardarás em perfeita paz aquele cujo propósito está firme, porque em ti confia". Essa é uma promessa que cada cristão pode reivindicar para si mesmo.

Além disso, o Espírito de Deus pode tomar a Palavra de Deus como escolher e imprimi-la no nosso coração e mente. Hoje as pessoas perguntam: "Deus ainda fala?" A resposta a essa pergunta é tanto simples quanto complexa. Sim, Deus ainda fala. Ele não ficou mudo. Acredito que Deus ainda guia seu povo. Ele ainda opera *pessoalmente* na vida deles. Seu Espírito mora em cada cristão... como esse Espírito pode morar em nós todos os dias e *não* falar conosco nem nos guiar? Com certeza, ele fala e nos guia!

Entretanto, acredito que há vezes em que os cristãos declaram que Deus falou com eles quando ele não falou. Já observei vezes em que a mensagem que diziam ter recebido de Deus contradizia diretamente o claro ensinamento da Escritura e o caráter imutável de Deus. Posso dizer com total certeza que nesses casos Deus *não* falou com eles. Ele não se contradiz.

Ana recebeu tanto a graça quanto a paciência para mudar da esperança geral em Deus para a fé em uma promessa específica de Deus. Ana ouviu uma palavra de Deus: "Vá em paz, e que o Deus de Israel lhe conceda o que você pediu", e passou da esperança geral no caráter de Deus para uma promessa específica dele.

### *Da esperança para a fé*

Romanos 8.24 ensina que a "esperança que se vê não é esperança". Em outras palavras, se consegue ver fisicamente algo, você não tem de acreditar em Deus para isso. Se preciso de R$ 300,00 para pagar minhas contas, e você me dá R$ 300,00, não *espero que Deus me mande R$ 300,00*. Já os recebi. Ana passou da esperança para a fé. A fé era agora a realização de sua aflição e a resposta a sua oração. A fé a fez *ver o invisível.* A fé tinha transformado o futuro em presente, e a esterilidade, em fertilidade. Ana saiu da casa de Deus com a evidência de que sua oração seria respondida. Essa evidência não era esperança, mas fé na promessa específica de Deus para ela. Essa palavra, para Ana, foi a certidão de nascimento concedida por Deus antes mesmo de Samuel ser concebido em seu ventre.

Foi Deus quem pôs a aflição por um filho no coração de Ana. Suas orações eram levantadas para o céu pela aflição que lhe fora dada por Deus. No entanto, o céu parecia estar silencioso. Ana continuou a orar persistentemente com uma aflição no coração até o momento em que essa aflição foi tirada de seu coração, e Deus trocou-a por paz e certeza. Ela recebeu a ordem: "Vá em paz, e que o Deus de Israel lhe conceda o que você pediu" (1Samuel 1.17).

Em um momento Ana atravessou a longa ponte da "esperança em Deus por um filho" para a "fé em Deus pelo filho da promessa". Daquele momento em diante, ela acreditou que Deus tinha respondido a sua oração. Ela se firmou na promessa de Deus como sua garantia de que seria mãe antes mesmo de ter concebido Samuel. Ela mudou do "esperar isso" para o "saber isso". Ela chamaria coisas que não existiam como se existissem (Romanos 4.17).

Como você alcança o ponto em que consegue acreditar com essa fé profunda? Como sabe que Deus respondeu a suas orações e que não está apenas presumindo ou esperando que ele tenha respondido?

### *Sabendo, não esperando*

Acredito que Ana tinha fé no caráter de Deus e, por isso, continuou a buscá-lo. Ela tinha as promessas gerais de Deus para lhe dar esperança. A esperança em Deus e em suas promessas é o fundamento da fé (Hebreus 11.1). Ana, primeiro, tinha apenas esperança que Deus reverteria sua esterelidade antes de lhe dar a promessa de que faria isso. Era essa esperança que a fazia voltar a Deus uma vez após a outra.

Ana não recebeu uma promessa clara de um filho, como Abraão e Sara receberam. O teste de fé de Abraão não era para abalar sua fé, embora ele tivesse esperado 25 anos e até a idade de cem anos antes de Isaque nascer. Pense nisso... eis o que Abraão e Sara tiveram de enfrentar:

- Ele tinha 99 anos; e ela, 89. E eles ainda não esperavam um filho.
- Eles tinham tentado ter filho durante muitos anos. E encaremos os fatos, as pessoas com essa idade não ficam grávidas!
- Deus tinha prometido um herdeiro antes, mas ainda não tinha cumprido essa promessa. Eles provavelmente ficaram tentados a acreditar que sua fé anterior tinha simplesmente sido uma ilusão.
- Abraão tinha saído de Ur, dos caldeus, havia 25 anos. Ele tinha 75 anos naquela época.[61] E agora estava com 99 anos... e nada de bebê.
- Deus apareceu poucas vezes[62] para falar com Abraão e reforçar as promessas que tinha feito. Da última vez que ele apareceu (Gênesis 18), Sara rira da ideia de ser mãe.

---

[61] Gênesis 12.4.

[62] Gênesis 15; 17; 18.

Eis o que eles tinham a seu favor: *Deus*. É isso. Mas Abraão acreditou em Deus. Isso é fé.

No caso da esposa de Manoá, o anjo lhe deu instruções específicas de que seu filho seria um nazireu desde o ventre. "Certo dia o Anjo do SENHOR apareceu a ela e lhe disse: 'Você é estéril, não tem filhos, mas engravidará e dará à luz um filho. Todavia, tenha cuidado, não beba vinho nem outra bebida fermentada, e não coma nada impuro; e não se passará navalha na cabeça do filho que você vai ter, porque o menino será nazireu, consagrado a Deus desde o nascimento; ele iniciará a libertação de Israel das mãos dos filisteus' " (Juízes 13.3-5). A sra. Manoá não teve de esperar muito para receber a resposta específica. Mas Deus lhe fez uma promessa clara, específica e inconfundível.

### *O que Ana não tinha*

- Pense na diferença entre Ana e essas outras mulheres:
- Ana, ao contrário de Abraão e Sara, não recebeu uma promessa clara de que teria um filho.
- Ana, ao contrário da sra. Manoá, não recebeu a clara aparição de um anjo para anunciar a concepção de seu filho prometido.
- Ana, ao contrário de Sara e da sra. Manoá, não recebeu uma promessa específica de que Deus reverteria sua esterelidade e lhe daria um filho.

Ana tinha fé em Deus, mas ela também uma tinha promessa específica de Deus de que a "semente prometida" viria de seu ventre. A sra. Manoá tinha a promessa específica de que o libertador de Israel dos filisteus viria de seu ventre. Ana tinha fé em Deus e em seu caráter e nas promessas gerais do Senhor, mas ela não teve uma palavra específica de Deus em relação ao filho prometido. Foi sua fé em Deus e sua esperança específica por um filho em seu ventre estéril que a levou a receber uma palavra específica de Deus.

É mais provável que, em nossas orações, experimentemos o que Ana experimentou... ela buscou a Deus, mas não recebeu uma promessa clara. Mas ela continuou a acreditar. E nós também devemos continuar a acreditar.

APLICAÇÃO

- Pelo que você espera? Sua esperança vem de Deus como a aflição dele ou foi gerada por seus próprios desejos?
- Você está obedecendo à vontade revelada de Deus para todos os cristãos?
- Tem uma promessa específica de Deus em relação a suas orações?
- Você, como Ana, já transformou a fé na Palavra de Deus em sua evidência da resposta de Deus antes de receber a resposta?

## *2. Como descobrimos a vontade de Deus para nossa vida?*

Muitos livros foram escritos para ajudar os cristãos a discernir a vontade de Deus para sua vida. Milhares de sermões foram pregados tanto para advertir quanto para exortar os cristãos em sua busca pela vontade específica de Deus.[63]

[63] Para uma discussão mais detalhada de como descobrir e fazer a vontade de Deus, veja o livro *God's Greater Purpose in Christ*.

Quando jovem, ouvi um pregador falar sobre conhecer a vontade de Deus. Ele descreveu um canal perigoso em que os navios eram destruídos por rochas escondidas quanto tentavam entrar no porto. A fim de fornecer um meio para os navios navegarem em segurança ao longo desse canal, foram construídos três faróis alinhados com o canal e distantes um do outro. Contanto que o capitão do navio ficasse alinhado, em uma linha reta, com os três faróis, ele podia ter certeza de que chegaria em segurança ao porto. A seguir, o pregador falou das três "luzes" de conhecimento da vontade de Deus: *a palavra, o testemunho* e *o caminho*. Seu ponto de aplicação foi que quando alinhamos esses três faróis da vontade de Deus, podemos ter certeza de que estamos na vontade de Deus.

### *Os cinco pontos*

Ampliei e acrescentei detalhes a esse simples esboço de como descobrir a vontade de Deus. Quanto mais desses elementos alinhamos, mais clara fica a vontade de Deus para nós.

#### *A Palavra de Deus*

A vontade de Deus é revelada por intermédio de sua Palavra. Deus nunca nos levaria a fazer o que está em conflito com o claro ensinamento da Escritura. No entanto, podemos, em nossa propensão pessoal, tirar a Escritura de contexto ou até mesmo deturpar a Escritura para se ajustar a nossos desejos. Em 2Pedro 3.16, Pedro descreveu os indivíduos do século I que poderiam distorcer as claras Escrituras para sua própria destruição.

Quer alguns exemplos?

- Os maridos devem amar a esposa da mesma maneira como Deus amou a igreja. O homem não precisa que Deus fale com ele sobre como tratar sua esposa. Deus já lhe disse para amá-la sacrificialmente, perdoá-la livremente, satisfazer fielmente as necessidades dela e cuidar pacientemente dela.

- As esposas recebem a ordem para "sujeit[ar]-se cada uma a seu marido, a fim de que, se ele não obedece à palavra, seja ganho sem palavras, pelo procedimento de sua mulher" (1Pedro 3.1). Esposas, vocês não precisam fazer um sermão para seu marido. Deus chama-as a ser um sermão vivo. O maior sermão que seu marido ouvirá é como você vive o caráter de Deus na frente dele.
- Ao longo das epístolas, há dezenas de exemplos de um amar ao outro, um carregar o fardo do outro, um encorajar o outro, um perdoar ao outro etc. Acredito que se for para os membros da Igreja obedecerem à vontade clara e revelada de Deus no que se refere *a uns em relação aos outros*, 100% dos problemas da Igreja desapareceriam, e o mundo se surpreenderia e perceberia *como eles amam uns aos outros.*
- Todos os cristãos são chamados a testemunhar do evangelho e da graça de Deus em sua vida. Não se espera que você consiga responder a todas as questões; você não é chamado a "converter pessoas". Isso é responsabilidade de Deus. Mas você é chamado a dar testemunho do que Deus tem feito por você e dizer aos outros como podem ser salvos. Você conhece ALGUMA igreja dos Estados Unidos em que 100% de seus membros cumprem essa ordem? Eu pessoalmente não conheço nenhuma em que 25% dos membros estão cumprindo essa ordem. Não é de admirar que a igreja de Deus nos Estados Unidos seja impotente. Vivemos em clara desobediência à vontade revelada de Deus.

De acordo com as palavras de Jesus em João 7.17, que examinamos no início deste capítulo, se não estamos dispostos a fazer a vontade do Senhor, aquela que já conhecemos, Deus não é obrigado a nos dar qualquer luz futura. Já provamos ser desobedientes à luz do que temos. Por isso, nossa obediência é tão importante.

*O testemunho de Deus*

O Espírito Santo que habita em todos os cristãos guia-nos para a vontade de Deus e testemunha dela. Se confessarmos nossos pecados, e se nosso coração estiver certo com Deus, temos a profunda paz de Deus em relação a sua vontade.

Contudo, se não fizermos a vontade de Deus, ferimos o Espírito Santo. Não temos a sensibilidade espiritual para seguir sua liderança (veja Gálatas 5.16; Efésios 4.30).

Como o Espírito Santo testemunha em nossa vida? Examine por um momento Romanos 8.

- "O próprio Espírito testemunha ao nosso espírito que somos filhos de Deus" (Romanos 8.16). O Espírito de Deus fala ao nosso espírito humano.

- "Da mesma forma o Espírito nos ajuda em nossa fraqueza, pois não sabemos como orar, mas o próprio Espírito intercede por nós com gemidos inexprimíveis. E aquele que sonda os corações conhece a intenção do Espírito, porque o Espírito intercede pelos santos de acordo com a vontade de Deus" (Romanos 8.26,27). Ele *nos ajuda... intercede por nós... sonda os corações...* e faz tudo isso *de acordo com a vontade de Deus.*

*O caminho de Deus*

A mão da providência de Deus está envolvida na vontade de Deus. O Senhor é aquele que abre as portas pelas quais nos faz passar e fecha as portas pelas quais não devemos passar. Procure pessoas, lugares, recursos e eventos para confirmar a vontade de Deus. No entanto, em nossa própria força podemos interpretar de forma equivocada a persistente perseverança de pressupor a vontade de Deus e forçar abrir portas que ele não abriu. É um erro caminhar como nos agrada e esperar que a providência de Deus feche as portas erradas que escolhemos.

*A sabedoria de Deus*

Também é importante que procuremos conselhos piedosos para nos ajudar a confirmar a vontade de Deus. Os homens e mulheres sábios expõem nosso entendimento equivocado da vontade de Deus. Há muitos cristãos tementes a Deus que podem nos ajudar com um conselho bíblico e imparcial. No entanto, sempre podemos, em nossa propensão natural, encontrar alguém que concorde com a nossa própria vontade. Não temos de pôr fé no homem, mas temos de ouvir a confirmação de Deus entre os cristãos maduros da igreja e da família.

- Temos de buscar conselheiros sábios.

  *O caminho do insensato parece-lhe justo, mas o sábio ouve os conselhos* (Provérbios 12.15).

  *Os planos fracassam por falta de conselho, mas são bem-sucedidos quando há muitos conselheiros* (Provérbios 15.22).

- Temos nós mesmos de desenvolver sabedoria.

> *Como eu amo a tua lei! Medito nela o dia inteiro. Os teus mandamentos me tornam mais sábio que os meus inimigos, porquanto estão sempre comigo. Tenho mais discernimento que todos os meus mestres, pois medito nos teus testemunhos. Tenho mais entendimento que os anciãos, pois obedeço aos teus preceitos* (Salmos 119.97-100).

Você notou as três palavras destacadas? *Mais sábio* (sabedoria), *discernimento* e *entendimento*.

*Sabedoria* é a capacidade de olhar a vida e suas dificuldades através do ponto de vista de Deus. *Discernimento* é a capacidade de enxergar os verdadeiros problemas da vida além da superfície. *Entendimento* é a capacidade de responder corretamente com as atitudes certas.[64]

Precisamos de cada um desses elementos para discernir claramente a vontade de Deus para nossa vida. Como esses elementos são desenvolvidos? Passando tempo com Deus — e dedicando tempo a sua Palavra. Deixando de assistir tanta televisão. Saindo um pouco da internet. Deixando de jogar videogames e começando a investir sua vida em coisas importantes para a eternidade!

*Nossa caminhada com Deus*

Se for para conhecermos a vontade específica de Deus para nossa vida, precisamos caminhar diariamente com Jesus em obediência à Palavra de Deus.

Enquanto, em geral, fazemos a vontade revelada de Deus é que descobrimos mais da vontade dele.

---

[64] Essas três definições são de Swindoll, Charles R. *Growing Strong in the Seasons of Life.*

- Enquanto aplicamos as verdades da Escritura que esta se abre mais para nós.
- Enquanto somos fiéis no pouco, Deus nos torna fiéis no muito.
- Se não caminharmos em obediência a Deus, então teremos dificuldade em descobrir a vontade específica dele.
- Não espere que Deus seja específico com você se não está caminhando de acordo com a vontade dele. "Duas pessoas andarão juntas se não estiverem de acordo?" (Amós 3.3). Enquanto produzimos fruto é que somos podados a fim de produzir mais frutos e muito mais frutos.

### *Oh, espere... tem mais!*

Há muitos outros fatores no descobrir a vontade de Deus que também são importantes. Embora uma discussão completa do assunto esteja além do escopo deste livro, salientarei sete princípios adicionais.

### *Aprendendo com os exemplos*

Veja o exemplo dos cristãos maduros que Deus abençoou com o caráter de Cristo e com a produção de frutos. Pergunto-me com frequência: "Esse é o padrão de outros servos de Cristo?" Como pastor, examino a vida de grandes homens de Deus, como Billy Graham, Jerry Vines e John McArthur. Se o que escolho chamar de a vontade de Deus me deixa no lado esquerdo enquanto os grandes exemplos de fé estão no lado direito, então provavelmente estou no lado errado!

### Caminhando em submissão

Ao fazer a vontade de Deus, somos submissos a ele. Na aplicação dessa submissão, temos um coração de servo em todas as facetas de nosso relacionamento com os outros. Considere as autoridades que Deus pôs sobre nós.

- Os filhos têm de se submeter aos pais. Adolescentes zelosos já me disseram que Deus queria que fizessem uma viagem de missão com a igreja, mas tive de lembrá-los que eles, em seu papel de submissão ao Senhor, tinham de se submeter à decisão dos pais (veja Efésios 6.1-4).
- Deus, depois de instruir maridos e esposas a serem cheios do Espírito, disse a ambos para se submeter um ao outro sob o senhorio de Cristo. A seguir, a esposa é informada para se submeter ao marido (Efésios 5.18-33). Uma esposa me disse que era a vontade de Deus que ela desse o dízimo do pagamento do marido. Quando lhe perguntei se o marido estava dando sua aprovação espontânea, ela disse que não. Esse não era um caso de "obedecer antes a Deus do que aos homens!" (At 5.29), mas antes era uma questão de obedecer a Deus pela submissão mútua a Deus e ao marido.
- Os empregados têm de se submeter em um determinado grau ao patrão. Um das grandes questões sobre descobrir que se a vontade de Deus é reunir nossa equipe para uma viagem de missão à Índia, ao Brasil ou à Colômbia é não só Deus prover os recursos, mas também o tempo de folga no trabalho. Nossa equipe de missão ora para que se for a vontade de Deus que um cristão faça parte da nossa equipe de missão que ele lhe dê favor com seu patrão com a liberação para ir conosco. Se um patrão diz que você é necessário em

seu trabalho, então encorajamos o empregado a considerar que Deus usou o papel de submissão para ajudar a guiá-lo quanto a uma vontade específica de Deus para a viagem de missão (Efésio 6.5-8).

- Os cidadãos têm de se submeter às autoridades governamentais que Deus pôs sobre nós (Romanos 13.1-7). Em geral, temos de ser cidadãos cumpridores da lei. Temos de pensar duas vezes antes de dizer que é vontade de Deus que façamos uma determinada coisa se isso significar que você viola secretamente sua consciência e a lei.
- Há um papel submisso para a liderança na igreja. A igreja delega autoridade de seu Cabeça, Jesus Cristo. Os pastores e os presbíteros encontram sua autoridade delegada na supervisão da igreja só quando se submetem à Escritura e se alinham com o ensinamento dela. Eles não têm de encontrar sua autoridade ao se comportar como senhores do rebanho de Deus, mas ao ser exemplos submissos para a igreja (1Pedro 5.1-4). Em Hebreus 13.7,17,24, Deus confirma o papel deles de governar sobre as pessoas, de liderar e de saudar a todos. O cristão sábio reexamina sua certeza do que chama a vontade de Deus se seu pastor ou presbíteros o advertem de que pode não estar entendo bem a vontade de Deus.

A igreja também delega com frequência a chefia do ministério e dos comitês para que a vontade de Deus seja feita com decência e ordem. Os cristãos individuais alegam com frequência que é a vontade de Deus que eles sirvam em uma determinada liderança ou ministério, mas os que estão na liderança não reconhecem isso. Se não houver submissão, então haverá divisão na igreja.

A partir de minha experiência de servir há 41 anos como pastor e de ter falado com centenas de pastores, posso dizer que muitos dos problemas da igreja são provenientes de cristãos independentes que têm sua própria programação privada na igreja, em vez de se submeter ao Senhor e à liderança da igreja. Infelizmente, eles ficam cegos pelo poder das tendências pessoais para influenciar o que determinam ser a vontade de Deus para sua vida.

### *A correção de Deus*

Corrigir é um dos fatores mais importantes e com frequência muito negligenciado quando tentamos descobrir a vontade de Deus. Mesmo se não buscamos ativamente a vontade de Deus para nossa vida, ele é proativo em nos corrigir. O que quero dizer com isso é que Deus guia ativamente para sua vontade aqueles que querem fazer sua vontade e ele corrige ativamente os que perdem a vontade do Senhor. Deus, como nosso Pai, pune, corrige, treina, disciplina, reprova e dá palmadas em seus filhos (Hebreus 12.1-17).

Deus corrige em amor, sabedoria e de forma gradual. A correção é uma marca da nossa salvação e, se ficarmos sem a correção de Deus, então nos ludibriamos e não fomos verdadeiramente salvos. Se não buscamos a vontade de Deus, então ele nos buscará até fazermos isso. Se caminharmos fora da vontade de Deus, ele nos repreende e até mesmo disciplina seus filhos. É importante lembrarmos que Deus é soberano e que o que denominamos acidentes, contratempos, eventos e circunstâncias desvinculadas podem bem ser a mão de correção de Deus para nos levar de volta à vontade dele.

### *A glória de Deus*

Se for a vontade de Deus para nossa vida, então ela satisfará o teste da glória de Deus. Esse teste responde à pergunta: “Isso trará glória a Deus ou simplesmente satisfaz meus desejos, ego, orgulho ou até mesmo luxúria?" Os cristãos imaturos buscam sua própria glória e honra. Os seguidores maduros de Cristo buscam a glória do Senhor acima de tudo o mais.

*O princípio da unidade*

A união do povo de Deus é essencial. O Senhor devota todo um capítulo da Bíblia, Salmos 133, à descrição da importância da união. O versículo 1 diz: "Como é bom e agradável quando os irmãos convivem em união". A isso simplesmente acrescentaria que é bom e prazeroso também para a "irmandade" conviver em união! Se alguma coisa é a vontade de Deus, ela unirá o corpo de Cristo, não o dividirá. E essa união se transforma em testemunho do evangelho de Jesus para o mundo.

*O padrão e o propósito*

A vontade de Deus nunca se desvia de seu padrão e propósito em Cristo. Quando descobrimos o padrão e o propósito de Deus na Escritura nunca temos de reinventar a roda. A vontade de Deus para nossa vida sempre segue o padrão de Cristo no evangelismo, no discipulado, no serviço, no doar, na oração etc.

*O princípio da entrega jubilosa*

Uma das chaves para descobrir a vontade de Deus é chegar ao ponto de ser neutro. Para qualquer coisa que Deus ponha diante de nós, estamos dispostos a dizer: "Não seja feita a minha vontade, mas a tua". Só chegamos a esse ponto alcançando o ponto de quebrantamento e de total entrega.

## APLICAÇÃO

- Você, ao buscar a vontade de Deus, já alinhou esses três indicadores: a Palavra de Deus, o testemunho de Deus e o caminho de Deus?
- Você está caminhando com Deus atualmente fazendo tudo que sabe ser a vontade dele antes de pedir a ele orientação específica?
- De que maneiras você se vê agindo em submissão às autoridades em sua vida delegadas pelo Senhor?
- Você reconhece a correção de Deus em sua vida como um meio de orientar seu ser para agir na vontade dele?
- Outros membros da igreja diriam que sua caminhada é uma fonte de união e glória para Deus ou eles diriam honestamente que ela é de autopromoção que levará à divisão?
- O que você sabe ser a vontade de Deus para todos os cristãos que você não está fazendo atualmente?

# *Teste sete: abençoada*
## *parte 2*

*Eli respondeu: "Vá em paz, e que o Deus de Israel lhe conceda o que você pediu"* (1Samuel 1.17).

### O SEXTO TESTE DE FÉ

O sexto teste de fé é descobrir a vontade de Deus e receber a promessa.

No último capítulo, discutimos dois fatores no conhecimento da vontade de Deus e no fazê-la.

- Como passamos da *esperança geral* em Deus para a *fé em uma promessa específica* de Deus?
- Como descobrimos a vontade de Deus para nossa vida? Nesta seção, discutimos os cinco pontos: a Palavra de Deus, o testemunho de Deus, o caminho de Deus, a sabedoria de Deus e nossa caminhada com Deus.

Agora passaremos para um terceiro fator no conhecimento da vontade de Deus.

## 3. COMO FAZER A VONTADE GERAL DE DEUS SE RELACIONA COM DESCOBRIR A VONTADE ESPECÍFICA DELE?

A vontade geral de Deus é que se aplica a todos os cristãos em relação às ordens, promessas e aos princípios dele e exemplos da Escritura. Em contrapartida, a vontade específica de Deus para um cristão individual é uma designação pessoal de Deus e está sempre na vontade geral dele.

### *Exemplos*

A vontade geral de Deus para Josué e Calebe e todos os doze espiões era a mesma: dar um bom relato de fé. Só Josué e Calebe deram o relato de fé. Deus, em sua fidelidade, deu a ambos a mesma promessa de possuir a terra prometida. No entanto, a designação específica para Josué e Calebe na vontade geral de Deus era diferente. Deus tinha preparado e escolhido especificamente Josué para liderar Israel na conquista da terra prometida. Calebe tinha de reivindicar seu monte prometido e, como um exemplo de fé, inspirar sua filha e seu genro para a liderança da geração seguinte.

Outro exemplo da vontade geral de Deus para todos os cristãos é ser testemunha da nossa salvação e compartilhar o evangelho com o perdido. Portanto, devemos em geral sentir que todas as pessoas que encontramos é alguém com que podemos compartilhar o evangelho. Mas Deus também pode nos dar uma aflição, um chamado ou uma impressão específico para compartilhar o evangelho com uma pessoa específica. Por exemplo, Filipe compartilhou Cristo em Samaria quando fugiu da perseguição de Saulo. No meio da pregação de Cristo para toda uma cidade, Deus lhe daria um chamado específico para ir e compartilhar Cristo com um etíope em outra região (Atos 8.29).

Se for para ficarmos em uma posição de receber a vontade de Deus como uma designação dele, então precisamos ser fiéis em fazer o que ele ordena claramente que todos os cristãos façam. Enquanto fazemos fielmente a vontade geral de Deus é que, em geral, descobrimos a vontade específica dele para nossa vida. Enquanto Paulo fazia obedientemente missões, ele recebeu o chamado específico para levar o evangelho para a Macedônia (Atos 16.9).

Encontramos no rei Josias uma das imagens mais claras de toda a Escritura em relação a descobrir a vontade específica de Deus para nossa vida enquanto fazemos diariamente a vontade dele. Considere que ele tinha nomeado Josias e esboçado parte de seu propósito para a vida dele mais de trezentos anos antes de ele nascer.

> *Ele clamou contra o altar, segundo a ordem do* S*ENHOR*: *"Ó altar, ó altar! Assim diz o* S*ENHOR*: *'Um filho nascerá na família de Davi e se chamará Josias. Sobre você ele sacrificará os sacerdotes dos altares idólatras que agora queimam incenso aqui, e ossos humanos serão queimados sobre você'* " (1Reis 13.2).

Como foi que Josias estava no altar de Betel na hora e no lugar certos para fazer a vontade específica de Deus para sua vida? Ele não recebeu uma ordem nem uma revelação especial para ir a Betel cumprir essa profecia incrível em relação a ele. Deus tinha um propósito específico para Josias que não seria uma questão de ele orientar seus próprios passos, mas de descobrir a vontade do Senhor para sua vida enquanto permitiu que Deus guiasse seus passos em sua Palavra e por meio do processo de fazer diariamente a vontade do Senhor. "Ele fez o que o SENHOR aprova e andou nos caminhos de Davi, seu predecessor, sem desviar-se nem para a direita nem para a esquerda" (2Reis 22.2).

A propósito, é dessa maneira que também nos encontramos no lugar certo, na hora certa e com o coração certo para fazer a vontade específica de Deus: ao obedecer a ele nas coisas gerais, ele nos leva a seus caminhos específicos.

Ao ler as seguintes passagens descobrimos uma linha do tempo de como Josias descobriu e fez a vontade específica de Deus para sua vida. Por favor, use o tempo necessário para ler 1Reis 13.2; 2Reis 21.19-24; 2Reis 22—23; 2Crônicas 34—35 e observe o seguinte em relação a Josias:[65]

- Seu pai era mau e não seguia a Deus como Davi seguiu.
- Ele nasceu quando o pai tinha apenas dezesseis anos.
- Seu pai reinou como rei de Judá por apenas dois anos e foi morto.
- Ele se tornou rei de Judá aos oito anos.
- Ele começou a buscar ativamente a Deus aos dezesseis anos quando o Senhor incitou seu coração.
- Ele, aos vinte anos, realizou uma reforma religiosa começando uma campanha para acabar com toda idolatria em Judá e em Israel.
- Seu zelo por Deus fez que destruísse a idolatria além de Judá e até os confins de Israel.

[65] A seção seguinte concernente a Josias é tirada do maior propósito de Deus em Cristo.

- Ele, durante seis anos, destruiu fielmente toda idolatria e queimou os ossos dos falsos sacerdotes nos falsos altares.
- Ele, aos 26 anos, tinha um desejo profundo de reparar o templo de Salomão.
- Ele, durante o processo de reforma do templo, descobriu uma cópia perdida da Palavra de Deus preservada por Jeová. Observe que o nome de Josias, que significa "Jeová sustenta", revela como Deus sempre mantém sua Palavra, independentemente de quão difíceis sejam os dias em que vivemos.
- Ele, quando ouviu a Palavra de Deus ser lida, humilhou seu coração diante de Deus e rasgou suas roupas como uma demonstração externa de arrependimento.
- Ele, depois de ouvir a Palavra de Deus, reconheceu que a ira do Senhor estava sobre Judá porque eles tinham quebrado a aliança com o Senhor e tinham trazido as maldições da aliança sobre si mesmos.
- Sua sensibilidade e obediência à Palavra de Deus trouxe uma segunda onda de destruição de ídolos.
- Ele, no processo de destruir a idolatria, foi a Betel e destruiu o altar de Jeroboão e descobriu e queimou os ossos dos falsos sacerdotes que ofereciam sacrifícios nele durante o tempo Jeroboão.
- Josias, dos 20 aos 26 anos, fez fielmente o que sabia ser a vontade de Deus destruindo a idolatria e reformando o templo. No processo de caminhar com Deus, ele descobriu a vontade única e específica de Deus para sua vida no altar de Betel.

- Seu compromisso de caminhar com Deus levou-o a cumprir o grande propósito em Cristo para sua vida. Esse propósito foi profetizado trezentos anos antes de ele nascer.
- Ele não precisou ter uma experiência com a sarça ardente a fim de estar no centro da vontade de Deus. À medida que agiu de acordo com a luz da Palavra de Deus, descobriu aquilo que Deus lhe tinha ordenado a fazer.

O princípio que aprendemos com a vida de Josias é muito simples: se fizermos fielmente o que sabemos fazer a partir da Escritura, descobrimos o propósito maior de Deus em Cristo para nossa vida que ele ordenou antes de nascermos (Efésios 2.10).

Posso testificar que muitas das portas abertas específicas para o ministério não vieram enquanto fiquei em casa sentado à espera dessas oportunidades, mas quando estava fazendo a vontade de Deus. Quando segui a orientação do Espírito de Deus para partir em uma viagem missionária para a Índia, em 2004, pus-me no lugar certo na hora certa para ouvir Deus especificamente e ter novas portas de ministério no Brasil e na Colômbia abertas para mim.

O problema que a maioria dos cristãos enfrenta não é como descobrir a vontade específica de Deus, mas ser fiel e obediente à vontade clara do Senhor para todos os cristãos. Somos todos chamados a ter um tempo privado com Deus em sua Palavra. Somos todos chamados a amar nossa família. Somos todos chamados a doar, a testemunhar, a orar e a permitir que Cristo viva sua vida por nosso intermédio por meio do Espírito Santo. Se não fizermos a vontade de Deus comum a todos os cristãos, então perderemos a vontade específica dele e, com frequência, somos iludidos por nossas próprias inclinações egoístas enraizados em nossa carne quanto ao que Deus nos chama a fazer.

### *Questões de aplicação*

- De que maneiras você segue atualmente a vontade geral de Deus para sua vida?
- Como você sente o Espírito de Deus guiando-o em sua vontade específica para sua vida?
- Você, como Josias, estaria disposto a fazer a vontade geral de Deus por mais de seis anos antes de descobrir a parte da vontade específica dele para sua vida?

### 4. COMO CONSEGUIMOS CHEGAR AO LUGAR EM NOSSO CORAÇÃO EM QUE PODEMOS OUVIR E DISCERNIR A VONTADE ESPECÍFICA DE DEUS PARA NOSSA VIDA SEM TENDÊNCIAS OU PREFERÊNCIAS PESSOAIS?

Sem passarmos pelo quebrantamento e sem nos derramarmos para Deus, podemos, em nosso próprio zelo, presumir a vontade específica de Deus para nossa vida. Sem quebrantamento, nossas tendências pessoais em direção à obstinação podem nos iludir em relação à vontade específica do Senhor.

Na seção sobre quebrantamento, examinamos o princípio de que nossa carne é pecaminosa e não tem nada de bom nela. Não só Deus rejeita o mal da nossa carne, mas também rejeita o que podemos achar que são as coisas boas que vemos em nós mesmos (Romanos 7.5,6,17-25). A batalha entre a vontade da carne e a vontade do Espírito Santo é real e constante.

> *Por isso digo: Vivam pelo Espírito, e de modo nenhum satisfarão os desejos da carne. Pois a carne deseja o que é contrário ao Espírito; e o Espírito, o que é contrário à carne. Eles estão em*

*conflito um com o outro, de modo que vocês não fazem o que desejam* (Gálatas 5.16,17).

Temos de reconhecer que somos capazes de presumir a vontade de Deus. Podemos ser enganados pelas boas intenções da nossa carne e pelas tendências pessoais que todos nós temos na carne em direção a nós mesmos. Como resultado disso, sentimos que recebemos orientação de Deus quando apenas racionalizamos e convencemos a nós mesmos.

Todos nós podemos ser enganados por Satanás e pela natureza tendenciosa da nossa carne ao buscar a vontade específica de Deus sobre um assunto em particular. Às vezes presumimos a vontade de Deus e tentamos culpar o Senhor por aquilo que começamos por nós mesmos.

Quando chegamos a uma encruzilhada, é fácil escolher a estrada mais confortável e convencer a nós mesmos de que estamos no caminho certo caminhando com Deus. Temos pontos cegos de orgulho que podem nos fazer presumir que estamos na vontade de Deus, mas sem saber que fomos sutilmente influenciados pela exaltação de nós mesmos. Podemos ter zelo sem conhecimento e caminhar corajosamente no caminho ao qual Deus não nos enviou. É bom tentar fazer a vontade de Deus, mas o inimigo tem muitas estradas laterais pelas quais podemos nos desviar.

O que é impressionante a respeito de Deus e sua graça maravilhosa é que ele...

*não nos trata conforme os nossos pecados nem nos retribui conforme as nossas iniquidades. Pois como os céus se elevam acima da terra, assim é grande o seu amor para com os que o temem; e como o Oriente está longe do Ocidente, assim ele afasta para longe de nós as nossas transgressões. Como um pai tem compaixão de seus filhos, assim o Senhor tem compaixão dos que o temem; pois ele sabe do que somos formados; lembra-se de que somos pó* (Salmos 103.10-14).

Vim a descobrir que quando percebo que fui iludido e peguei um desvio enganador da estrada da vontade de Deus, ele, em sua grande misericórdia, permite retornos no cerne de sua vontade. Claro que a chave para isso está no caráter do Senhor.

- Leia esses versículos de Salmos 103 mais uma vez. Faça um círculo em cada menção de Davi a alguma faceta do caráter de Deus.
- O que você aprendeu com esse exercício?

## *Como ouvimos a Deus?*

- Deus nos fala por meio da Escritura. Essa é a principal forma pela qual ele nos fala. Segunda Timóteo 3.16,17 afirma: "Toda a Escritura é inspirada por Deus e útil para o ensino, para a repreensão, para a correção e para a instrução na justiça, para que o homem de Deus seja apto e plenamente preparado para toda boa obra".
- Se lermos a Bíblia de forma fiel e sistemática, seremos surpreendidos com a forma como a vontade de Deus fica clara para nós. Se seguirmos as regras gerais de interpretação da Bíblia (a interpretação é conhecida como a ciência bíblica da hermenêutica), descobrimos a voz de Deus nas páginas da Escritura, não em nosso ouvido.
- Deus nos fala por intermédio dos pastores e professores. Você já ouviu um sermão e sentiu que Deus falava diretamente ao

seu coração? Essa é uma experiência comum. Deus fala com frequência a nosso coração por intermédio de professores dotados enquanto eles desvelam a Palavra do Senhor para nós. Primeira Tessalonicense 2.13 declara: "Também agradecemos a Deus sem cessar o fato de que, ao receberem de nossa parte a palavra de Deus, vocês a aceitaram, não como palavra de homens, mas conforme ela verdadeiramente é, como palavra de Deus, que atua com eficácia em vocês, os que creem".

- Deus fala conosco por meio de impressões no coração. Ele põe ideias em nossa mente e aflições em nosso espírito. Observe o que Jó nos diz sobre como Deus fala:

  *Pois a verdade é que Deus fala, ora de um modo, ora de outro, mesmo que o homem não o perceba. Em sonho ou em visão durante a noite, quando o sono profundo cai sobre os homens e eles dormem em suas camas, ele pode falar aos ouvidos deles e aterrorizá-los com advertências* (Jó 33.14-16).

No entanto, temos de ser cuidadosos ao confiar em nossas impressões interiores. Há dois extremos a ser evitados: um é o erro do racionalista; o outro, o erro do místico.

- O racionalista nega que Deus sequer fale conosco. Ele diz que Deus fala por intermédio da Bíblia e nunca guia pessoalmente um indivíduo nem lhe fornece nenhuma impressão.
- O místico acha que toda impressão que tem é de Deus.

Os dois extremos estão equivocados. As impressões enviadas por Deus estão sempre de acordo com sua Palavra e são sustentadas por ela.

- Deus nos fala por meio de experiências dolorosas. Provérbios 20.30 declara: "Os golpes e os ferimentos eliminam o mal; os açoites limpam as profundezas do ser"... e Deus faz isso por intermédio das circunstâncias de sofrimento. C. S. Lewis disse: "Deus sussurra para nós em nossos prazeres, fala em nossa consciência, mas grita em nosso sofrimento. Este é seu megafone para acordar um mundo surdo".[66]

### *Por que é importante ouvir Deus falar?*

Ouvir a Deus me faz lembrar que sou seu filho. Jesus disse: "As minhas ovelhas ouvem a minha voz; eu as conheço, e elas me seguem" (João 10.27). Os verdadeiros seguidores de Cristo ouvem sua voz. Se você nunca ouviu a Deus falar com você (não de forma audível, mas por meio de impressões interiores das quais acabamos de falar), se nunca sentiu ele falando ao seu coração, tem todo motivo para duvidar de que é um verdadeiro cristão e que faz parte da família dele. Mas quando ouço a Deus, lembro-me de que sou seu filho.

Tenha cuidado aqui, leva tempo para aprender a ouvir a voz dele. Leva tempo para sintonizar nosso ouvido à frequência de seu Espírito. Mas saiba isto: ele está falando. Você está ouvindo?

Ouvir a Deus me impede de cometer erros. Asafe escreveu Salmos 73.[67] Ele nos fala de sua experiência pessoal.

> Certamente Deus é bom para Israel, para os puros de coração. Quanto a mim, os meus pés quase tropeçaram; por pouco

---

[66] **Lewis, C. S. *O problema do sofrimento*. Editora Vida, 2009.**

[67] Davi escreveu a maioria dos salmos, mas não esse. Esse foi escrito por um levita que liderou o coro do templo (1Crônicas 15.19; 25.1,2). Ele provavelmente escreveu os salmos de 73 a 83 e também o salmo 50.

não escorreguei. Pois tive inveja dos arrogantes quando vi a prosperidade desses ímpios.

Se você ouve ao Senhor, ele o advertirá de antemão, e você evitará as armadilhas, as emboscadas e os enganos que Satanás põe em nosso caminho.

- Ouvir a Deus é o segredo de uma vida produtiva. Quanto mais dependemos da orientação de Deus, mais somos bem-sucedidos. Jesus afirmou: "Se vocês permanecerem em mim, e as minhas palavras permanecerem em vocês, pedirão o que quiserem, e lhes será concedido. Meu Pai é glorificado pelo fato de vocês darem muito fruto; e assim serão meus discípulos" (João 15.7,8).

Deus deseja que sejamos produtivos, prósperos e realizemos seus propósitos para nossa vida. Ele o fez para ser produtivo.

APLICAÇÃO

- Você reconhece a tendência pessoal em direção à satisfação da vida de seu "eu" que vive diariamente em sua carne?
- Você se lembra de alguma ocasião em que seu zelo foi tão influenciado pelo orgulho que você não percebeu a vontade de Deus?
- Você precisa fazer uma meia-volta agora para voltar à vontade de Deus?
- Você permanece em Cristo? As palavras dele permanecem em você? Experimenta o princípio de *produzir muito fruto*?

### 5. É POSSÍVEL DESCOBRIR E FAZER A VONTADE DE DEUS UM DIA E, DEPOIS, NO DIA SEGUINTE SER ENGANADO E NÃO PERCEBER DE FORMA ALGUMA A VONTADE DE DEUS?

O rei Davi, com certeza, provou que, um dia, você pode buscar a vontade de Deus antes de tomar uma decisão importante e, no dia seguinte, tomar uma decisão que o tira da vontade perfeita de Deus para sua vida (veja 1Samuel 27.1).

No prefácio deste livro, relato a história de quando me assentei no restaurante Shoney, em Laurel, Mississippi, e orei por minha aflição de ser pastor. Consegui me identificar com Ana no fato de que Deus tinha "deixado estéril", mas naquele dia apliquei a reversão da esterelidade a minha oração específica e senti que recebi uma palavra similar de Deus. "Vá em paz, e que o Deus de Israel lhe conceda o que você pediu."

Tive tanta certeza de que Deus nos daria uma igreja que fechei imediatamente minha Bíblia, fui para casa e anunciei para Connie o ocorrido. Três horas depois recebi um telefonema do presidente de um comitê de busca de pastores e, três semanas depois, estávamos pregando em nossa nova igreja. Todos os elementos da palavra, do testemunho e do caminho estavam presentes nessa decisão.

Nesse caso, a vontade específica de Deus ficou clara para mim. Não obstante, também houve vezes em que cheguei à encruzilhada e me enganei, escolhendo o caminho errado. Passei por um processo semelhante de buscar a vontade específica de Deus e, todavia, convenci-me de que estava sendo guiado pelo Senhor quando, agora olhando em retrospectiva, sinto que deixei passar o melhor de Deus para minha vida.

Nas duas histórias a seguir quero contrastar dois testes de fé e tentar descobrir a vontade específica de Deus a respeito de duas decisões.

Em um exemplo, consegui permanecer porque permaneci pela fé no que senti que era a promessa de Deus para mim. Lembro-me de que só a Palavra de Deus é a verdade objetiva e que as histórias são subjetivas e interpretadas pelas inclinações do indivíduo. Todavia, Deus usa nosso testemunho pessoal para encorajar ou admoestar os outros cristãos. Aprendemos princípios tanto com as bênçãos quanto com os fracassos dos membros do corpo de Cristo e, ao fazer isso, somos desafiados ou advertidos a evitar desvios semelhantes em nossa jornada comum de fé.

### *História 1: permanecendo nas promessas de Deus*

Em 1970, meu pastor me pediu para orar sobre uma oportunidade de implantar uma nova igreja a cerca de 4.000 quilômetros de distância da nossa casa em Baton Rouge, Louisiana. Minha igreja tinha comprado uma passagem de ônibus para eu ir me encontrar com uma igreja batista de Washington que estava à procura de um pastor para iniciar uma nova igreja em uma pequena comunidade rural na vizinhança. Passei quase sete dias e sete noites nessa jornada para descobrir a vontade de Deus. Li a Bíblia ao longo da maioria desses dias e noites, pedindo ao Senhor para me dar uma orientação clara. Testemunhei para diversas pessoas que se sentaram ao meu lado no ônibus e consegui distribuir muitos panfletos do evangelho. De uma perspectiva física, foi uma viagem terrível. Passei quase uma semana sentado em um ônibus. Meu traseiro ficou adormecido. Era difícil dormir sentado. Era acordado com frequência tarde da noite nas paradas do ônibus e tinha de esperar na estação pela conexão seguinte. Mas finalmente cheguei ao local de implantar a igreja.

Fui levado ao prédio vazio da igreja em que faríamos cultos para a instalação da nova igreja. Orei com o pastor padrinho da igreja naquele prédio vazio e depois pedi para ficar algum tempo sozinho ali. Pedi a Deus que me desse uma clara promessa para ficar se fosse sua vontade que minha esposa e eu nos mudássemos para aquele local e começássemos essa nova igreja. Ajoelhei-me no primeiro banco, orei e li a Palavra. Foi no meio desse tempo de oração e leitura da Bíblia que li estas palavras:

> *Portanto, você, meu filho, fortifique-se na graça que há em Cristo Jesus. E as palavras que me ouviu dizer na presença de muitas testemunhas, confie-as a homens fiéis que sejam também capazes de ensinar outros. Suporte comigo os meus sofrimentos, como bom soldado de Cristo Jesus. Nenhum soldado se deixa envolver pelos negócios da vida civil, já que deseja agradar aquele que o alistou* (2Timóteo 2.1-4).

Sabia que esse era o ensinamento claro sobre o qual todos os pastores devem construir seu ministério, mas fui impressionado por Deus de que também havia uma aplicação específica para mim naquele ponto. Fundamentado nessa passagem, fiquei convencido de que Deus queria que aceitasse o chamado da igreja mãe para ser seu implantador de igreja.

Foi a vontade clara e geral de Deus que eu lesse minha Bíblia diariamente e compartilhasse Jesus com as pessoas que ele pôs em meu caminho durante aquela semana de jornada de fé. A vontade geral de Deus é a mesma para todos os cristãos e é um assunto de fé e obediência. No entanto, precisava conhecer a vontade específica de Deus para mim a fim de poder aceitar o chamado para ser um pastor missionário.

Senti paz em meu coração de que Deus tinha me chamado a começar a nova igreja e fiz a longa viagem de volta para casa de uma semana a fim de compartilhar com minha esposa que estava disposta a me seguir quando deixamos nossa cidade em nossa primeira missão.

Era importante que tivesse a profunda convicção de que Deus tinha me enviado e de que tinha discernido corretamente a vontade específica dele. Não tinha percebido como seria importante ter 2Timóteo 2.1-4 como uma firme fundação para o dificílimo teste que estava para enfrentar.

Connie e eu mudamos para Washington, e comecei a ir de porta em porta convidando a comunidade para ir a nossa nova igreja. Compartilhava meu testemunho e o evangelho com quem conseguisse conversar. Para nosso primeiro culto esperava que várias pessoas se juntassem a nós, mas não veio ninguém. Estavam ali apenas minha doce esposa e eu. Ela se sentou no mesmo banco em que, algumas semanas antes, eu tinha orado e discernido a vontade de Deus. Connie perguntou o que faríamos. Não sabia nada melhor para dizer que: "Vamos fazer nosso primeiro culto com apenas nós dois". Liderei o canto do hinário, demos nosso dízimo e, depois, fiz meu primeiro sermão como o pastor missionário. Voltamos no domingo à noite para repetir o mesmo cenário. Tinha ainda mais incentivo para visitar a comunidade e compartilhar Jesus. Mas ainda ninguém veio se juntar aos nossos cultos. Visitava a comunidade semana após semana para, depois, pregar apenas para Connie e eu.

O preço emocional sobre Connie era grande. Ela não conseguia deter as lágrimas. Cada um daqueles dezoito cultos, em vez de encorajá-la, trouxeram grande desencorajamento. Finalmente em um culto quando estava para pregar, Connie fez algumas observações inquisitivas: "Talvez não tenhamos entendido a vontade de Deus, e ele não queria nos enviar para esse lugar aqui ou haveria pessoas respondendo ao chamado do Senhor. Você tem um diploma universitário em administração. Poderíamos voltar para casa, e você poderia conseguir um bom emprego. Talvez Deus não o tenha chamado a pregar".

Em retrospectiva, esse foi um dos momentos mais críticos do meu ministério. Se tivesse cedido e desistido naquele momento, talvez não estivesse no ministério hoje. Mas passei, como Ana, da esperança para a fé e daí para a certeza em relação à vontade específica de Deus. Lembro-me de muitos fatores que confirmaram que Deus nos chamara para aquele local. Um desses fatores era o fundamento da promessa de Deus em 2Timóteo 2.1-4 que tinha aplicado à vontade específica do Senhor para minha vida.

Naquele momento, consegui reafirmar Connie de que Deus tinha de fato me chamado a pregar e que também tinha nos chamado a começar nossa primeira missão ali. Não conhecia a obra que Deus estava fazendo secretamente nem a lição de vida que estava ensinando para o futuro.

No domingo seguinte, várias famílias que tínhamos visitado e para quem tínhamos testemunhado vieram à igreja. A partir daquele domingo, o número de membros aumentava de uma semana para outra. Um domingo, logo depois da provação de fé, a própria Connie respondeu ao convite do evangelho e me disse: "Truman, Deus me mostrou que sou uma perdida. Não tente me dizer que sou uma cristã". Naquele momento, ajoelhei-me com minha esposa no mesmo banco em que ela tinha me questionado sobre o chamado de Deus para o ministério, e Connie recebeu o Senhor Jesus em sua vida. Connie foi salva naquele domingo e foi a primeira pessoa que batizei em meu ministério. Não sabia que um dos motivos para a provação de fé era trazer minha esposa, que eu achava ser uma verdadeira cristã, para a salvação. Sou tão agradecido a Deus por ter me dado um fundamento de fé no qual me apoiar em meio à tormenta do teste. Ajoelhado no mesmo banco semanas antes, lera a passagem de 2Timóteo 2.1-4 e a aplicara a minha oração como uma das principais peças na determinação da vontade específica de Deus em relação a nossa primeira missão. Deus tinha me concedido uma paz profunda na terra à luz do dia quanto a sua vontade específica para nossa primeira missão. Essa foi a âncora que nos impediu de naufragar de noite no mar tempestuoso do teste.

## 6. PODEMOS NÃO PERCEBER A VONTADE DE DEUS AO INTERPRETAR MAL UMA PROVAÇÃO DE FÉ E CEDER À INCLINAÇÃO PESSOAL POR CAUSA DO DESENCORAJAMENTO

### *História 2: interpretando mal a vontade de Deus*

Após nossa primeira provação de fé, buscávamos pessoas para salvar e se juntar a nossa igreja. Enquanto testemunhava de porta em porta, apresentei o evangelho a uma mulher católica idosa (a quem chamaremos de Alice) que parecia estar sob a convicção do Espírito Santo.

Telefonei para uma de nossas senhoras mais velhas, a qual chamarei de Sally. Esta me ajudava com frequência no acompanhamento das visitas. Sally estivera uma vez ativamente envolvida em uma igreja, mas parou de ir à igreja durante anos por causa de alguns problemas na igreja anterior. Telefonei para Sally e lhe disse que sentia que essa senhora católica estava para responder a

Cristo e perguntei se ela iria até Alice e compartilharia seu testemunho com ela. Sally, após sua visita, telefonou-me de volta louvando a Deus e me relatando como Alice tinha orado com ela. E Alice aceitou a Cristo. Sally, a seguir, instruiu-me a voltar e a conversar com Alice sobre o batismo e ser membro da igreja. Regozijei-me com Sally e visitei imediatamente Alice, presumindo que esta recebera Cristo.

No entanto, quando cheguei a sua casa e discuti a boa notícia de Sally, Alice me contou uma história diferente. Ela disse que Sally tinha sido insistente e a tinha deixado desconfortável. Ela disse que Sally era tão insistente que tinha feito a oração do pecador com ela apenas para que Sally fosse embora de sua casa.

Pedi desculpas pela experiência ruim e depois tive a oportunidade de responder a muitas de suas perguntas. Ela veio a entender a salvação por meio da graça pela fé na obra terminada de Cristo em favor dela. Lágrimas começaram a rolar em suas faces, e perguntei se estava preparada para confiar só em Cristo para sua salvação. Ela orou de coração em suas próprias palavras e imediatamente teve certeza da salvação.

Quando telefonei para Sally, não lhe falei da experiência ruim de Alice com ela. Disse-lhe que Alice tinha compartilhado comigo que não tinha recebido Cristo. Deus então me deu a oportunidade de examinar o evangelho com ela de novo, e Alice veio a entender e ter certeza da salvação e se comprometeu a ser batizada e se tornar membro da nossa igreja.

O que aconteceu a seguir foi chocante. Lembro-me claramente de suas palavras provocantes que demonstravam sua raiva: “Como você ousa converter minha convertida?” A seguir, ela me disse que era muito jovem para ser pastor. Então ela me informou que nunca voltaria à igreja e disse que telefonaria para os outros membros da igreja e lhes diria a mesma coisa. Ela disse que também telefonaria para a lista de pessoas que tinham visitado nossa igreja. Nunca tinha visto esse lado da Sally antes. Até ali, ela se vangloriava com frequência para os outros quanto a minha pregação e ministério. Mas agora eu estava sob ataque espiritual e era provocado a me preocupar, ficar com raiva e pedir demissão.

Naquele domingo meu coração se partiu quando as críticas e fofocas de Sally provaram ter sido muito bem-sucedidas. Mais de dois terços da congregação escolheu não ir à igreja. Senti como se tivesse sido nocauteado. Comecei a dar telefonemas, e muitos me disseram que Sally tinha lhes ligado e não queriam se envolver em problemas na igreja. Estava sendo destruído — e em vez de permitir que a provação de fé me ensinasse, me refinasse e me preparasse para produzir um fruto mais extraordinário, abortei a obra de Deus fugindo do meu problema.

Meu primeiro grande dia de desencorajamento no ministério foi emocionalmente esmagador. Sabia que seria errado e pecaminoso pedir demissão e fugir do meu chamado para essa jovem missão. Estava derrotado e esmagado emocionalmente. Não queria pegar as peças e juntá-las de novo. Você já notou como o orgulho espiritual pode ser sutil? Não queria fugir de Deus como Jonas, então tive de me convencer que Deus tinha me liberado da igreja. Não queria me sentir fracassado, então tive de me convencer que as ovelhas não seguiriam o pastor. Não queria ir embora sem uma promessa de Deus, então manipulei a Escritura para se ajustar a meus desejos preconcebidos. Lembro-me de orar e ler aleatoriamente uma passagem de Daniel.

Daniel falava dos três hebreus fiéis jogados na fornalha ardente e de como o Senhor os libertou. Nada foi queimado além das cordas que os amarravam. Dependendo da condição de meu coração podia ter feito muitas aplicações dessa passagem à situação da minha vida. Poderia ter sido encorajado a atravessar a ardente provação de fé e confiar em Deus para me libertar. Preferi, no entanto, sair da situação. Por isso, tentei espiritualizar o problema e reivindiquei que Deus tinha queimado as ataduras dessa fofoca e o problema da igreja e que, portanto, eu estava livre para ir embora.

Hoje, teria lidado de maneira diferente com aquele dia de desencorajamento, mas naquele dia não tinha energia para perseverar.

Deus usou essa experiência — e diversas outras como essa — para me quebrar e me fazer entender melhor a falsidade da minha carne. Deixou-me profundamente consciente de que minha mente pode engendrar raciocínios para depois manipular a vontade de Deus a fim de endossar meus desejos em nome da minha obediência a sua vontade.

Quando disse para minha igreja que estava me demitindo e aceitaria um convite para começar uma igreja em uma cidade grande, muitos pediram que não fosse embora. Uma dessas pessoas foi Alice. Mas o leão tinha rugido e correra da minha aflição, e não para Deus. Tinha sido firme em meu teste de fé anterior, mas falhei quando deixei minha preocupação se transformar em desencorajamento.

### *O fracasso pode ser um excelente professor*

O fracasso é um excelente professor quando você se vê nos aspectos e nos princípios da Escritura. Acredito hoje que deixei escapar a vontade de Deus. No processo de amadurecimento, temos de enfrentar muitos testes de fé comuns, como as pessoas da Escritura. Se falharmos em nosso teste de fé, então Deus nos fortalece e arranja um novo conjunto de circunstâncias em que enfrentamos alguém que nos desafia mais uma vez. Todo cristão que tenta produzir fruto enfrenta as perseguições de nosso grande adversário Satanás.

Israel falhou em seguir Deus na terra prometida. Eles, como resultado de sua descrença, vagaram no deserto durante quarenta anos. A essa altura, Moisés tinha morrido, e um novo líder chamado Josué tinha assumido seu lugar, e uma nova geração de israelitas estava pronta a segui-lo. Deus deu esta ordem a Josué:

> *Depois da morte de Moisés, servo do Senhor, disse o Senhor a Josué, filho de Num, auxiliar de Moisés: "Meu servo Moisés está morto. Agora, pois, você e todo este povo preparem-se para atravessar o rio Jordão e entrar na terra que eu estou para dar aos israelitas. Como prometi a Moisés, todo lugar onde puserem os pés eu darei a vocês. Seu território se estenderá do deserto ao Líbano, e do grande rio, o Eufrates, toda a terra dos hititas, até o mar Grande, no oeste. Ninguém conseguirá resistir a você todos os dias da sua vida. Assim como estive com Moisés, estarei com você; nunca o deixarei, nunca o abandonarei.* Seja forte e corajoso, *porque você conduzirá este povo para herdar a terra que prometi sob juramento aos seus antepassados.* Somente seja forte e muito corajoso! *Tenha o cuidado de obedecer a toda a lei que o meu servo Moisés lhe ordenou; não se desvie dela, nem para a direita nem para a esquerda, para que você seja bem-sucedido por onde quer que andar. Não deixe de falar as palavras deste Livro da Lei e de meditar nelas de dia e de noite, para que você cumpra fielmente tudo o que nele está escrito. Só então os seus caminhos prosperarão e você será bem-sucedido. Não fui eu que lhe ordenei?* Seja forte e corajoso! *Não se apavore, nem desanime, pois o Senhor, o seu Deus, estará com você por onde você andar"* (Josué 1.1-9).

*Quando Deus diz algo uma vez, temos de ouvir e obedecer porque essa* é a vontade dele. Quando ele repete três vezes, como fez com Josué, deve realmente ser *algo importante. Josué teve de aprender com o fracasso de Israel... e a depender do Senhor para lhe dar força e vitória.*

Temos de aguentar fielmente até ouvirmos Deus nos dar uma promessa sobre a qual nos firmamos. E é nessa promessa que temos de permanecer fielmente. A força é edificada nos momentos de fracasso.

## *Aplicação*

- Você já interpretou errado a vontade de Deus por causa de sua inclinação pessoal?
- O que você aprende com o fracasso? Como o fracasso é um bom professor para você?
- De que maneiras você precisa permanecer forte e ser corajoso? O que está enfrentando nesse momento que o desafia a confiar mais em Deus?

# Teste sete: acreditar

## parte 1

*Ela disse: "Espero que sejas benevolente para com tua serva!" Então ela seguiu seu caminho, comeu, e seu rosto já não estava mais abatido. Na manhã seguinte, eles se levantaram e adoraram o SENHOR; então voltaram para casa, em Ramá. Elcana teve relações com sua mulher Ana, e o SENHOR se lembrou dela* (1Samuel 1.18,19).

### O SÉTIMO TESTE DE FÉ

O sétimo teste de fé pergunta:

> Podemos nos regozijar e agradecer a Deus antes de a promessa ser cumprida e caminhar pela fé, e não por nossos sentimentos?

À medida que começamos este capítulo, observe os atos e a fé de Ana. Essa é a primeira vez no texto que não encontramos Ana carregando a pesada aflição de sua alma. Sua aflição foi aliviada. Ela aprendeu a dizer, nas palavras de Jesus, que "o meu jugo é suave e o meu fardo é leve". Ana, cujo nome significa graça, encontrou graça aos olhos do Senhor. Sua longa jornada de fé a trouxe ao ponto em que ela viu o invisível e se regozijou no Senhor. Ela, não mais aflita, provavelmente entoou um cântico de louvor a Deus. Se ela estivesse na nossa igreja de hoje, podia ter entoado com toda alma: "Deus deixou-me feliz; ó, Deus deixou-me feliz!"

Jesus ensinou que temos de perseverar em oração. Temos de continuar batendo, continuar a pedir e continuar a buscar.[68] Ana fez isso. Ela continuou a bater, continuou a pedir e continuou a buscar — e finalmente recebeu de Deus aquilo que estivera pedindo havia tanto tempo. Deus favoreceu-a com fé. Ela acreditou em sua promessa específica para ela. E recebeu o que tinha sido prometido.

É impressionante o que Deus faz no instante em que passamos a acreditar. Recebemos uma certeza de fé tão profunda que conhecemos pelo testemunho do Espírito Santo antes de ver qualquer sinal da bênção. A semente da fé tinha sido implantada na alma de Ana, e esta sabia que estava grávida antes de estar fisicamente grávida. A fé de Ana governou suas emoções, e ela estava cheia de louvor.

A experiência de Ana nos ajuda a responder a duas importantes questões em nossa jornada para fortalecer, dar produtividade e levar-nos à realização:

- Como aprendemos a agradecer a Deus pela fé e a nos regozijar na bênção prometida antes de receber a bênção?
- Como aprendemos pela fé a não permitir que nossos sentimentos nos roubem a alegria de acreditar sem ver?

Neste capítulo consideraremos a primeira questão.

---

68 Mateus 7.7,8.

### 1. COMO APRENDEMOS A AGRADECER A DEUS PELA FÉ E A NOS REGOZIJAR NA BÊNÇÃO PROMETIDA ANTES DE RECEBER A BÊNÇÃO?

Nosso Pai celestial faz promessas incríveis em sua Palavra. Essas promessas são como rochas sólidas[69] das quais podemos depender totalmente. Ana, em vez de depender da areia movediça das emoções e da esperança focada em si mesma, edificou sua casa de fé sobre a rocha sólida da promessa de Deus para ela. Quando o vento, as chuvas e tempestades a golpeavam, ela continuou firme. Ela não duvidou. Suas emoções não voltaram para a tristeza e a autopiedade. Ela se regozijou sem vacilar até segurar Samuel em seus braços.

Se tivesse de aplicar um versículo do Novo Testamento ao comportamento de Ana aqui, ele seria aquele que contém as palavras de Jesus: " 'Portanto, eu lhes digo: Tudo o que vocês pedirem em oração, creiam que já o receberam, e assim lhes sucederá' " (Marcos 11.24). Ana pediu e acreditou com fé alegre antes de receber a resposta para sua oração. Esse versículo também é uma grande promessa e desafio para nós. Contudo, o texto deve ser mantido no contexto do todo do ensinamento de Jesus sobre a fé e a oração.

## *A fé e a oração: o fundamento do pedido*

- Pedimos a partir de um relacionamento permanente com Cristo. " 'Se vocês permanecerem em mim, e as minhas palavras permanecerem em vocês, pedirão o que quiserem, e lhes

[69] Mateus 7.24-27.

será concedido' " (João 15.7). Se permanecermos na Palavra de Deus não faremos pedidos centrados em nós mesmos.

- Pedimos que o Pai seja glorificado no fato de produzirmos muito fruto. " 'Meu Pai é glorificado pelo fato de vocês darem muito fruto' " (João 15.8).

- Pedimos de acordo com a vontade de Deus. "Esta é a confiança que temos ao nos aproximarmos de Deus: se pedirmos alguma coisa de acordo com a vontade de Deus, ele nos ouvirá. E se sabemos que ele nos ouve em tudo o que pedimos, sabemos que temos o que dele pedimos" (1João 5.14,15). Quando chegamos ao ponto em que só queremos a vontade e a glória de Deus, seu Espírito pega a Palavra do Senhor para revelar a vontade dele para nós.

- Pedimos, incitados pelo Espírito Santo. "Da mesma forma o Espírito nos ajuda em nossa fraqueza, *pois não sabemos como orar*, mas o próprio Espírito intercede por nós com gemidos inexprimíveis. E aquele que sonda os corações conhece a intenção do Espírito, porque o Espírito intercede pelos santos de acordo com a vontade de Deus" (Romanos 8.26,27). As orações mais eficazes são fruto da aflição que o Espírito Santo põe em nosso coração e pela qual orarmos.

- Pedimos em nome de Jesus, o que engloba pedir no contexto do caráter e da obra de Jesus na cruz. " 'Eu lhes asseguro que meu Pai lhes dará tudo o que pedirem em meu nome' " (João 16.23). Jesus, que não tinha onde descansar a cabeça, nunca pediu nenhum luxo nem quis ser indulgente consigo mesmo. Ele era consumido com o fazer a vontade de seu Pai. Em nome de Jesus, temos acesso ao Pai e permanecemos diante dele por intermédio de sua justiça imputada a nós e suas intercessões por nós como sumo sacerdote (Hebreus 7.25).

- Pedimos em nome de Jesus para que o Pai seja glorificado no Filho ao nos conceder o que pedimos. " 'E eu farei o que vocês pedirem em meu nome, para que o Pai seja glorificado no Filho. O que vocês pedirem em meu nome, eu farei' " (João 14.13,14).
- Pedimos em nome de Jesus para que nossa alegria seja plena (João 16.24).
- Pedimos conforme caminhamos em comunhão com Deus, com nossos pecados confessados e com nosso coração limpo ou não pedimos as coisas que Deus quer e deseja (1João 1.6-10; 2.1).
- Pedimos pela fé sem titubeios nem hesitações (Tiago 1.6).
- Não pedimos coisas para satisfazer nossos próprios prazeres. "Quando pedem, não recebem, pois pedem por motivos errados, para gastar em seus prazeres" (Tiago 4.3).
- Pedimos no espírito da oração modelo que Jesus nos ensinou (Mateus 6.9-13). Por isso, nossas orações para Deus Pai incluem louvor e adoração e pedem coisas que servem para avançar o Reino de Deus, pedindo para que a vontade dele seja feita na terra, pedindo por nossas necessidades diárias, pedindo para que sejamos perdoados como perdoamos os outros, pedindo para que não caiamos em tentação e para que sejamos livres do mal.
- Pedimos sabendo que nosso Pai é bom e não nos dará uma pedra quando pedimos pão, mas nos responde de acordo com sua bondade (Mateus 7.9-11).

- Pedimos com fiel perseverança e continuamos a pedir com a certeza de que Deus certamente nos responderá (Mateus 7.7,8).
- Pedimos com a certeza de que não temos de mudar a mente nem a vontade de Deus porque ele já sabe do que precisamos antes de pedirmos. Portanto, devemos focar primeiro o servir e o buscar o avanço do Reino de Deus sabendo que, ao fazermos isso, "todas essas coisas lhes serão acrescentadas" (Mateus 6.33).
- Pedimos e deixamos o resultado para Deus, sabendo que ele fará mais do que pedimos. "Àquele que é capaz de fazer infinitamente mais do que tudo o que pedimos ou pensamos, de acordo com o seu poder que atua em nós" (Efésios 3.20).

### *O que a fé verdadeira não é*

- A fé não é fé na fé. Não é um salto cego no escuro.
- A fé não se inicia em nosso ser quando começamos a declarar o que queremos.
- A fé não é um jogo mental praticado pelo místico em que pedimos algo que queremos e tentamos trazer isso à existência simplesmente pela força de pensamento ou pelo pensamento positivo.
- A fé alegre não é a força do pensamento ou o pensamento positivo da filosofia de "nomeie o que quer e depois reivindique isso" para depois receber de Deus. Não é estimular nossas emoções com uma manifestação de vitalidade espiritual para nos alegrar antes de recebermos o que queremos.

Quando alcançamos o ponto em que caminhamos em comunhão com Deus de coração limpo e com fé na vontade revelada dele, tudo que pedimos será o que Deus já deseja que peçamos e, por essa razão, podemos nos regozijar antes de receber a bênção como se já a tivéssemos recebido.

***Limitamos a Deus ou experimentamos seus recursos ilimitados?***

Deus não ficou limitado por causa da esterilidade de Ana. Esta viu além de sua incapacidade de conceber, pois viu um Deus que prometeu prover. Ela viu a clara promessa de Deus para ela — e se regozijou.

Lembre-se que está olhando além da experiência histórica de Ana, pois olha para os princípios eternos de fé que se aplicam a todos nós. Aqui está a chave que abre os recursos ilimitados de Deus: como obtemos algo de Deus só pela fé? Se a obra de Deus na terra estivesse limitada ao que podemos fazer por ele, então limitaríamos a Deus. O Senhor, no sentido maior, não pode ser limitado porque é o Deus todo-poderoso. Contudo, ele escolhe operar por intermédio do homem com base na fé. Somos informados de que "sem fé é impossível agradar a Deus" (Hebreus 11.6). Deus tinha um propósito maior para Israel no deserto do que eles experimentaram porque limitaram Deus por sua descrença (veja Salmos 78.41).

Deus quer nos usar neste mundo. Nosso coração deve ficar pesaroso com a possibilidade de limitar Deus por nosso pecado de descrença. No entanto, se só conseguimos obter algo de Deus pela fé, então entramos no reino de Efésios 3.20 em que conseguimos ver o Senhor "fazer infinitamente mais do que tudo o que pedimos ou pensamos, de acordo com o seu poder que atua em nós". Essa é uma das maiores necessidades da igreja atual. Como poucos filhos de Deus aprenderam a extrair os recursos de Deus só pela fé. Sinto vergonha de dizer que minha fé é pequena e que, portanto, limito a ação de Deus. Isso me deixa doente. Tenho um anseio em meu coração de conhecer a Deus dessa maneira. E você?

## A HISTÓRIA DE GEORGE MULLER

Quando era um jovem cristão, li diversas biografias de homens de fé. Sabia que esse era um grau de fé que poucos alcançavam. Quando li sobre a fé de George Muller, fiquei convencido que todos os filhos de Deus só podiam conseguir as coisas de Deus pela fé. Aqui estava um homem cuja oração diária revelava que todas as orações que fazia para ter a provisão de Deus para seus órfãos e ministério foram atendidas. Se o registro de orações dele fosse examinado, seria descoberto que quando ele preenchia um de seus cheques do céu em seu livro-razão de oração, então — bem a tempo — Deus fazia um depósito na terra que respondia à oração dele. George Muller aprendeu a conseguir a provisão de Deus para o trabalho de Deus só pela fé. Ele nunca pediu um centavo para um homem e nunca tornou pública sua necessidade, contudo, durante sua vida, ele abrigou mais de 10.000 órfãos e proveu completamente para o cuidado deles.[70]

Muitos olham a fé de George Muller e acham que Deus não faria isso por eles. No entanto, Muller foi muito claro em dizer que Deus queria demonstrar que todos os cristãos podem conseguir coisas com ele só pela fé.

---

[70] Christian Biography Resources. J., Gilchrist Lawson.

> Esta foi sua paixão suprema: demonstrar com provas cabais que se podia confiar em Deus nos assuntos práticos da vida. Esse foi o mais alto auxílio na construção e manutenção de orfanatos em que o pedido de dinheiro era feito a Deus, e não às pessoas.[71]

Foi inspirador saber que George Muller pregou de 1825 a 1829 e achava que sua pregação não produziu verdadeiro fruto. Ele era como a maioria dos cristãos que se empenham de fato em servir a Deus em sua própria força e poder. Mas ele veio a aprender que não é pelo esforço nem pelas boas obras do ser humano que recebemos de Deus — é só pela fé. Ele descobriu as grandes verdades da graça e da capacitação do Espírito Santo, e sem isso ele não poderia fazer nada. E foi essa descoberta da dependência espiritual que lhe abriu os ilimitados recursos de Deus por intermédio da fé e da oração.

George Mueller inspirou com sua vida de fé simples. Mas ele não está sozinho. Há muitos — incluindo pessoas de hoje — que demonstram o mesmo tipo de fé. Há uma senhora em nossa igreja que, nos últimos três anos, tem dependido financeiramente totalmente de Deus. Seu marido foi deportado e a deixou sem nenhuma fonte de renda. Minha fé é desafiada à medida que vejo Deus responder tantas vezes a suas orações por provisão. Você já se sentiu desafiado a ter maior fé por intermédio da fé dos outros? Ou apenas ficou entorpecido explicando que a vida deles de grande fé não é relevante para você?

Acho que ainda estou no jardim da infância em relação ao potencial ilimitado da oração. Já saquei às vezes alguns cheques de

---

[71] Mueller, George. **Strategy for Showing God**: *Simplicity of Faith, Sacred Scripture, and Satisfaction in God*, 2004 Bethlehem Conference for Pastors, ©2011 Desiring God.

promessas do céu. Nenhum deles era sem fundos. Mas fico triste comigo mesmo quando a necessidade do nosso mundo é tão grande e ainda não aprendi a abrir todos os recursos de Deus disponíveis para todos nós. Um dos objetivos deste livro é nos desafiar a ver que limitamos o que Deus quer fazer em nosso mundo por nossa falta de fé. São as pessoas de Deus parecidas com Ana que descobrem o princípio de que Deus orquestra as circunstâncias em nossa vida para nos trazer ao ponto do fruto sobrenatural. Deus quer acabar com nossa força no "eu" a fim de nos tornar totalmente dependentes dele, "pois, quando sou fraco é que sou forte" (2Coríntios 12:10).

George Muller precisou de quatro anos de ministério cheio de frutos para descobrir o segredo dessa produtividade. Por quanto tempo ficaremos satisfeitos com a produção de poucos frutos quando o mundo precisa desesperadamente que os cristãos façam uma manifestação da vida de Cristo por intermédio de seus filhos? No próximo capítulo aprenderemos que Ana se aprimorou por causa de sua esterilidade, pois esta a levou a uma caminhada mais frutífera com Deus. É melhor para Deus nos deixar estéreis a fim de que fiquemos tão desesperados por ele e pela verdadeira produtividade a fim de que, como Ana, obtenhamos as coisas só pela fé.

Alguns domingos atrás, tive um pensamento sério: *Você quer ser conhecido como um grande pregador ou como um grande guerreiro de oração?* Tenho ouvido grandes pregadores e não me ponha nessa categoria. No entanto, a pregação é uma paixão que Deus me concedeu. Ouvi muitos grandes pregadores, como Adrian Rodgers, W. A. Criswell e Jerry Vines. Toda vez que ouço esses homens falarem, Deus os usa para tocar meu coração e fazer aplicação em minha vida. Mas quem sabe o nome dos grandes guerreiros de oração? Eles são conhecidos por Deus, mas não tanto pelos homens. Nem todos nós temos dons para grandes pregações, mas todos nós podemos ter um lugar privado de oração que move montanhas. Esse era o missionário William Cary que viveu pelo lema: "Espere grandes coisas de Deus; tente grandes coisas para Deus". O Senhor chama cada um de nós a viver por aquele tipo de fé que realiza os grandes propósitos dele no mundo.

## QUESTÕES A PONDERAR

- O que você pede a Deus? Que tipos de cheques espirituais você tem feito?
- Considere seu próprio talão de cheques. Se um estranho examinar seu talão de cheques que tipo de padrão de desejos ele descobriria? Há alguma prova de que seu talão de cheques está ajudando a avançar o Reino de Deus?
- Há alguma prova de que o que você pede em oração está ajudando a avançar o Reino de Deus?
- Deus lhe concede tudo que você pede? O que isso diz sobre o que pedimos?
- Tem um testemunho, como o de Ana, em que pode dizer que acreditou e se regozijou antes de receber a verdadeira resposta para suas orações?
- Existe alguma área de sua vida em que sente que tem limitado a Deus?
- Acredita que alguns cristãos, como George Muller, têm um tipo de fé que recebe de forma consistente de Deus?

- Deus criou um desejo em seu coração de ver Efésios 3.20 se tornar um padrão para sua caminhada com o Senhor?

### *Fazendo cheques usando a conta de Deus*

Meses atrás Deus nos enviou para implantar uma igreja no Estado de Washington, e meu pastor orara secretamente sobre lançar uma campanha para pagar a dívida da igreja para seu novo prédio. Ele tentou confirmação pedindo a Deus para enviar alguém a ele que se sentisse aflito para dar uma oferta especial de amor acima do dízimo, uma doação de mil dólares para a igreja. Ninguém sabia nada sobre essa oração além dele e de Deus. Contudo, recebi uma aflição para fazer exatamente isso. Quando fui ao seu escritório para lhe falar sobre minha aflição específica, ele ficou alegre. Ele disse que tinha pensado que um dos membros ricos pudesse vir a ele — mas não um dos mais pobres! A quantia seria cerca de um terço da minha renda para 1970. Não via como podia manter essa promessa sem Deus fazer algo sobrenatural. Quando cheguei em Washington, nossas finanças estavam ainda mais escassas, mas mantivemos um registro exato da nossa doação acima do dízimo a fim de manter nossa promessa de mil dólares. Tínhamos um ano para cumprir nossa promessa e, depois de vários meses, olhei a realidade da situação e comecei a me sentir derrotado. Era um sacrifício doar os quinze a vinte dólares extras acima do nosso dízimo. Sem Deus fazer algo especial, não conseguia ver uma maneira de manter meu compromisso com Deus.

Em meu desânimo, fui a Deus e perguntei se podia ser libertado da minha promessa. Não recebi uma resposta imediata e não conseguia ter paz em meu coração. Nas semanas seguintes, parecia estar ouvindo estas palavras: "Quando você fizer um voto, cumpra-o sem demora, pois os tolos desagradam a Deus; cumpra o seu voto. É melhor não fazer voto do que fazer e não cumprir" (Eclesiastes 5.4,5).

Tarde de uma noite, queixei-me a Deus sobre como poderia cumprir minha promessa. Já tinha lido Malaquias muitas vezes antes, mas fui atraído para essa passagem:

> *"Pode um homem roubar de Deus? Contudo vocês estão me roubando. E ainda perguntam: 'Como é que te roubamos?' Nos dízimos e nas ofertas. Vocês estão debaixo de grande maldição porque estão me roubando; a nação toda está me roubando. Tragam o dízimo todo ao depósito do templo, para que haja alimento em minha casa. Ponham-me à prova", diz o* Senhor *dos Exércitos, "e vejam se não vou abrir as comportas dos céus e derramar sobre vocês tantas bênçãos que nem terão onde guardá-las"* (Malaquias 3.8-10).

Enquanto lia essas palavras, fiquei cheio do tipo de fé que Ana experimentou com a palavra de Eli. Era como se estivesse cheio de fé e soubesse que Deus, com certeza, proveria conforme confiasse nele.

Naquele momento, levantei-me e fiz um cheque de cem dólares; no dia seguinte, fui ao correio e enviei o cheque. Como Ana, não estava mais triste, mas cheio de alegria por ter me transformado em um animado doador (2Coríntios 9.7). Conseguia me identificar com Ana quando regozijei pela bênção antes de recebê-la. Quando cheguei em casa vindo do correio, soube de alguma maneira que Deus tinha algo para nós na caixa do correio. Não recebíamos dinheiro pelo correio, mas naquele dia tinha uma carta contendo um cheque. Adivinhe o valor do cheque — era de cem dólares.

Senti-me humilde diante do poder de Deus. Ninguém me convenceria do contrário: Deus me dera a promessa e a fé para agir em cima de sua Palavra. Estava convencido de que essa não era uma coincidência, mas a mão de Deus.

Peguei imediatamente os cem dólares, voltei ao correio e mandei o dinheiro para minha igreja mãe. Três dias depois, recebi um segundo cheque de cem dólares com a mesma data que escrevi no segundo cheque de cem dólares que mandara. Ficou claro para mim que Deus estava me ensinando algo sobre a fé. Ao longo das semanas seguintes, cada vez que dávamos os cem dólares que Deus provia sobrenaturalmente, o Senhor correspondia a nosso ato de fé.

Decidi fazer um cheque para a estranha quantia de 133 dólares e fui ao correio. Sabia de alguma maneira que Deus teria algo a nossa espera em nossa caixa para receber as correspondências. Abri a caixa de correio da minha casa e havia três envelopes, cada um contendo um cheque. Os três cheques totalizavam 135 dólares. Com esses três cheques, pude voltar ao correio e mandar meu último cheque que completava os mil dólares prometidos. A essa altura, os cheques pararam de chegar pelo correio. Tinha apenas me tornado um canal pelo qual as bênçãos de Deus fluíam. Naquele primeiro ano de ministério, aprendi que Deus era meu provedor. As lições aprendidas foram a respeito de edificar a fé e a dependência no Deus soberano que conseguia controlar o envio e o recebimento de cheques, incluindo o tempo e a quantia para edificar minha fé no primeiro ano de ministério. Aprendi que quando Deus nos dá sua aflição e inicia alguma coisa, ele é fiel em responder a nossa fé e terminar o que começou.

### *Lições de fé aprendidas*

- Vimos como Deus dá sua aflição para um de seus filhos.
- Aprendemos que o objetivo da provação de fé é nos refinar e nos desapegar de nossos próprios desejos para que o que pedimos a Deus seja apenas o que ele já deseja.

- Aprendemos que todos os cristãos são espiritualmente impotentes e que, sem a permanência em Cristo, não podemos fazer nada de valor eterno.
- Vimos como a esperança precede a fé e como ela é a motivação para buscarmos a Deus até recebermos uma promessa específica de Deus.
- Vimos que temos de ser seguidores daqueles que "por meio da fé e da paciência, recebem a herança prometida" (Hebreus 6.12).
- Enfatizamos que enquanto estamos no caminho da obediência para fazer a vontade geral de Deus para todos os cristãos é que ele normalmente vem a nós com uma aflição específica para acreditar em Deus para satisfazê-la.
- Aprendemos que sem quebrantamento somos egoístas e desejamos estragar a obra que Deus deseja fazer.
- Aprendemos que, por intermédio do quebrantamento, alcançamos o ponto de entrega absoluta e passamos a perceber que os recursos ilimitados de Deus só são nossos quando dizemos que não somos de nós mesmos, mas fomos comprados por um preço (1Coríntios 6.19,20).

Agora aprendemos que a verdadeira fé se regozija hoje antes das bênçãos de amanhã:

- A verdadeira fé acredita antes de ver (João 20.29).
- A verdadeira fé chama à existência coisas que não existem como se existissem (Romanos 4.17).
- A verdadeira fé alivia sua aflição e faz você entrar no descanso de Deus (Hebreus 4.9).

- A verdadeira fé muda seu comportamento (Tiago 2.14-26).
- A verdadeira fé transforma Deus e sua Palavra no objeto de fé. Não dependemos mais do "eu", dos sentimentos, das circunstâncias nem da religião.
- A verdadeira fé mantém as promessas de Deus no cerne dela antes de serem recebidas em suas mãos.

Examinemos alguns personagens da Bíblia cuja fé se assemelha à de Ana.

## *A grande fé do centurião contrastada com a pouca fé dos discípulos*

Jesus estava extremamente interessado em desenvolver a fé dos discípulos. Na verdade, se ele os repreendeu sempre foi por causa da falta de fé deles. Em Mateus 8.17-27, ele orienta-os a entrar em um barco e ir para o outro lado do lago. Enquanto os discípulos viajavam, foram pegos por uma forte tempestade que quase afundou o barco. Jesus dormia enquanto tudo isso acontecia, e os discípulos, quando o acordaram, estavam aterrorizados e clamaram: " 'Senhor, salva-nos! Vamos morrer!' " A resposta de Jesus não foi inicialmente repreender os ventos e o mar para que se acalmassem, mas repreender os discípulos: " 'Por que vocês estão com tanto medo, homens de pequena fé?' " (Mateus 8.25,26). Ele os tinha posto em uma condição na qual precisam só confiar nele... e eles falharam no teste.

No dia anterior, Jesus preparara os discípulos para a tempestade ao ilustrar a *grande fé* do centurião (Mateus 8.5-13; Lucas 7.1-9). Por que Jesus disse que o centurião tinha grande fé? Ao ler

Lucas 7.1-9, descobrimos que ele teve algumas características em sua vida que fizeram sua fé florescer e aumentar.

- O centurião tinha grande humildade: ele disse: " 'Senhor, não te incomodes, pois não mereço receber-te debaixo do meu teto' " (Lucas 7.6). A humildade reconhece tanto quem é Jesus — o Rei dos reis — quanto quem somos nós — pecadores, dependentes e indignos. João Batista disse que não era digno nem de desamarrar as sandálias do Senhor. Ana tinha esse mesmo tipo de humildade. Mas a dela veio por meio de um processo de tempo e provações de fé. Ana sabia que os que chegam a ser humilhados são exaltados por Deus. Tiago ecoa isso ao escrever: " 'Deus se opõe aos orgulhosos, mas concede graça aos humildes' " (Tiago 4.6). O orgulho e a fé são como água e óleo: não se misturam. Se for para termos grande fé, então temos de ter grande humildade.

- O centurião tinha grande amor: ele era um soldado romano e, todavia, tinha amor e compaixão por seu servo (7.2,3). Era raro um senhor romano demonstrar misericórdia por um de seus servos. A grande fé é isenta de egoísmo. Ela produz um amor sacrificial pelos outros.

- O centurião tinha um grande entendimento do poder e da autoridade de Jesus. Ele não precisou de um sinal para crer. Ele não precisava nem mesmo ver o milagre a fim de acreditar. Ele simplesmente disse: "Mas dize uma palavra, e o meu servo será curado" (Lucas 7.7). A fé tem origem e fundação na Palavra de Deus. A fé vem "por se ouvir a mensagem, e a mensagem é ouvida mediante a palavra de Cristo" (Romanos 10.17). O centurião acreditou sem ver nem sentir.

> No momento que Jesus dissesse a Palavra, ele sabia que seu servo estaria curado.

Usamos com frequência as circunstâncias difíceis da vida para justificar nossa pouca fé quando o Senhor espera grande fé de nós. A maioria de nós consideraria os atos, as emoções e as palavras dos discípulos compreensíveis, considerando-se a tempestade ameaçadora em que estavam, pois a vida deles corria perigo. Diríamos que o medo dos discípulos era natural. Poderia concordar com isso, mas Jesus obviamente tinha uma expectativa muito maior deles. " 'Por que vocês estão com tanto medo, homens de pequena fé?' " O que Jesus esperava de seus discípulos? A mesma coisa que se espera de nós — uma resposta sobrenatural de fé em meio a nossas tempestades.

## APLICAÇÃO

- A grande fé do centurião foi objeto de lição para os discípulos a fim de prepará-los para a tempestade que estavam para enfrentar. O que você está aprendendo hoje que o preparará para as tempestades de amanhã?
- Você, em sua tempestade, é mais parecido com o centurião com grande fé ou com os discípulos cheios de medo e com pouca fé?
- Consegue se lembrar de um momento em que respondeu a uma tempestade em sua vida como os discípulos responderam — com uma reação natural, em vez de com grande fé?

- Consegue se lembrar de um momento em que respondeu a uma necessidade em sua vida com grande fé?

## *A pouca fé de Gideão se transforma em grande fé*

Poucos dos servos de Deus têm grande fé como a do centurião. A maioria de nós chega àquele ponto em que tem grande fé por meio de um processo. Esse processo envolve Deus, pacientemente, revelar cada vez mais da Escritura para nós — e precisamos de tempo para "consegui-la". Estamos em boa companhia aqui, à medida que Gideão também levou um bocado de tempo para "consegui-la" (ou seja, para ter fé).

Deus escolheu Gideão para ser um dos juízes e dos libertadores de Israel. Por causa do pecado e da idolatria de Israel, Deus entregou-os nas mãos dos midianitas, os quais os oprimiram durante sete anos. Em meio à opressão, Deus viu o coração de um homem que ansiava pelo Senhor a fim de se mostrar forte e libertar Israel de seus opressores. Deus foi a Gideão e o chamou de "poderoso guerreiro" (Juízes 6.12). A seguir, Deus chamou Gideão a ser seu servo para libertar Israel dos midianitas. " 'Com a força que você tem, vá libertar Israel das mãos de Midiã. Não sou eu quem o está enviando?' " (Juízes 6.14). Quando Gideão questionou como Deus o usaria em sua fraqueza, o Senhor confirmou mais uma vez esse chamado à vitória: " 'Eu estarei com você, [...] e você derrotará todos os midianitas como se fossem um só homem' " (Juízes 6.16).

O chamado de Gideão foi muito mais claro que o do centurião, mas ele ainda precisava de fé para ser fortalecido. Gideão pediu um sinal de que o Senhor de fato o estava chamando, e o anjo do Senhor, quando Gideão deu sua oferta para Deus, tocou a oferta e saiu fogo da ponta de seu bastão, e o fogo consumiu a oferta. Gideão recebeu quatro vezes o chamado claro de Deus e ainda estava com medo e queria um sinal de Deus. Seu primeiro ato de obediência foi destruir o altar de Baal na casa de seu pai, mas ele, por causa do medo, fez isso secretamente durante a noite.

Quando os midianitas vieram guerrear contra Israel, Gideão, mais uma vez com fé fraca e vacilante, questionou o que Deus já tinha lhe dito claramente quatro vezes: " 'Quero saber se vais libertar Israel por meu intermédio, como prometeste. Vê, colocarei uma porção de lã na eira. Se o orvalho molhar apenas a lã e todo o chão estiver seco, saberei que tu libertarás Israel por meu intermédio, *como prometeste*' " *(Juízes 6.36,37). Observe que a expressão "como prometeste" deixa claro que Gideão, ao contrário de Ana, não se regozijava* com o fato de que o que Deus já tinha dito era sua garantia de vitória. Deus lhe deu uma confirmação com esse segundo sinal e, todavia, Gideão pediu um terceiro sinal para fortalecer sua fé. Deus, mais uma vez, garantiu o sinal fazendo que o orvalho tivesse o efeito oposto na lã de Gideão. Agora Deus tinha falado claramente a Gideão por seis vezes. Gideão não precisava de nada mais convincente quanto ao chamado e à promessa de Deus. Contudo, ele ainda não respondeu com grande fé.

A pouca fé de Gideão seria testada quando só 32.000 homens de Israel responderam ao seu chamado à guerra. Deus, vendo o orgulho do coração do homem, instruiu Gideão a dar uma oportunidade para todos que estivessem com medo deixar seu exército. Deus explicou: " 'Você tem gente demais, para eu entregar Midiã nas suas mãos. A fim de que Israel não se orgulhe contra mim, dizendo que a sua própria força o libertou' " (Juízes 7.2).

Todavia, Deus, que conhece o coração de todos os homens, reduziu o exército de Gideão a apenas trezentos homens. "Mas o Senhor tornou a dizer a Gideão: 'Ainda há gente demais. Desça com eles à beira d'água, e eu separarei os que ficarão com você' " (Juízes 7.4). A essa altura, Deus falou pela sétima vez prometendo vitória a Gideão: "O Senhor disse a Gideão: 'Com os trezentos homens que lamberam a água livrarei vocês e entregarei os midianitas nas suas mãos' " (Juízes 7.7). Com certeza, os meios de Deus são mais altos que os nossos meios, pois quem em sã consciência escolheria ficar com trezentos soldados para ir à guerra, em vez de com 32.000. Deus estava despindo Gideão de qualquer fé ou confiança em seu pequeno exército ou em si mesmo. Gideão não estava entre os que Deus rejeitou, pois ele ainda obedecia às instruções de Deus, mas ainda não tinha chegado àquele ponto de se regozijar na fé antes da vitória.

A cena seguinte da preparação de Gideão para a vitória mostra como Deus é incrivelmente paciente conosco a fim de nutrir nossa pouca fé até aquele ponto em que ela se torna uma grande fé. Ele diz a Gideão, pela oitava vez, que a vitória já está garantida. Agora Deus toma a iniciativa de fortalecer a pequena fé de Gideão até aquele ponto em que ele passa a dizer o que Deus diz sobre a vitória e se regozijar pela fé — contando com a vitória no pretérito enquanto adora no tempo presente. " 'Levante-se e desça ao acampamento, pois vou entregá-lo nas suas mãos. Se você está com medo de atacá-los, desça ao acampamento com o seu servo Pura e ouça o que estiverem dizendo. Depois disso você terá coragem para atacar'. Então ele e o seu servo Pura desceram até os postos avançados do acampamento" (Juízes 7.9-11). Observe que Deus fala como se a vitória estivesse garantida e *afirma o tempo futuro como se fosse o tempo passado.*

Em romanos 4.17, Deus fez a mesma coisa com Abraão, dizendo: " 'Eu o constituí pai de muitas nações' [...] e chama à existência coisas que não existem, como se existissem' ". Gosto da maneira como a *Nova Versão Internacional* descreve os atos de Deus aqui. Ela diz que Deus "chama à existência coisas que não existem, como se existissem". Esse é o tipo de grande fé que Deus quer edificar em nossa vida. Ana fez isso quando se regozijou pela fé antes de ficar grávida de Samuel. O centurião fez isso quando simplesmente creu na palavra de Jesus e confiou que seu servo estava curado antes de ele ser curado. No entanto, Gideão, a essa altura, não tinha essa grande fé; mas viria a ter. Gideão demonstrou uma fé destemida quando ele e seu servo entraram no acampamento de milhares de midianitas durante a noite. Ao ouvir o sonho e a interpretação de dois soldados midianitas temerosos, sua fé foi fortalecida quando ouviu pela nona vez que a vitória estava garantida. "Seu amigo respondeu: 'Não pode ser outra coisa senão a espada de Gideão, filho de Joás, o israelita. Deus entregou os midianitas e todo o acampamento nas mãos dele' " (Juízes 7.14).

Agora, observe que a fé e a confiança de Gideão alcançam um novo plano quando ele está tão seguro da vitória que, em vez de usar o tempo futuro, fala no passado. "Quando Gideão ouviu o sonho e a sua interpretação, *adorou* a Deus. Voltou para o acampamento de Israel e gritou: 'Levantem-se! O Senhor *entregou* o acampamento midianita nas mãos de vocês' " (Juízes 7.15). Gideão agora afirma pela fé algo antes de acontecer o que Deus já tinha dito. "O Senhor entregou" (compare Juízes 7.9 com 7.15).

Deus escolheu Gideão e o chamou de poderoso guerreiro, mas o Senhor precisou de um processo de edificação de sua pouca fé antes de Gideão se regozijar pela fé antes que a promessa fosse cumprida. Sei que devemos acreditar em Deus e simplesmente tomá-lo por sua palavra. Esse é o tipo de fé que Deus quer em nossa vida. No entanto, se Deus vê até mesmo um pequeno âmbar que ainda queima em você, ele o soprará para que se torne uma grande chama de fogo e fé.

## APLICAÇÃO

- Por que você acha que Gideão precisou de tantas confirmações para crer na Palavra de Deus?
- Por que acha que Deus foi tão paciente com Gideão?
- Em que ponto você acha que Gideão teve o tipo de fé que se regozija, como Ana, antes de a bênção prometida ser recebida?
- Já ouvi muitos cristãos dizerem que, como Gideão, põem uma lã para descobrir a vontade de Deus. Como isso pode ser perigoso para os cristãos do Novo Testamento?
- Não precisamos pedir um sinal ou uma lã a Deus para descobrir a vontade do Senhor. Pedir um sinal a Deus pode levar alguém a ser induzido ao erro pelo inimigo. Jesus reprovou os que vieram lhe pedir um sinal. Também temos hoje a revelação completa da Escritura que já foi confirmada por sinais e milagres. Não pedimos um sinal para acreditar na Escritura. Temos o Espírito Santo que reside em nós e nos orienta na vontade de Deus.

### *Pedro: da pouca fé à grande fé e de volta à pouca fé*

Jesus não desistiu de seus discípulos de pouca fé na primeira tempestade que enfrentaram no mar bravio. Ele continuou a ensiná-los e a mentoreá-los para depois testá-los mais uma vez com ainda outra tempestade em mar turbulento. Embora os discípulos ainda tivessem uma reação natural e lutassem com o medo, Jesus acalmou-os mais uma vez com as palavras: " 'Coragem! Sou eu. Não tenham medo' " (Mateus 14.27). As palavras de Jesus tiraram imediatamente o medo do coração de Pedro e substituíram esse sentimento pela fé. Pedro então pediu uma palavra de fé de Jesus para caminhar sobre as águas até chegar a Jesus. Este lhe deu uma única palavra: "Venha", e Pedro, com isso, começou a andar sobre a água em direção a Jesus.

> *"Senhor", disse Pedro, "se és tu, manda-me ir ao teu encontro por sobre as águas". "Venha", respondeu ele. Então Pedro saiu do barco,* andou sobre as águas *e foi na direção de Jesus. Mas,* quando reparou *no vento,* ficou com medo *e, começando a afundar, gritou: "Senhor, salva-me!" Imediatamente Jesus estendeu a mão e o segurou. E disse:* "Homem de pequena fé, por que você duvidou?" *Quando entraram no barco, o vento cessou (Mateus 14.28-32).*

- Pedro tinha visto a grande fé do centurião que estava disposto a simplesmente crer na palavra de Jesus.
- Pedro manifestou medo e pequena fé na primeira tempestade com Jesus, embora este tivesse prometido que iriam para o outro lado do lago. Jesus não dissera: "Vamos para o meio do lago e vamos afundar".
- Pedro manifestou mais uma vez medo na segunda tempestade. Claro que essa é a reação natural do nosso coração em relação às tempestades.

- Jesus caminhou sobre as águas até os discípulos e acalmou o medo de Pedro.
- Pedro exercitou grande fé quando ficou firmemente de pé sob a ordem de Jesus para ir até ele. Tudo de que essa fé precisa é se apoiar em uma palavra de Deus. Da mesma maneira que Ana se agarrou à palavra de Eli: "Vá em paz", Pedro se agarrou à única palavra de Jesus: "Venha".
- Pedro, enquanto caminhava sobre as águas, tirou os olhos de Jesus e viu as ondas. Foi nesse ponto que ele vacilou na fé, o medo voltou a dominá-lo, e ele começou a afundar. A condição natural da nossa carne é caminhar pela vista e ser influenciada pela mudança das circunstâncias. A grande fé continuaria firmemente de pé sobre as promessas de Deus e olharia para Jesus a despeito das circunstâncias.
- Jesus, ao impedir que Pedro afundasse, emitiu ainda uma repreensão branda: "Homem de pequena fé, por que você duvidou?" (Mateus 4.31).

Podemos, como Pedro, exercitar a fé um dia e duvidar no seguinte. Por ainda estarmos lutando com o mundo, a carne e o demônio, nossa fé pode vacilar. Mesmo que você tenha falhado no passado em exercitar grande fé, não desanime. Deus é paciente com seus filhos. Observe a fé maior de Pedro depois que ficou cheio do Espírito Santo e foi capacitado pelo Espírito Santo no dia de Pentecoste. Ele proclamou corajosamente o evangelho, mesmo em meio a muita oposição. O mesmo pode ser verdade para nós se morrermos para o "eu" e nos entregarmos ao controle do Espírito Santo.

### *Sara lutou ao longo de muitos anos para chegar ao ponto de ter grande fé*

Sara, anos depois de Deus ter prometido que proveria o filho prometido por intermédio de Abraão e Sara, vacilou na fé ao oferecer a seu marido Hagar como sua esposa substituta. Abraão comprou essa solução feita pelo homem, e Ismael nasceu. No entanto, Deus rejeitou não só Ismael, mas também essa tentativa da carne de cumprir sua promessa por intermédio da carne. Embora Deus tivesse dito claramente que Sara, com quase noventa anos, daria à luz Isaque, ela riu em descrença.

> *Então disse o* SENHOR*: "Voltarei a você na primavera, e Sara, sua mulher, terá um filho". Sara escutava à entrada da tenda, atrás dele. Abraão e Sara já eram velhos, de idade bem avançada, e Sara já tinha passado da idade de ter filhos. Por isso riu consigo mesma, quando pensou: "Depois de já estar velha e meu senhor já idoso, ainda terei esse prazer?" Mas o* SENHOR *disse a Abraão: "Por que Sara riu e disse: 'Poderei realmente dar à luz, agora que sou idosa?' Existe alguma coisa impossível para o* SENHOR*? Na primavera voltarei a você, e Sara terá um filho". Sara teve medo, e por isso mentiu: "Eu não ri". Mas ele disse: "Não negue, você riu"* (Gênesis 18.10-15).

Mesmo quando Sara não foi fiel, Deus continuou fiel e fez acontecer sua vontade na vida dela. Em Hebreus 11.11 observamos uma transformação impressionante na fé de Sara. "Pela fé Abraão e também a própria Sara, apesar de estéril e avançada em idade recebeu poder para gerar um filho, porque considerou fiel aquele que lhe havia feito a promessa".

Observe que Sara recebeu poder para conceber pela fé. Essa fé estava fundamentada na crença dela na promessa de Deus de que teria um filho. Ela tinha alcançado o mesmo tipo de fé que Ana tinha quando considerou Deus fiel a suas promessas. Graças a Deus que ele não lida conosco de acordo com nossos pecados nem nos recompensa de acordo com nossa iniquidade. Sara, que antes vacilara na fé e julgara pela vista, pelos sentimentos e pela realidade de sua esterilidade, foi levada a rir em fé pela fidelidade de Deus no cumprimento de sua promessa. " 'Deus me encheu de riso, e todos os que souberem disso rirão comigo' " (Gênesis 21.6).

Embora vejamos exemplos de Deus sendo paciente com Gideão, Pedro e Sara, não devemos tentar Deus com nossa falta de fé. Deus também nos dá ilustrações de sua expectativa de que acreditemos nele na primeira vez que ele nos fala. Quando o anjo Gabriel anunciou o nascimento prometido de João Batista, "Zacarias perguntou ao anjo: 'Como posso ter certeza disso? Sou velho, e minha mulher é de idade avançada'. O anjo respondeu: 'Sou Gabriel, o que está sempre na presença de Deus. Fui enviado para lhe transmitir estas boas novas. Agora você ficará mudo. Não poderá falar até o dia em que isso acontecer, *porque não acreditou em minhas palavras, que se cumprirão no tempo oportuno*' " (Lucas 1.18-20). Que possamos crer — e não descrer — quando a palavra do Senhor vem a nós.

## APLICAÇÃO

- Que papel a Palavra de Deus tem em sua vida no fortalecimento de sua fé quando você duvida? Como ela o encoraja a ser fiel?
- Você, como Pedro, sempre sai pela fé e depois tira os olhos de Jesus e de sua promessa para você, permitindo desse modo que as circunstâncias o façam naufragar?

- Que lição da falha de Sara na fé e da Vitória final pela fé você pode aplicar a sua vida?

- A experiência de Ana prova que podemos nos regozijar na bênção prometida antes de recebê-la. Você aprendeu a agradecer a Deus pelo cumprimento de suas promessas antes de vê-las com seus olhos ou de testemunhá-las? Ana aprendeu. Na próxima seção queremos aprender como podemos controlar nossas emoções pela fé.

# Teste sete: acreditar

## parte 2

*Ela disse: "Espero que sejas benevolente para com tua serva!" Então ela seguiu seu caminho, comeu, e seu rosto já não estava mais abatido. Na manhã seguinte, eles se levantaram e adoraram o* SENHOR; *então voltaram para casa, em Ramá* (1Samuel 1.18,19).

### O SÉTIMO TESTE DE FÉ

O sétimo teste de fé pergunta:

> Podemos nos regozijar e agradecer a Deus antes de a promessa ser cumprida e podemos caminhar pela fé, e não pelos nossos sentimentos?

No capítulo anterior falamos sobre confiar em Deus pela fé e nos regozijar na bênção prometida antes de recebê-la de fato. Agora lidaremos com uma segunda questão.

## 2. COMO APRENDEMOS PELA FÉ A NÃO PERMITIR QUE NOSSOS SENTIMENTOS NOS ROUBEM A ALEGRIA DE ACREDITAR SEM VER?

No momento em que Ana se apossou da palavra de Eli como uma promessa pessoal de Deus, ela venceu suas emoções. Ela tinha luta com as emoções de medo, raiva, depressão, preocupação e tristeza. Mas, no momento em que essas emoções ficaram cativas da promessa de Deus pela fé, ela não ficou mais triste. Houve três mudanças imediatas:

- Houve uma mudança física: ela comeu. Uma das consequências da depressão é a perda de apetite. Ana acreditou em Deus... e seu apetite voltou.
- Houve uma mudança espiritual: ela adorou a Deus. Ela sabia que tinha ouvido a Deus... e adorou-o em ação de graças.
- Houve uma mudança emocional: a mudança mais óbvia e imediata em Ana foi em seu semblante. No passado, ela não conseguia esconder sua aparência triste, mas agora ela não conseguia esconder sua aparência alegre.

No Novo Testamento, vemos claramente que há uma diferença entre nossas emoções e o fruto do Espírito. Jesus mencionou essa diferença ao contrastar as emoções dos discípulos com sua alegria, paz e amor.

> *Como o Pai me amou, assim eu os amei; permaneçam no meu amor. Se vocês obedecerem aos meus mandamentos, permanecerão no* meu amor, *assim como tenho obedecido aos mandamentos de meu Pai e em seu amor permaneço. Tenho lhes dito estas palavras para que a* minha alegria *esteja em vocês e a alegria de vocês seja completa [...] Deixo-lhes a paz;* a minha paz *lhes dou.* Não a

dou como o mundo a dá. *Não se perturbe o seu coração, nem tenham medo* (João 15.9-11; 14.27).

'Nosso amor emocional é limitado, mas o amor de Deus é ilimitado. É fácil amar com meu amor emocional aqueles que me abençoam, mas é difícil amar aqueles que me amaldiçoam. No entanto, quando o amor de Deus é manifestado por meu intermédio pelo Espírito Santo, então é o amor sobrenatural por meu intermédio que ama como Cristo (Romanos 5.5). Quando tenho paz emocional, só me preocupo quando as circunstâncias ficam difíceis; então minha paz emocional é substituída pelo medo ou pela inquietação. Mas quando experimento a paz de Cristo como o fruto do Espírito Santo, fico calmo no meio da tempestade. Quando experimento alegria emocional, fico feliz, mas essa felicidade se desvanece quando surge outra emoção que rouba minha alegria. Contudo, quando experimento a alegria que vem do Senhor, então nenhuma circunstância, pessoa ou emoção conflitante consegue tirar sua alegria de mim.

Lembro-me de uma manhã quando tinha cinco anos e acordei feliz por sair e brincar em nosso quintal. Mas quando fiquei de pé no pórtico da frente e vi que chovia, perdi minha alegria emocional e fiquei triste. Comecei a irritar minha mãe com meu constante questionamento: "Quando vai parar de chover para eu poder brincar?" (Rememorando, poderia refazer essa declaração como: "Quando vai parar de chover para que eu possa ficar feliz de novo?") Finalmente, minha mãe me ensinou um verso para acabar com minha lamúria. Fiquei de pé no pórtico da frente e falei sem parar para meu inimigo, a chuva: "Chuva, chuva, vá embora... O pequeno Truman quer brincar". Minha alegria emocional voltou quando comecei a falar o verso. No entanto, depois de vários minutos de vã repetição, a tristeza voltou. Não podia mudar a chuva e tinha virado prisioneiro de minhas emoções.

### *Da infância à maturidade*

Foi um dia extraordinário em minha caminhada com o Senhor quando ele me ensinou a verdade maior de quem eu era em Cristo. Quando aprendi que minhas emoções inconstantes podiam ser subjugadas pelo fruto do Espírito, libertei-me das oscilações das circunstâncias da vida e passei a confiar no poder de Deus para me levar a vencer minhas circunstâncias.

Ao reconhecer a diferença entre minhas emoções, sujeitas a minha carne, e o fruto do Espírito, o resultado do meu espírito regenerado em Cristo, tive fé para declarar que não sou o que sinto que sou, mas o que a Palavra de Deus diz que sou. Com esse entendimento, podemos, como Paulo, cantar no meio da noite enquanto estamos na prisão. Nossa *vontade* pode começar a entoar: "Chuva, chuva, quer você fique quer se vá... hoje você não rouba minha alegria... Pois a alegria de Cristo é minha e não oscilarei... Que a vontade dele seja feita, é por isso que oro". Não consigo dizer quantas vezes minhas emoções, como crianças mimadas, clamam para ser ouvidas, mas tiveram que se curvar e se submeter a minha vontade quando me entreguei ao Espírito Santo.

Ana não sentiu alegria porque suas circunstâncias tinham mudado. Ela não era como uma criança em uma loja de doce chorando até conseguir o que queria de seu Pai. Ela sentiu a certeza profunda proveniente da fé que isso mudou seu comportamento, mesmo sem conseguir um pedaço de doce para acalmar suas emoções. Deus lhe deu sua promessa, e ela permaneceu tão firmemente na promessa que via pela fé o que Deus via: que ele tinha revertido sua esterelidade. Ela viu seu filho Samuel pela fé. Ela vivenciou o ministério do Espírito Santo em sua vida, e a alegria do Senhor se tornou sua força.

Considere as seguintes passagens enquanto focamos nossa alegria e a alegria do Senhor como o fruto do Espírito liberado em nós pelo Espírito Santo em todas as circunstâncias da vida.

- "Mas o fruto do Espírito é amor, *alegria*, paz, paciência, amabilidade, bondade, fidelidade, mansidão e domínio próprio (Gálatas 5.22,23).
- " 'Digo-lhes que certamente vocês chorarão e se lamentarão, mas o mundo se alegrará. Vocês se entristecerão, mas a tristeza de vocês se transformará em *alegria*' " (João 16.20).
- " 'Agora vou para ti, mas digo estas coisas enquanto ainda estou no mundo, para que eles tenham a plenitude da minha *alegria*' " (João 17.13).
- "Pois o Reino de Deus não é comida nem bebida, mas justiça, paz e *alegria* no Espírito Santo" (Romanos 14.17).
- "Este dia é consagrado ao nosso Senhor. Não se entristeçam, porque a *alegria* do Senhor os fortalecerá" (Neemias 8.10).

Ouço com frequência a alegria ser descrita em três facetas: alegria como um fato, alegria como um sentimento e alegria como um ato de fé.[72]

---

[72] Minha primeira exposição desse esboço foi por meio dos escritos de Warren Wiersbe, *Be Joyful: Even When Things Go Wrong, You Can Have Joy,* copyright © 1974 SP Publications.

### A alegria como um fato

Muitas das passagens acima deixam claro que todos os cristãos já têm a alegria do Senhor como um fato em sua vida. Considere as palavras de Jesus em João 15.11: " 'Tenho lhes dito estas palavras para que a minha alegria esteja em vocês e a alegria de vocês seja completa' ". Todos os dias, independentemente de como minhas emoções estão me influenciando, tenho pela fé de acreditar que posso escolher a alegria de Jesus sobre minhas emoções instáveis.

### A alegria como um sentimento

O sentimento de alegria é uma emoção natural, não uma condição sobrenatural. Cada um de nós tem sua própria personalidade única que também influencia o quanto nossas emoções influenciam nossa vontade e processo de tomada de decisão. Com frequência, são essas emoções normais que nos definem para os outros e também para nós mesmos.

As pessoas são rotuladas em geral por suas emoções: "Você sabe que eles ficam facilmente deprimidos". "Tenha cuidado — eles têm gênio ruim." "Eles são tão alegres e é divertido estar com eles." "Eles são muito estáveis e raramente demonstram suas emoções." As emoções refletem nossa personalidade — mas elas não dominam nossa espiritualidade. Deus não quer que nossas emoções dominem nossa vontade. Antes, nossa vontade deve ser capacitada pelo Espírito Santo a fazer nossas emoções trazerem glória para Deus.

Como isso é possível? Antes de respondermos a essa questão, consideremos como a alegria emocional pode atrapalhar a vontade de Deus se não aprendermos a controlar nossas emoções por meio da fé.

Israel demonstrou comportamento instável sob a liderança de Moisés. Um dia, eles adoraram a Deus depois de Moisés anunciar que tinha vindo libertá-los do faraó. Todavia, quando faraó reagiu aumentando o fardo deles, eles reclamaram contra Deus. As emoções deles tinha se elevado naturalmente com a boa notícia e tinham baixado naturalmente com a má notícia (compare Êxodo 4.31 com 5.21).

Depois de Deus libertar Israel do Egito, eles saíram com alegria emocional, libertos de sua escravidão. No dia anterior, eles eram pobres escravos, mas agora estavam livres e ricos, tendo levado as riquezas do Egito com eles. Essa alegria durou apenas alguns dias. Ela se desvaneceu quando viram o faraó e seus carros preparados para lutar contra eles às margens do mar Vermelho. Mais uma vez, as emoções deles dominaram sua vontade, e eles, em vez de abraçar a alegria pela fé, reclamaram contra Deus (veja Êxodo 14.12).

Depois de Deus libertá-los de novo, eles acreditaram nos fatos dos quais foram testemunhas oculares e adoraram a Deus com um cântico de louvor. Mais uma vez, as emoções deles mudaram com base no que os olhos testemunharam, não na fé. Os que se deixam dominar pelas emoções sempre caminham pela vista, não pela fé.

A alegria emocional de Israel, mesmo depois de ver o poder de Deus no Egito e depois mais uma vez no mar Vermelho, durou menos de três dias. Quando ficaram com sede em sua caminhada a partir do mar Vermelho, eles perderam a alegria emocional e começaram a murmurar contra Deus. "Durante três dias caminharam no deserto sem encontrar água. Então chegaram a Mara, mas não puderam beber das águas de lá por que eram amargas. [...] E o povo começou a reclamar a Moisés, dizendo: 'Que beberemos?' " (Êxodo 15.22-24).

Apesar de a circunstância deles ser muito difícil, Deus ainda esperava que eles caminhassem pela fé, e não fossem dominados por suas emoções. Deus esperava uma reação sobrenatural de fé em resposta a ele, até mesmo em circunstâncias difíceis.

Deus também espera o mesmo de nós. Como então não deixar que nossas emoções dominem nossa vontade?

## A alegria como um ato de fé

A resposta é entender que temos alegria como um fato em Cristo como um dom de Deus. Temos de conhecer a alegria por meio da fé como uma realidade em nossa caminhada diária com ele. Temos de reconhecer que a alegria é uma ordem de Deus. Se ele ordena que tenhamos alegria, então também nos dá alegria e nos capacita a manifestar sua alegria. Uma vez que a alegria é ordenada por Deus, é uma questão da nossa vontade, não das nossas emoções. Assim, a alegria é uma escolha. Escolher ficarmos alegres e escolher ficarmos tristes. Deus ordena que caminhemos pela fé, não pela vista, independentemente de nossas circunstâncias *ou sentimentos emocionais*. Observe esse princípio nas seguintes passagens:

*"Alegrem-se sempre no Senhor. Novamente direi: Alegrem-se!"* (Filipenses 4.4).

*"Meus irmãos, considerem motivo de grande alegria o fato de passarem por diversas provações, pois vocês sabem que a prova da sua fé produz perseverança"* (Tiago 1.2,3).

*" 'Bem-aventurados serão vocês, quando os odiarem, expulsarem e insultarem, e eliminarem o nome de vocês, como sendo mau, por causa do Filho do homem. Regozijem-se nesse dia e saltem de alegria, porque grande é a sua recompensa nos céus. Pois assim os antepassados deles trataram os profetas' "* (Lucas 6.22,23).

Esse é um fato crítico que os cristãos *têm* de entender: *a alegria é uma escolha*. Nesse ponto, alguns reagem frustrados e clamam: "Você não sabe como me sinto. Não tem o direito de me dizer para ser alegre quando estou passando por tanta coisa. Meus sentimentos são verdadeiros. Como você pode ser tão insensível?" Infelizmente, ouço isso repetidas vezes da parte de muitos cristãos que não descobriram essa maravilhosa verdade de que "você não é quem acha que é — mas quem Deus diz que você é".

Não posso dizer a um não cristão que a alegria é uma escolha para ele. Suas emoções apenas respondem naturalmente às circunstâncias da vida sem a habitação do Espírito Santo no interior dele. Mas somos, como cristãos, diferentes, temos de fato a alegria como um fato e o fruto do Espírito Santo. Contudo, não somos diferentes do mundo perdido em nossas emoções se não aprendermos essa lição de força, produtividade e realização no Senhor.

Uma grande libertação aguarda os cristãos que escolhem vivenciar a alegria por meio da fé, sem vínculo com os sentimentos. A alegria do Senhor é mais forte que sua alegria emocional. Quando você aprende isso, suas emoções se entregam à sua vontade e ao Espírito Santo e então sua alegria é completa.

## *Aplicação*

- Qual é a diferença entre suas emoções naturais e o fruto do Espírito? Consegue distingui-las em sua vida?
- Que parte sua vontade tem na escolha pela fé, em obediência a Deus, sobre suas emoções?
- Escreva sobre um momento em sua vida em que não queria obedecer a Deus por causa de seus sentimentos e como sua obediência mudou suas emoções.
- Você já se sentiu um hipócrita por causa de seus sentimentos?
- É melhor obedecer a Deus mesmo quando não se sente propenso a isso ou não obedecer a ele porque não sente vontade de fazê-lo?
- Se Deus lhe ordena obediência em uma determinada área, você pode escolher obedecer e deixar as emoções para Deus lidar com elas?

## *Você é o que sente que é — ou você é quem Deus diz que você é?*

Quando era um cristão jovem, achei que meu pastor estava louco quando lhe disse que sentia algo de uma determinada maneira, e ele disse: "Não, não sente não!" Ele não me perguntou *por que* não me sentia daquela determinada maneira, ele não se importava com o porquê dos meus sentimentos. Com certeza, achei estranho porque todas as outras pessoas com quem tinha conversado ouviram minha justificativa da razão por que me sentia daquela determinada maneira. Para mim, essa era a abordagem atenciosa e razoável. No entanto, dizer-me que eu não sabia como me sentia de fato era presunção.

Contudo, quando comecei a entender quem havia sido em Adão e quem era agora em Cristo, entendi claramente a lição que meu pastor estava tentando me ensinar. A principal questão não era como me sentia, mas concordar por meio da fé com o que era uma realidade em minha nova posição em Cristo, em meu espírito, não minha antiga identidade em Adão.

Uma das primeiras vezes que experimentei esse contraste foi quando fui ridicularizado por compartilhar o evangelho com alguém. As emoções vieram imediatamente à superfície: sentimentos de rejeição, de ridículo e de embaraço seguidos de autodefesa, raiva e desejo de revidar verbalmente. Então algo maravilhoso aconteceu em mim. Senti uma comunhão incrível com Jesus. Em vez das emoções de raiva e rejeição, senti amor por um dos que me amaldiçoavam. Não era "eu" vindo à superfície — era a alegria do Senhor jorrando em meu espírito por intermédio do Espírito Santo.

Senti a diferença entre as emoções e os sentimentos da minha carne e a vida de Jesus e do fruto do Espírito. Meus sentimentos eram provenientes de minha alma, sendo influenciados pela minha carne. No entanto, no fundo do meu espírito, no homem interior, o verdadeiro "eu" apareceu. O novo homem em Cristo veio à superfície naquela situação para subjugar minhas emoções fracas. Aprendi que, fundamentado na Escritura, podia escolher a me regozijar quando era perseguido. A partir dessa lição, comecei a reconhecer a verdade por trás do comentário do meu pastor.

Existe um refúgio das tempestades da vida e da montanha russa emocional que muitos experimentam. Você não tem de ser escravo de suas emoções carnais. Existe um lugar de descanso e comunhão com Jesus e com os sofrimentos de nosso Salvador. Em vez de fugir de seus problemas, provações, tentações e ataques, você pode experimentar a mesma vida de Jesus em meio a tudo isso.

Todos nós somos seres emocionais. E, todavia, somos chamados a permanecer firmes e fortes em face das tempestades da vida. Como equilibramos as emoções muito reais da vida e ainda permanecemos fortes?

## *A divisão de alma e espírito*

Como nos conhecemos de fato? Podemos ser completamente honestos e distinguir corretamente entre nossas emoções, nossa carne, nossa vontade, nosso espírito e todos os vários pensamentos que temos? A Bíblia fala sobre a distinção entre corpo, alma e espírito (1Tessalonicenses 5.23). Não conseguimos nos conhecer sem a revelação da Palavra de Deus desvelando a imagem de Adão em nós e levantar a imagem de Cristo diante de nós. É a Palavra de Deus que age como uma espada afiada para dividir entre nossa alma e espírito e nos ajuda a entender a diferença entre nossa alma, espírito e corpo.

> *Pois a palavra de Deus é viva e eficaz, e mais afiada que qualquer espada de dois gumes; ela penetra até o ponto de dividir alma e espírito, juntas e medulas, e julga os pensamentos e intenções do coração* (Hebreus 4.12).

Só quando permitimos que o Espírito de Deus use a Palavra do Senhor em nossa vida é que conseguimos nos ver da perspectiva de Deus.

O homem natural, antes da salvação, tem um corpo e alma, mas seu espírito está morto e cheio de trevas, não tendo comunhão com

Deus (Efésios 2.1-4). Mas quando somos salvos pela fé, somos regenerados pelo Espírito Santo. O Espírito Santo veio a viver em nosso espírito e nos tornou uma nova criação em Cristo.

Sentimos amor emocional, mas este não é o mesmo amor produzido pelo fruto do Espírito.

Depois da salvação, começamos a descobrir que nem todo pensamento que temos tem origem em nós. Foi a Palavra de Deus que começou a nos revelar a verdadeira intenção de nossos motivos, pensamentos e coração.

Acredito que entender a diferença entre nossas emoções e o fruto do Espírito é uma das chaves para experimentarmos força, produtividade e realização.

*Questões a considerar*

- Qual é a natureza de sua carne em Adão? Qual é a natureza de seu espírito regenerado em Cristo?
- Como essas duas naturezas influenciam suas emoções?
- Qual é a diferença entre a alegria emocional e a alegria como o fruto do Espírito?
- A que natureza sua vontade se entrega todos os dias?

## *Vitória sobre nossos sentimentos por meio da fé*

Foi um dia libertador quando vim a entender que a verdadeira verdade a meu respeito não estava em minhas emoções, carne nem mesmo na avaliação que tinha de mim mesmo. Ela não vinha da avaliação dos outros a meu respeito e, tampouco, tinham algo que ver com os pensamentos enganosos que entraram em minha mente e que levaram à autocondenação. A verdade real sobre mim era o que Deus dizia sobre mim.

Deixe-me compartilhar duas experiências que passaram a ser essenciais para me ajudar a chegar a essa conclusão.

### *Experiência nº 1: como você pode saber que foi perdoado?*

Quando era um jovem universitário casado, estava apenas começando minha caminhada com Deus em base diária. Certo dia, fiquei pesaroso a respeito de um pecado em particular do qual Deus tinha me condenado. Pedi perdão a Deus. Fui sincero e passei a buscar um sentimento interior de certeza de que fora perdoado. Mas não sentia nada. Orei mais uma vez, com mais intensidade, pedindo perdão a Deus. Ainda não sentia nada. Então comecei a implorar repetidamente a Deus por perdão, achando que quanto mais pedisse, mas rápido encontraria perdão. Mas os sentimentos de absolvição ainda não tinham vindo. Agora me sentia desesperado e implorei a Deus para me perdoar com promessas de que melhoraria. No meio dessa súplica, minhas emoções foram liberadas com lágrimas. Depois desse desabafo emocional, senti-me melhor e livre da culpa! Fui para a cama pensando que Deus tinha de fato me perdoado.

No dia seguinte, do nada, lembrei-me de meu pecado e senti novamente o peso da culpa. Meu pensamento era: "Senhor, achei que tinha me perdoado na noite passada". Naquele dia, andei pelo *campus* com uma nuvem sobre minha cabeça, sentindo-me condenado por meu pecado.

Naquela noite, ajoelhei-me mais uma vez e implorei perdão a Deus. Novamente, não senti nada. Tentei racionalizar a razão por que devia me sentir perdoado, mas ainda me sentia culpado. Só quando tive um desabafo na forma de lágrimas foi que me senti perdoado. Fui para a cama pensando que agora o Senhor tinha de fato me perdoado. No entanto, no dia seguinte a memória e a culpa por meu pecado voltaram e mais uma vez questionei se Deus tinha de fato me perdoado. Esse processo de reviravoltas continuou por todos os dias e noites daquela semana.

No domingo, estava sozinho no centro de adoração quando o pastor entrou antes da hora. Perguntei: "Como você sabe quando Deus o perdoou por um pecado específico?" Ele, em vez de me responder, fez-me uma pergunta: "O que a Palavra de Deus diz a respeito do assunto?" Comecei, sem hesitar, a citar 1João 1.9: "Se confessarmos os nossos pecados, ele é fiel e justo para perdoar os nossos pecados e nos purificar de toda injustiça". No meio da citação desse versículo, ouvi Deus falar.

Deus falou comigo de maneira simples, mas profunda, naquele momento. A maneira como eu mesmo citei 1João 1.9 durante toda a semana foi enfatizando minha confissão: "Se *confessarmos* os nossos pecados, ele é fiel e justo para perdoar os nossos pecados e nos purificar de toda injustiça". No entanto, naquela manhã de domingo a ênfase passou do *confessar* para a verdade do caráter de Deus: "*Ele é fiel e justo para perdoar*". A seguir, Deus abriu meus olhos para ver a verdade. Tinha confessado meu pecado e, depois, examinado meu interior para ver se eu me sentia perdoado, em vez de olhar para Deus e sua promessa e simplesmente acreditar que estava perdoado pela fé, não pelos sentimentos.

Fui perdoado na primeira vez que pedi perdão — quase uma semana antes. No entanto, tinha estado sob a condenação de Satanás porque cada vez que me lembrava de meu pecado, lutava com meus sentimentos. Na segunda-feira seguinte, meu pecado veio mais uma vez a minha mente, mas dessa vez citei 1João 1.9 com a ênfase na fidelidade de Deus de me perdoar porque Cristo já tinha pago o preço por meu pecado de uma vez por todas na cruz. Nesse ponto, a condenação parou.

*Lições aprendidas*

- O fato de a Palavra de Deus ser mais forte que meus sentimentos quando exercito a fé nas promessas de Deus.
- Satanás pode usar meus sentimentos contra mim mesmo com o intuito de que eu venha a questionar as promessas de Deus.
- Estava olhando meu íntimo para sentir o perdão, em vez de olhar para o alto, para Deus e permanecer firmemente em sua promessa pela fé.
- Nem todo pensamento que entra em minha mente tem origem em mim. Satanás pode pôr pensamentos em minha mente para me influenciar ou me enganar.
- Temos de filtrar nossos próprios pensamentos através da verdade da Palavra de Deus a fim de discernir a origem deles, trazendo todo pensamento cativo à obediência de Cristo.

Uma vez que aprendi essa lição sobre o perdão, percebi que muitos membros da igreja que me procuram estavam repetindo meu erro. Uma das perguntas que aprendi a fazer em relação a discernir a diferença entre o doce convencimento do Espírito Santo para seu filho ou filha e a condenação do mundo, da carne e do demônio foi esta: "Quantas vezes você confessou esse pecado em particular a Deus?" Alguns dizem que confessaram o mesmo pecado não por uma semana, como foi meu caso, mas durante meses e até mesmo anos. Que libertação eles sentiram quando descobriram a diferença entre o convencimento do Espírito Santo e a condenação do inimigo!

Você já tentou pagar por seu pecado diante de Deus quando Jesus já pagou por ele? Embora tenhamos sido salvos pela fé, não por nossas obras, nossa carne é incuravelmente religiosa e ainda tenta agradar a Deus por meio das obras da carne. Sentimos que pequenos pecados significam pequena confissão e grandes pecados exigem grandes confissões, promessas, autopunição e até mesmo penitência. Sentimo-nos melhor se sofremos um pouco por nossos pecados a fim de conseguir perdão. Contudo, isso não está no evangelho. O evangelho diz que Jesus pagou pelo pecado de uma vez por todas. Da mesma maneira como fomos salvos da pena do pecado de uma vez por todas na cruz, também somos perdoados dos pecados individuais relacionados com nossa comunhão com Deus só pela fé.

*Questões a considerar*

- A condenação nos afasta da Palavra e o convencimento nos leva para a Palavra. Aquela o isola dos outros cristãos e da igreja enquanto este o atrai para a igreja. Você já experimentou essas coisas em sua vida?
- Satanás tentou condená-lo por um pecado que Deus já tinha perdoado?
- Existe um pecado em particular de seu passado que continua voltando a sua mente? Você vive em constante condenação?
- Você espera se sentir perdoado antes de aceitar o perdão de Deus pela fé?

- Você sente que quanto maior seu pecado em particular, maior a confissão de pecado e a mágoa e o pesar que sente?

*Experiência nº 2: como você sabe a origem de seus pensamentos?*

Na primeira experiência, enfatizei aprender a não depender de meus sentimentos e emoções, mas permanecer firme na Palavra de Deus por meio da fé. Nesta experiência aprendi que nem todo pensamento que brota em minha mente é meu.

Certo dia, estava andando pelo *campus* da faculdade. Passei por um estudante, e um pensamento claro brotou em minha mente e fui compartilhar o evangelho com ele. Tinha um panfleto do evangelho e comecei a me aproximar dele quando outro pensamento passou por minha mente. Foi um pensamento desprezível seguido de outro pensamento: *Você não está pronto para compartilhar Cristo com ele. Olhe o que você acaba de pensar. Se ele pudesse ver seus pensamentos saberia que é um hipócrita*. Concordei comigo mesmo, fiz a volta e me afastei. Alguns dias depois, parecia mais uma vez incitado pelo Espírito Santo a testemunhar para um estudante e enquanto em aproximava dele, mais uma vez, tive um pensamento desprezível seguido da mesma condenação.

Comecei a frequentar uma reunião de oração na noite de sábado em que alguns membros da igreja se reuniam para orar para os cultos de domingo. Enquanto ouvia um desses cristãos maduros orar, tive um pensamento desprezível seguido da seguinte racionalização: *Não estou pronto para fazer parte desse grupo dedicado de guerreiros de oração. Se eles conhecessem meu verdadeiro "eu" saberiam que tipo de hipócrita sou.* Saí daquela reunião de oração sentindo que não pertencia a ele e não estava qualificado a voltar fazer parte dele.

Três vezes em uma semana fui incitado a obedecer a Deus e, cada uma delas, fui derrotado pelos meus próprios pensamentos ímpios. Procurei meu pastor e lhe falai dos três eventos. Mais uma vez ele fez apenas uma pergunta: "Você queria ter esses pensamentos?" Minha resposta foi enfática: "Não, é claro que não, odeio esses pensamentos". A seguir, ele fez uma segunda pergunta que serviu para abrir meus olhos: "Quem é o verdadeiro você?" Nunca tinha pensado que poderia ser separado de todos meus pensamentos. Via-me como o conjunto de tudo o que pensava, sentia, fazia e queria. Mas naquele momento uma passagem da Bíblia veio mais uma vez a minha mente:

> *Pois, embora vivamos como homens, não lutamos segundo os padrões humanos. As armas com as quais lutamos não são humanas (da carne); ao contrário, são poderosas em Deus para destruir fortalezas. Destruímos argumentos e toda pretensão que se levanta contra o conhecimento de Deus, e levamos cativo todo pensamento, para torná-lo obediente a Cristo. E estaremos prontos para punir todo ato de desobediência, uma vez estando completa a obediência de vocês* (2Coríntios 10.3-6).

A essa altura entendi que Satanás podia pôr pensamentos em minha mente, usando imagens do meu passado e tentações aliadas de minha carne. Era responsável por minha vontade e pelas escolhas que fiz — não por todo pensamento ou tentação que brotava em minha mente. Tive de participar ativamente da luta por minha mente. Tive de levar cativo todo pensamento para Cristo e filtrá-los por intermédio da Escritura. Tinha de ter pensamentos puros, e por meio de minha vontade, rejeitar qualquer pensamento que desonrasse a Cristo.

Durante uma semana fora enganado por Satanás que manipulara meus pensamentos. Era como se eu levantasse um espelho e dissesse: "Dê uma boa olhada em você mesmo e veja que grande hipócrita você é e que Deus não pode usá-lo". Começava a aprender como discernir os pensamentos que pareciam brotar de minha mente.

Na semana seguinte senti-me mais uma vez pressionado a compartilhar Cristo com um estudante. Mais uma vez um pensamento impuro entrou em minha mente, seguido rapidamente do mesmo tipo de condenação de antes. Dessa vez, todavia, não atribui o pensamento a mim, mas a Satanás e a minha carne. Orei no mesmo instante: "Querido Senhor, esse pensamento não é meu. Não o quero, não o desejo. Na verdade, desprezo-o. Faça esse pensamento ficar cativo ao Senhor e rejeito-o". A condenação foi embora e, a seguir, consegui desviar o olhar de mim mesmo para direcioná-lo a Cristo a fim de compartilhar Jesus com alguém. Uma vez que aprendi essa grande lição, o ciclo de condenação de Satanás foi interrompido. Desde aquele dia, quando pensamentos daquele tipo e tentações entram em minha mente, sei que, nessa batalha por minha mente, posso sair vitorioso ou ser derrotado.

## *Quem é o verdadeiro você?*

Quero lhe fazer a mesma pergunta que meu pastor me fez 43 anos atrás. *Quem é o verdadeiro você?* A verdade a seu respeito não é o que você sente, pensa ou até mesmo experimenta. A coisa mais verdadeira a seu respeito é o que Deus diz sobre você. E o que ele diz? Ele diz que...

- Você é uma nova criação em Cristo (2Coríntios 5.17).[73]

[73] A expressão "em Cristo" ou "nele" é usada 162 vezes no Novo Testamento, enfatizando nossa união com Cristo e nossa nova identidade com ele.

- Você é chamado por Deus, justificado por intermédio de seu Filho e recebe garantia de que o processo continua até a glorificação suprema (Romanos 8.30).[74]
- Você é habitado pelo Espírito Santo, selado e batizado nele (1Coríntios 3.16; 12.13; Efésios 1.13).
- Você é crucificado com Cristo, morto para o velho homem e, não obstante, vive em novidade de vida (Gálatas 2.20; Romano 6.1-6).
- Você está assentado com Cristo nos céus (Efésios 2.6).
- Você está sendo conformado à imagem de Cristo (Romanos 8.29).
- Você presta contas por sua vontade e suas escolhas (Romanos 7.14-20).
- Você ainda é um pecador, mas foi salvo pela graça; odeia o pecado e está alcançando vitória sobre ele (Romanos 7.21-25).

Lembre-se destas verdades:

- Seus sentimentos e emoções mudam como o tempo. Eles não refletem seu verdadeiro "eu", o *novo você* em Jesus Cristo.
- Alguns pensamentos não são iniciados por você. Eles são postos em sua mente por Satanás e são seus dardos flamejantes destinados a derrubá-lo. Contudo, você tem de levar esses pensamentos cativos a Cristo.

[74] Paulo tem tanta certeza da conclusão desse processo de salvação que usa o tempo passado para um evento futuro a fim de enfatizar a certeza do evento. Ele escreve para os romanos como se a glorificação deles estivesse completa.

- Você não é o que é na carne. A carne não muda na salvação e nunca pode agradar a Deus.

Você exerce sua vontade de fazer uma simples escolha de fé — ou deixa seus sentimentos determinarem suas escolhas? Já ouvi muitos cristãos dizerem: "Se for à igreja quando não estou com vontade, então seria um hipócrita. Se dou dízimo quando não estou com vontade, seria um hipócrita".

Minha resposta para esses comentários eram: "Como você sabe que não quer vir para a igreja? Como sabe que não quer dar dízimo? Se for verdadeiramente salvo, será que o homem interior quer agradar a Deus?" Percebemos a diferença da nossa velha natureza e da nossa nova natureza? A carne pode ser a fonte da falta de vontade de ir à igreja ou dar dízimo. Nossos sentimentos podem ser influenciados pela carne para ficar do lado dela. No entanto, todo cristão tem o Espírito Santo habitando em seu espírito, e o cristão, no novo homem em Cristo, deseja agradar a Deus e obedecer a ele. Nossa vontade é responsável por se subjugar ao Espírito Santo, não à carne.

Se nos rendemos ao Espírito, nossos sentimentos não nos impedirão de obedecer e de nos enganar. Acontecem muitas vezes em que meus sentimentos tentam me impedir de obedecer à Palavra de Deus. Em diversas ocasiões, sentia-me cansado ou estava ocupado e não sentia vontade de sair e testemunhar em uma noite para os visitantes na igreja. Em vez de me render aos meus sentimentos, aprendi a exercitar minha vontade sobre minhas emoções e sair para uma visita pessoal de evangelismo. Ainda sem sentir nada, comecei a compartilhar o evangelho, e o Espírito Santo começou a trazer aquele indivíduo para o convencimento e, depois, para a salvação. Meus sentimentos só mudaram quando estava no meio da apresentação do evangelho. Se tivesse deixado meus sentimentos me dominarem, não teria compartilhado o evangelho naquela noite. O inimigo pode tentar sussurrar no meu ouvido: "Você é hipócrita se sai para evangelizar quando não está com vontade de fazer isso". Contudo, o oposto é verdade. Seria hipócrita se *não* tivesse saído testemunhando, sabendo que Cristo me salvou e tem me dado um testemunho que deve ser compartilhado. O Espírito Santo que habita em mim testifica de Jesus, e sou chamado a testemunhar. A Palavra de Deus me ordena que vá. A hipocrisia seria acreditar que em meus sentimentos em detrimento da verdade que Deus diz sobre mim em meu espírito, em meu homem interior.

Prego há anos: "Obedeça a Deus, quer sinta vontade quer não". Você pode mudar seus sentimentos por meio da fé e da obediência. Nunca permita que seus sentimentos o mudem.

- Temos de ir à igreja, quer estejamos com vontade quer não.
- Temos de dar dízimo, quer estejamos com vontade quer não.
- Temos de testemunhar, quer estejamos com vontade quer não.
- Temos de ler a Palavra de Deus, quer estejamos com vontade quer não.
- Temos de orar, quer estejamos com vontade quer não.
- Temos de amar, quer estejamos com vontade quer não.
- Temos de cantar e louvar, quer estejamos com vontade quer não.
- Temos de servir, quer estejamos com vontade quer não.
- Temos de perdoar, quer estejamos com vontade quer não.

Será que podemos justificar a desobediência às ordens de Deus por causa de nossos sentimentos? Podemos dizer honestamente a Deus: "Senhor, será que eu seria hipócrita por amar e perdoar essa pessoa porque não estou com vontade de fazer isso?" Você acha que esses sentimentos podem ser provenientes de sua carne e emoções? Acha que em seu espírito regenerado no qual habita o Espírito Santo há a graça e o poder capacitador a obedecer a Deus? A resposta é: sim, há sim!

Temos de exercitar nossa vontade para que se renda ao Espírito Santo e obedeça a Palavra de Deus, independentemente de nossas emoções. O fruto do Espírito se manifesta por meio da nossa fé e obediência. Uma vez que aprendemos que não devemos nos render a nossas emoções, mas antes ao Espírito e à Palavra de Deus, damos um grande passo no aprendizado de caminhar pela fé, não pela vista.

## *A fé firme se reflete em nosso semblante*

Deus concedeu a Arão as palavras de bênção para os filhos de Israel: "O Senhor te abençoe e te guarde; o Senhor faça resplandecer o seu rosto sobre ti e te conceda graça; *o Senhor volte para ti o seu rosto e te dê paz*" (Números 6.24-26). Essa última frase descreve como Deus transforma nosso semblante quando caminhos fielmente com ele. Ficamos cheios de alegria — e nosso semblante mostra isso.

A fé no coração de Ana estava refletida em sua face. Seu semblante mostrava sua alegria e confiança na promessa de Deus. Tenho de especular como deve ter sido para Elcana ver sua esposa muito amada sorrir com o brilho de Deus.

Uma evidência de que você acredita em Deus é que o escudo da fé extingue todos os dardos chamejantes do maligno (Efésio 6.16). Na batalha, o soldado, com frequência, encharca seu escudo com água. Quando o inimigo lança uma flecha de fogo, seu escudo não só o protege de ser ferido pela flecha, mas também apaga o fogo. O sorriso na face de Ana na presença de sua adversária falou alto que sua fé tinha triunfado em Deus.

## *Aplicação*

- A vida de Jesus já se manifestou em você a ponto de suas emoções se submeterem a sua vontade?
- Você já descobriu que há uma imensa diferença entre nossa alegria emocional e a alegria como fruto do Espírito?
- Você levanta o escudo de fé para extinguir o ataque de flechas do inimigo? Sua fé triunfa mesmo em face dos comentários e das críticas dos outros?

## *Os quatro "se"*

- Se não dominarmos nossas emoções então elas nos dominam.
- Se não experimentarmos o fruto do Espírito capacitando a nós e a nossas emoções a mudarem, então nossa carne e Satanás nos manterão escravos de nossas emoções.
- Se não exercitarmos nossa vontade sobre nossas emoções, então continuamos a caminhar pela vista, não pela fé.

- Se for para descobrirmos o segredo da força, da produção de muitos frutos e da realização, então temos de acreditar no que a Escritura diz que somos em Cristo e não permitir que nossas emoções nos definam.

# *Teste oito: aperfeiçoada*

*Elcana, seu marido, lhe perguntava: "Ana, por que você está chorando? Por que não come? Por que está triste? Será que eu não sou melhor para você do que dez filhos?"* (1Samuel 1.8).

## O OITAVO TESTE DE FÉ

*Caminharei com nova fé e dependência de Deus na força, nos frutos e na realização?* (1Samuel 2.1-10).

A razão para Elcana perguntar: "Será que eu não sou melhor para você do que dez filhos?", foi porque sua perspectiva de vida era terrena, não celestial. Se ele visse o que Deus via, teria sido muito mais paciente com Ana e encorajado a fé da esposa.

## VALE A PENA?

A provação de fé vale a pena se, da perspectiva de Deus, formos aperfeiçoados? Valeu a pena para Ana. Valeu a pena para

Abraão, José, Davi, Jó e para todos os exemplos de fé da Escritura. Se fosse deixado por nossa conta, viveríamos para as coisas inferiores, não para as melhores. E não se engane: as coisas inferiores satisfazem — mas só por um momento. Por isso, temos de viver com uma perspectiva eterna.

Deus prometeu que completaria a obra que começou em nós. Por isso, ele toma parte ativa em nosso refinamento, a fim de nos deixar mais parecidos com Cristo, e também em nossa poda, para que produzamos muitos frutos.

Um dos grandes segredos da força, da produtividade e da realização é ver a vida da perspectiva de Deus. Ana estava no processo de ter sua percepção terrena transformada para ter uma percepção melhor, a do céu para sua vida e propósito. Sua oração de louvor revela o paradoxo da vida da perspectiva de Deus que o mundo não entende. Elcana via a aflição de Ana por intermédio de seus próprios desejos e perspectiva. Ele considerava que seu amor era melhor que dez filhos. Ele, se tivesse entrado no conselho secreto de Deus como Ana o fez, teria visto as coisas da perspectiva de Deus, não teria feito uma avaliação insensível de Ana.

## OS BENEFÍCIOS DE VIVER DA PERSPECTIVA DE DEUS

Quando vemos a vida da perspectiva de Deus, descobrimos que os valores eternos do Senhor são melhores que tudo que esse mundo temporal tem a nos oferecer. Somos livres para procurar primeiro o Reino de Deus e confiar nele para as outras coisas que ele provê (Mateus 6.33). Ana não só recebeu as melhores coisas de uma vida transformada pela graça e maior fé, mas também recebeu *outras coisas* da bênção de Deus. "O SENHOR foi bondoso com Ana; ela engravidou e deu à luz três filhos e duas filhas. Enquanto isso, o menino Samuel crescia na presença do SENHOR" (1Samuel 2.21). Ana se tornou uma esposa melhor para seu marido como uma mulher de fé. Ela se tornou uma mãe melhor que Penina, que refletia para seus filhos sua própria força, enquanto Ana refletia a força do Senhor para Samuel e seus outros cinco filhos.

Os meios de Deus são mais elevados que os nossos e, com certeza, isso é visto no modo como ele escolhe operar, por nosso intermédio, seu propósito maior em Cristo. Os homens e as mulheres de fé que Deus nos apresenta na Escritura revelam a conduta de Deus com seus filhos e ajudam a edificar nossa fé. Nenhum de nós consegue entender totalmente o principal projeto de Deus de seu propósito para nossa vida. Somos chamados a confiar no caráter eterno do Senhor e em seu amor por nós em toda sua conduta conosco.

Meu palpite é que Ana nunca teria escolhido ser estéril, mas, no propósito maior de Deus, ele escolheu a deixar estéril. Deus, em sua soberania, sabia que esse era um plano melhor do que aquele que Ana teria escolhido. Conseguimos ver em retrospectiva que a intenção de Deus era abençoá-la e aperfeiçoá-la quando ele cumpriu seu maravilhoso propósito que englobava muito mais do que Ana poderia sequer imaginar.

Se Ana tivesse um botão mágico para "parar" tudo, tenho certeza que ela teria apertado esse botão diversas vezes nos anos de sofrimento antes que percebesse as bênçãos de Deus. Mas, por meio de seu sofrimento, o propósito de Deus para ela, para seu filho Samuel e para Israel foi cumprido. Mas esses são os meios de Deus quando ele nos chama a apenas confiar nele. Temos de confiar nele mesmo quando não entendemos pelo que estamos passando ou por que estamos passando por isso. Deus podia ter dito a Ana quanto tempo ela teria de esperar por Samuel, mas ele, de forma intencional, não disse nada. Deus, em sabedoria, chama-nos a confiar nele. Ele não só realiza seus propósitos *por intermédio* de seus filhos, mas também realiza seus propósitos *em* seus filhos à medida que nos deixa cada vez mais semelhantes à imagem de Cristo. Parte da sabedoria de Deus foi deixar Ana mais firme na fé e na comunhão com ele e, desse modo, melhorar no final. (Deus poderia ter nos dito o momento exato da segunda vinda de Cristo, mas não o fez a fim de que cada geração se prepare em seu coração para sua volta iminente.)

Conseguimos, como possuidores de todo o registro da Escritura, olhar todo o cenário da provação de fé de Ana e ver que Deus operou de fato todas as coisas para a glória dele e o bem dela. No fim, Ana foi aperfeiçoada pelo caminho que Deus escolheu para ela e que ela não teria escolhido por si mesma.

## A ESCOLHA DE SARA

Se tivesse sido dada a Sara a escolha de ter um filho no primeiro ano de seu casamento, ela provavelmente teria escolhido esse caminho. Afinal, quem escolheria ser estéril e esperar até ter noventa anos para ter o filho prometido? Mas se Sara fizesse da sua maneira, ela teria arruinado o propósito maior de Deus. Na verdade, ela tentou abortar o propósito maior de Deus por sua falta de fé e Ismael foi o resultado disso. No entanto, quando Deus a fez rir em fé com seu Isaque, ele recebeu glória maior e Sara foi aperfeiçoada.

## O CAMINHO DE SOFRIMENTO DE JÓ

Não acredito que Jó teria escolhido o caminho do sofrimento com o pleno conhecimento do que estava para sofrer. Deus escolheu que Jó passasse por uma provação de fé sem explicar a este o *porquê* de seus sofrimentos. No fim, Deus foi glorificado, Cristo foi revelado, Jó foi aperfeiçoado e milhões de crentes foram abençoados ao longo da história. Consideremos Jó por um momento e vejamos como ele foi mais que duplamente abençoado, ele foi aperfeiçoado em seu entendimento de Deus.

Não houve homem mais irrepreensível e justo que Jó. A ele, como a Abraão, foi imputada justiça só pela fé, e ele tinha justiça prática nas boas obras que comprovaram sua fé. Como Jó poderia ser melhor? Deus permitiu que Satanás golpeasse Jó como a nenhum outro homem da Bíblia. E Jó, por meio de sua grande provação de fé, ficou mais próximo de Deus.

> *Na terra de Uz vivia um homem chamado Jó. Era homem íntegro e justo; temia a Deus e evitava fazer o mal. Tinha ele sete filhos e três filhas, e possuía sete mil ovelhas, três mil camelos, quinhentas juntas de boi e quinhentos jumentos, e tinha muita gente a seu serviço. Era o homem mais rico do oriente. [...] Disse então o Senhor a Satanás: "Reparou em meu servo Jó? Não há ninguém na terra como ele, irrepreensível, íntegro, homem que teme a Deus e evita o mal". "Será que Jó não tem razões para temer a Deus?", respondeu Satanás. "Acaso não puseste uma cerca em volta dele, da família dele e de tudo o que ele possui? Tu mesmo tens abençoado tudo o que ele faz, de modo que os seus rebanhos estão espalhados por toda a terra. Mas estende a tua mão e fere tudo o que ele tem, e com certeza ele te amaldiçoará na tua face"* (Jó 1.1-3,8-11).

Satanás começou seu ataque contra Jó destruindo todos seus filhos e posses. Mas a reação de Jó foi continuar fiel e a confiar em Deus.

*Disse então o Senhor a Satanás: "Reparou em meu servo Jó? Não há ninguém na terra como ele, irrepreensível, íntegro, homem que teme a Deus e evita o mal. Ele se mantém íntegro, apesar de você me haver instigado contra ele para arruiná-lo sem motivo". "Pele por pele!", respondeu Satanás. "Um homem dará tudo o que tem por sua vida. Estende a tua mão e fere a sua carne e os seus ossos, e com certeza ele te amaldiçoará na tua face." O Senhor disse a Satanás: "Pois bem, ele está nas suas mãos; apenas poupe a vida dele"* (Jó 2.3-6).

O segundo ataque de Satanás incluiu um ataque sobre o corpo de Jó que resultou em grande sofrimento. Depois disso, os amigos o entenderam mal e o acusaram de ter um pecado secreto em sua vida. Satanás, finalmente, atacou o próprio caráter de Deus. Jó, após aguentar pacientemente todo esse sofrimento, começou a questionar a Deus. Foi nesse ponto que Deus mesmo passou a falar claramente com Jó. Por meio de uma série de perguntas, ele reprovou Jó. Este viu a profundeza de seu pecado — que era um pecador maior do que imaginava. Mas ele também viu a grandiosidade de Deus — que o Senhor era mais sábio e maior do que ele, Jó, jamais tinha percebido. Jó tinha falado sem conhecimento e se arrependeu diante de Deus: " 'Meus ouvidos já tinham ouvido a teu respeito, mas agora os meus olhos te viram. Por isso menosprezo a mim mesmo e me arrependo no pó e na cinza' " (Jó 42.5,6).

Você acha que valeu a pena pelo que Jó passou a fim de vir a conhecer a Deus de uma maneira muito mais profunda e, nesse processo, descobrir algo sobre seu secreto sentimento de superioridade moral? Eliú aconselhou Jó a se ver da perspectiva de Deus: " 'Mostra-me o que não estou vendo; se agi mal, não tornarei a fazê-lo' " (Jó 34.32).

Depois de sua provação, Deus devolveu em dobro tudo que Jó tinha perdido — e dessa maneira ele foi aperfeiçoado. Contudo, a maneira mais extraordinária em que ele foi aperfeiçoado foi em conhecer mais de Deus. Jó caminhou com Deus por outros 140 anos, mas agora com um grande conhecimento do Senhor e em grande humildade.

> *Depois que Jó orou por seus amigos, o Senhor o tornou novamente próspero e lhe deu em dobro tudo o que tinha antes. [...] O Senhor abençoou o final da vida de Jó mais do que o início. Ele teve catorze mil ovelhas, seis mil camelos, mil juntas de boi e mil jumentos. [...] Depois disso Jó viveu cento e quarenta anos; viu seus filhos e os descendentes deles até a quarta geração* (Jó 42.10,12,16).

Note que Deus abençoou mais Jó em seus últimos dias do que o tinha feito antes. Talvez você se sinta confortável na maneira como Deus abençoou você, sua família, seu ministério e sua igreja. Mas e se Deus quisesse abençoá-lo ainda mais? E se Deus quisesse que você fosse ainda mais produtivo? E se Deus quisesse que você usasse os recursos ilimitados do céu? Você estaria disposto a enfrentar esta situação: Deus o fazer passar por provação durante um período de tempo a fim de abençoá-lo de maneira ainda maior? Tiago nos diz que devemos nos lembrar do objetivo do Senhor: "Irmãos, tenham os profetas que falaram em nome do Senhor como exemplo de paciência diante do sofrimento. Como vocês sabem, nós consideramos felizes aqueles que mostraram perseverança. Vocês ouviram falar sobre a perseverança de Jó e viram o fim que o Senhor lhe proporcionou. O Senhor é cheio de compaixão e misericórdia" (Tiago 5.10,11).

## APLICAÇÃO

- Como vê as provações pelas quais passa? Você as vê da perspectiva terrena ou da celestial?

- De que maneiras sente que as provações pelas quais passa o fortaleceram, o tornaram mais produtivo e lhe deram maior realização?
- Você já considerou que outros cristãos podem estar passando por um período de teste e você pode não entender a profundidade da obra que Deus está fazendo em sua vida e por seu intermédio?

## COMO APRENDI A NÃO CONFIAR NO QUE O MÉDICO DISSE

Em menino, fui diagnosticado com herpes-zóster. Minha mãe me disse que o médico me deixaria melhor. Minha maior preocupação era que o médico quisesse me dar uma injeção. Fiz minha mãe prometer que o médico não faria isso. Minha mãe piedosamente fez algo que não era típico dela — ela mentiu para mim. Quando chegamos ao consultório do médico, perguntei à recepcionista: "O médico vai me dar uma injeção?" Ela aderiu à conspiração de minha mãe e disse-me que o médico não daria nenhuma injeção. Quando fomos levados para o consultório do médico, fiz a mesma pergunta à enfermeira, e ela me disse que não tomaria uma injeção. Quando o médico entrou na sala, perguntei àquele que supostamente faria eu melhorar: "Você vai me dar uma injeção?" Ele também mentiu para mim dizendo que não enquanto saía da sala. Com essas quatro confirmações, acreditei que ficaria melhor sem tomar injeção. Então, o doutor voltou para a sala — segurando uma seringa muito grande.

Todas as pessoas em que deveria poder confiar tinham conspirado para me enganar a fim de me dar uma injeção. Pegando-os desprevenidos, pulei da mesa, desviei do médico e da enfermeira e corri para a recepção pelo corredor. Tenho certeza de que deve ter sido cômico para os que estavam na sala de espera ver um menino escapando do consultório com o médico, a enfermeira e minha mãe atrás dele, em uma agitada perseguição. Comecei a correr pela rua movimentada até o doutor finalmente me pegar e me trazer de volta para o consultório.

A despeito de meus melhores esforços para escapar, ele ainda me deu a injeção naquele dia — e durante muitos dias depois daquele. Minha motivação para tomar o resto da série de injeções veio de outra mentira que uma de minhas irmãs mais velha me contou. Ela disse: "Vê todas essas feridas em volta do seu peito e das costas? Se elas circundarem completamente seu peito, você vai morrer". Essa mentira me encheu de preocupação. Olhava com frequência no espelho para ver se o número de feridas tinha diminuído. Submeti-me às injeções do médico para não morrer. No fim, fiquei melhor — o médico sabia do que eu precisava e me tratou com a prescrição correta.

Deus aperfeiçoou Ana por intermédio de sua provação de fé, e ele nunca lhe deu um motivo para confiar nele. Deus aperfeiçoou Jó e nunca mentiu para ele. As coisas que Deus designa para nos fortalecer, nos fazer dar frutos e nos levar à realização, com frequência, são como a injeção do médico. Pode causar um breve período de doloroso questionamento, silêncio ensurdecedor, fogo refinador e poda, mas se Deus é quem segura a seringa, não precisamos correr do processo. Deus nos aperfeiçoa por meio das provações que permite que soframos. Pedro entendeu que as provações têm um propósito redentor em nossa vida. Ele escreveu para um grupo de cristãos que passavam por intensa perseguição. Tenho certeza de que eles estavam questionando a Deus e se perguntando: "Por quê?" Ele lhes diz para ver o quadro maior do que

Deus está fazendo: "Assim acontece para que fique comprovado que a fé que vocês têm, muito mais valiosa do que o ouro que perece, mesmo que refinado pelo fogo, é genuína e resultará em louvor, glória e honra, quando Jesus Cristo for revelado" (1Pedro 1.7).

Nem Ana nem Jó sabiam a resposta da razão por que tinham sofrido em silêncio. Nem nós sabemos. Na verdade, não saber tudo que Deus planejou exige que confiemos na graça de Deus todos os dias e dependamos diariamente dela. Existiu apenas um que conhecia completamente os sofrimentos que teria de suportar — e esse foi Jesus. Ele enfrentou a cruz conhecendo todos os detalhes do que sofreria para a glória de Deus e para nossa salvação.

O fato de desconhecermos o amanhã nos deixa mais dependentes de Deus em nossa jornada de fé hoje. Se for para alcançarmos a maturidade semelhante à de Cristo, temos de permitir que Deus escolha nosso caminho e temos de caminhar fielmente com ele todos os dias. É melhor para Deus nos guiar por intermédio das provações sombrias a fim de que fiquemos tão desesperados para ter comunhão com o Senhor e pela verdadeira produção de frutos, algo que só conseguimos só pela fé.

Comecei a trabalhar neste livro com meu editor algumas semanas atrás. Durante esse período, Connie e eu fomos a médicos e hospitais quase todos os dias. E agora, enquanto terminamos este último capítulo, minha esposa recebeu o diagnóstico de um tipo de câncer denominado linfoma de grandes células. Os médicos estão lhe dizendo a verdade conforme a conhecem quanto à dificuldade que será para ela passar pelo tratamento de quimioterapia. Mas vejo nela uma força que sei que Deus lhe dá. Ela não correrá de suas injeções. Ela está correndo para Deus.

Meu amigo, Deus não tem de nos explicar por que razão escolhe nos guiar para um determinado caminho. Se o amamos e confiamos nele, temos de glorificá-lo apenas pegando em sua mão e caminhando com ele em grande comunhão, fé e produção de frutos.

Será que temos medo de nos entregar completamente a Deus porque ele pode nos fazer passar por uma grande provação de fé para nos aperfeiçoar? Esse é o pensamento dos cristãos imaturos que se esqueceram do princípio de Romanos 8.28 de que Deus opera de fato todas as coisas para sua glória e para o nosso bem.

### PARA O BEM E PARA O MAL

No dia do casamento, muitos casais jovens olham o futuro desconhecido e fazem um voto de casamento para o bem e para o mal, na doença ou na saúde até que a morte os separe. É amor que sentem um pelo outro que os capacita a fazer uma promessa de caminhar juntos em seu futuro desconhecido. Infelizmente, a maioria dos casais quebra sua promessa e se divorcia quando encontram provações e dificuldades da vida não previstas.

Contudo, com Deus, podemos ter certeza que não existe o mal — só o bem. Até mesmos as coisas que temporariamente parecem ser ruins, ele transforma para nosso bem quando continuamos a caminhar com fé e paciência. A oração de louvor de Ana revela que o resto de sua vida será melhor. Ela tinha um melhor entendimento de Deus, de si mesma e do caminho de fé e da produção de frutos. A longa noite de provações valeu bem o que ela recebeu em troca. O apóstolo Paulo entendia o propósito de Deus com as provações e o sofrimento. Observe o que ele considerava melhor: "Considero que os nossos sofrimentos atuais não podem ser comparados com a glória que em nós será revelada" (Romanos 8.18).

Observe a comparação de "atuais" com o tempo futuro de "a glória que [...] será revelada". Cristãos demais olham a vida do lado errado do telescópio quando tentam ver seu problema atual sem fé e sem visão. Jacó chorou ao supor a morte de José: " 'Tudo está contra mim' " (Gênesis 42.36). Se Jacó tivesse virado o telescópio e visto os céus como José o fez, poderia ter dito: "Deus está operando todas as coisas para a glória dele e o meu bem". Se é para sermos aperfeiçoados pelas provações da vida, temos de ter uma visão de Deus e do caminho de fé pelo qual ele escolheu trabalhar com seus filhos.

A oração de Ana em 1Samuel 2.1-10 nos fornece percepções acerca de como Deus realizou "o bem" e o melhor em sua vida:

- Ela passou a experimentar um estilo de vida de regozijo no Senhor (2.1).
- Ela conseguiu mais força no Senhor (2.1).
- Ela antes tinha chorado com as palavras de Penina, mas agora ria em sua vitória (2.1).
- Ela se regozijou na salvação do Senhor (2.1).
- Ela conheceu a santidade de Deus como uma realidade em sua vida (2.2)
- Ela conheceu Deus como o único Deus verdadeiro (2.2).
- Ela descobriu que Deus era sua rocha e que nenhuma tempestade a destruiria (2.2).
- Ela foi preservada por Deus enquanto tropeçava em fraqueza e enquanto os poderosos eram derrotados (2.4).
- Ela tinha fome de Deus e de sua vontade, e o Senhor encheu-a, enquanto sua adversária, que estava cheia das bênçãos deste mundo, vivia agora na penúria (2.5).

- Ela tinha sido estéril, mas agora tinha muitos filhos. Ela antes tinha pouca fé e agora tinha grande fé e fruto espiritual (2.5).
- Ela foi trazida à morte (ou ao desejo de não viver sem o propósito de Deus cumprido em sua vida) e foi ressuscitada para experimentar a vida em um novo nível de fé e comunhão com Deus (2.6).
- Ela não vivia mais como os ímpios, a caminho da sepultura, mas como alguém em seu caminho para o céu (2.6).
- Ela antes não tinha fruto em seu ventre, mas agora tinha se tornado rica na fé; ela aprendeu a explorar os recursos ilimitados de Deus (2.7).
- Ela foi humilhada, mas agora tinha sido exaltada por Deus (2.7).
- Ela antes se assentava com os pedintes nos montes de cinza, mas agora foi exaltada por Deus para se assentar com os príncipes do Senhor (2.8).
- Ela foi preservada por Deus e seus pés não escorregaram (2.9).
- Ela aprendeu o grande segredo de que não é pela nossa força, mas pela força de Deus que encontramos vitória (2.9).
- Ela entendeu a vitória suprema do ungido de Deus, Jesus Cristo, que no fim derrubará todos os inimigos de Deus (2.10).

## TEMPO DE REFLEXÃO

- Lembra-se de um tempo em que era criança e quando não entendia que o remédio do médico não era para feri-lo, mas para curá-lo e deixá-lo melhor?

- Sabendo que o propósito de Deus não é nos ferir, mas nos curar, como você aconselharia um cristão jovem a confiar em Deus em meio às provações?

## A ORAÇÃO DE ANA E O SERMÃO DO MONTE DE JESUS

Ana termina sua oração com uma profecia da vinda do Rei e Ungido que finalmente julgará com justiça até os confins da terra — o Senhor Jesus Cristo. "Aqueles que se opõem ao SENHOR serão despedaçados. Ele trovejará do céu contra eles; o SENHOR julgará até os confins da terra. Ele dará poder a seu rei e exaltará a força do seu ungido" (1Samuel 2.10).

Pedro nos fornece a percepção de que os que profetizaram no Antigo Testamento foram capacitados a fazer isso pelo Espírito de Cristo neles. "Foi a respeito dessa salvação que os profetas que falaram da graça destinada a vocês investigaram e examinaram, procurando saber o tempo e as circunstâncias para os quais apontava o Espírito de Cristo que neles estava, quando lhes predisse os sofrimentos de Cristo e as glórias que se seguiriam àqueles sofrimentos" (1Pedro 1.10,11).

Conseguimos muita percepção ao comparar a oração de Ana com o sermão do monte de Jesus. Observe os princípios universais de Deus que têm sido sempre verdade:

- Jesus: " 'Bem-aventurados os pobres em espírito, pois deles é o Reino dos céus' " (Mateus 5.3).
  Ana: " 'O SENHOR é quem dá pobreza e riqueza; ele humilha e exalta' " (1Samuel 2.7).
- Jesus: " 'Bem-aventurados os que choram, pois serão consolados' " (Mateus 5.4).

Ana: " 'Meu coração exulta no SENHOR; no SENHOR minha força é exaltada. Minha boca se exalta sobre os meus inimigos, pois me alegro em tua libertação' " (1Samuel 2.1).

- Jesus: " 'Bem-aventurados os humildes, pois eles receberão a terra por herança' " (Mateus 5.5).

Ana: " 'Levanta do pó o necessitado e do monte de cinzas ergue o pobre; ele os faz sentar-se com príncipes e lhes dá lugar de honra. Pois os alicerces da terra são do SENHOR; sobre eles estabeleceu o mundo' " (1Samuel 2.8).

- Jesus: " 'Bem-aventurados os que têm fome e sede de justiça, pois serão satisfeitos' " (Mateus 5.6).

Ana: " 'Os que tinham muito, agora trabalham por comida, mas os que estavam famintos, agora não passam fome' " (1Samuel 2.5).

- Jesus: " 'Bem-aventurados os puros de coração, pois verão a Deus' "(Mateus 5.8).

Ana: " 'Não há ninguém santo como o SENHOR; não há outro além de ti; não há rocha alguma como o nosso Deus' " (1Samuel 2.2).

- Jesus: " 'Bem-aventurados os perseguidos por causa da justiça, pois deles é o Reino dos céus' " (Mateus 5.10).
  Ana foi de fato perseguida por Penina, mas Deus lhe deu graça para aguentar e ficar ainda mais forte. Ela disse: " 'Ele guardará os pés dos seus santos, mas os ímpios serão silenciados nas trevas' " (1Samuel 2.9).

## VIVENDO DE FORMA PARADOXAL

Os caminhos de Deus são muito distintos dos caminhos do mundo. À medida que você lê as palavras de Jesus no sermão do monte, talvez fique impressionado, como fico, ao ver como somos chamados a amar de forma distinta.

- Seria melhor ser pobre de espírito ou ser rico?
- Seria melhor ser vilipendiado por este mundo ou ser louvado por ele?
- Seria melhor ter fome de Deus ou ser cheio dos prazeres deste mundo?

Jesus não só nos falou a respeito das melhores bênçãos de caminhar por seus princípios, mas também acrescentou *ais* para aqueles que escolhem esse reino temporal ao seu Reino eterno: "Mas ai de vocês, os ricos, pois já receberam sua consolação. Ai de vocês, que agora têm fartura, porque passarão fome. Ai de vocês, que agora riem, pois haverão de se lamentar e chorar" (Lucas 6.24,25).

Como sabe se aprendeu as lições que Deus tem para você? Como sabe se já descobriu esse profundo caminhar da graça que leva à força, à produção de frutos e à realização? Como sabe se as provações de fé que teve o aperfeiçoaram? Como sabe se Deus o tornou espiritualmente produtivo?

A resposta é tanto simples quanto profunda. É simples no fato de que começa com a fé e confiança inocente, similar à das crianças, em um Pai celestial. Temos de aprender a caminhar cada dia com ele. Como o compositor de hino disse: "Confie e obedeça, pois não há outro modo de ser feliz em Jesus além de confiar e obedecer". É simples assim. Todavia a resposta é muitíssimo profunda. Temos de aprender que não podemos caminhar por nossa própria força natural. Temos de depender da força sobrenatural de Deus e conhecer o poder do Espírito Santo operando em nossa vida. Isso leva tempo... ano após ano de caminhada com Jesus.

Temos de aprender as duras lições de fé e chegar à conclusão que a vida não diz respeito a nós e ao que acontece conosco, mas diz respeito a Deus, a sua glória e ao seu Reino. Somos chamados a construir o Reino de Deus e a mudar o nosso mundo.

Quando li o sermão do monte com seriedade pela primeira vez na faculdade, ele me assustou. Com certeza, o Senhor não pretendia que eu vivesse dessa maneira. Como isso seria possível? Quem caminha assim? Era simplesmente natural lidar com as pessoas com base no que era justo e bom. Como poderia caminhar uma milha a mais ou dar a outra face para aqueles que tiram vantagem de mim? Jesus fala realmente sobre um estilo de vida totalmente contracultural.

> *Amem, porém, os seus inimigos, façam-lhes o bem e emprestem a eles, sem esperar receber nada de volta. Então, a recompensa que terão será grande e vocês serão filhos do Altíssimo, porque ele é bondoso para com os ingratos e maus. Sejam misericordiosos, assim como o Pai de vocês é misericordioso. Não julguem, e vocês não serão julgados. Não condenem, e não serão condenados. Perdoem, e serão perdoados. Deem, e lhes será dado: uma boa medida, calcada, sacudida e transbordante será dada a vocês. Pois a medida que usarem também será usada para medir vocês* (Lucas 6.35-38).

Está preparado para dar um passo de fé e viver como Jesus quer que você viva? Isso exige dependência sobrenatural dele!

## APLICAÇÃO

- Como sabe se as provações o deixaram melhor?
- Já achou que o sermão do monte era um padrão alto demais pelo qual um cristão deve viver?

- Será que você conseguiria viver pelos princípios do sermão do monte se Cristo vivesse a vida por intermédio de você?
- Já experimentou a diferença entre lidar com as pessoas em sua força natural em contraste com o caminhar na graça sobrenatural?

## O PARADOXO DO MELHOR

A maneira como vemos a vida determina como valorizamos a vida. Quando tinha cerca de quatro anos fui para nossa pequena fazenda na cidade de Ida, Louisiana, com meu pai.[75] Havia um grupo de antigos moradores locais que apenas se sentava do lado de fora do armazém e ficava conversando para matar o tempo. Um dos homens amava perguntar meu nome. Aprendi que se acrescentasse apenas um título ao meu nome, ele me dava uma moeda. "Qual é o seu nome, filho?" Então, eu papagueava a resposta que ele queria: "Meu nome é presidente Truman". Os homens riam, e eu levava minha moeda ao armazém para comprar um doce. Amava a atenção especial que conseguia por causa de meu nome. Então, certo dia, esperando lucrar por ter o mesmo nome do presidente, ele esticou as duas mãos para mim e falou para eu escolher qual moeda queria. Em uma mão tinha uma moeda de cinco centavos e na outra uma moeda de dez centavos. Não hesitei em deixar minha escolha óbvia. Qualquer pessoa com um pingo de senso sabia que os cinco centavos era a moeda maior e, portanto,

[75] Dessa pequena cidade de cerca de 500 habitantes, Deus levantou um grande evangelista e fundador do Mid America Seminary, o dr. Grey Allison. Trinta e quatro anos depois, meu segundo filho, Jeremy, veio a Cristo quando o dr. Allison pregou em nossa igreja.

deveria ser a de valor maior. Com meu sentido distorcido de valor, escolhi a moeda de cinco centavos. Soube que havia alguma coisa errada quando os velhos moradores locais deram uma grande risada a minhas custas. Meu pai também riu, mas depois usou a experiência para me ensinar o valor do dinheiro.

Vim a descobrir que não estou sozinho na família de Deus quando se trata de escolhas ruins. Vejo cristãos jovens e cristãos carnais escolherem as moedas brilhantes e aparentemente mais valiosas que este mundo oferece a eles. Pode ser uma casa maior, um carro pomposo ou um novo barco. Pode ser um segundo emprego para ganhar mais dinheiro a fim de comprar mais coisas. As escolhas deles com frequência resultam em menos tempo para a família e para servir no ministério. Mas a moeda brilhante e aparentemente mais valiosa parece tão atraente!

O que o aperfeiçoa? Alguns acham que é uma vida com menos problemas e mais tempo de lazer. Outros acham que seria uma vida longa e saudável. Outros ainda escolheriam a riqueza e ser influente. Deus deu uma oportunidade a Salomão para escolher algo proveniente diretamente da mão do Senhor. Salomão não escolheu riqueza, honra, poder sobre seus inimigos nem uma vida longa. Ele fez a escolha certa; pediu sabedoria a Deus para fazer a vontade deste a fim de liderar o povo do Senhor.

> *Naquela noite Deus apareceu a Salomão e lhe disse: "Peça-me o que quiser, e eu lhe darei". Salomão respondeu: "Tu foste muito bondoso para com meu pai Davi e me fizeste rei em seu lugar. Agora,* Senhor *Deus, que se confirme a tua promessa a meu pai Davi, pois me fizeste rei sobre um povo tão numeroso quanto o pó da terra.* Dá-me sabedoria e conhecimento, *para que eu possa liderar esta nação, pois quem pode governar este teu grande povo?" Deus disse a Salomão: "Já que este é o desejo de seu coração e você não pediu*

*riquezas, nem bens, nem honra, nem a morte dos seus inimigos, nem vida longa, mas sabedoria e conhecimento para governar o meu povo, sobre o qual o fiz rei, você receberá o que pediu, mas também lhe darei riquezas, bens e honra, como nenhum rei antes de você teve e nenhum depois de você terá*" (2Crônicas 1.7-12).

Salomão se tornou o homem mais sábio da terra. Ele registrou seus pensamentos sábios em dois livros que hoje conhecemos como Provérbios e Eclesiastes. Considere o contraste entre a perspectiva mundana do homem e a perspectiva eterna de Deus de **melhor**:

- A sabedoria é muito melhor do que o ouro e a prata. "É *melhor* obter sabedoria do que ouro! É *melhor* obter entendimento do que prata" (Provérbios 16.16).
- A humildade é melhor do que a riqueza com orgulho. "*Melhor* é ter espírito humilde entre os oprimidos do que partilhar despojos com os orgulhosos" (Provérbios 16.19).
- A paciência e o domínio próprio são melhores do que o poder e as grandes realizações. "*Melhor* é o homem paciente do que o guerreiro, mais vale controlar o seu espírito do que conquistar uma cidade" (Provérbios 16.32).
- A pobreza com honestidade é melhor do que ganhar com desonestidade. "*Melhor* é o pobre que vive com integridade do que o tolo que fala perversamente" (Provérbios 19.1). Veja como outra *A Mensagem* traduz esse versículo: "É melhor ser pobre e honesto que ser rico e não merecer confiança".
- A boa reputação é melhor do que presentes caros. "O bom nome é *melhor* do que um perfume finíssimo" (Eclesiastes 7.1). *A Mensagem* traz: "Uma boa reputação é melhor que muito dinheiro no bolso".

- O dia da morte é melhor do que o dia do nascimento. "E o dia da morte é *melhor* do que o dia do nascimento" (Eclesiastes 7.1). Essa passagem só pode ser entendida à luz daqueles que foram redimidos de seus pecados e, na morte, estão com o Senhor no céu. Paulo expressou o seguinte: "Estou pressionado dos dois lados: desejo partir e estar com Cristo, o que é *muito melhor*; contudo, é mais necessário, por causa de vocês, que eu permaneça no corpo" (Filipenses 1.23,24).

- É melhor considerar a eternidade em um funeral do que escapar da realidade em uma festa. "É melhor ir a uma casa onde há luto do que a uma casa em festa, pois a morte é o destino de todos; os vivos devem levar isso a sério" (Eclesiastes 7.2).

- A mágoa piedosa que muda nosso coração é melhor do que a risada que é apenas uma emoção passageira. "A tristeza é *melhor* do que o riso, porque o rosto triste *melhora* o coração" (Eclesiastes 7.3). A maioria de nós antes riria com o próspero do que choraria com os que estão sofrendo. No entanto, às vezes a mágoa é necessária para nos levar de nosso pensamento temporal superficial para a meditação sobre os valores eternos de Deus.

- A repreensão do sábio é melhor do que o louvor dos tolos. "É *melhor* ouvir a repreensão de um sábio do que a canção dos tolos" (Eclesiastes 7.5).

Salomão fez a melhor escolha ao pedir sabedoria a Deus. Contudo, ele, quando estava mais velho, afastou-se da sabedoria encontrada na Palavra de Deus e permitiu que suas muitas esposas voltassem seu coração para os ídolos. Ele escolheu o ouro sobre a

Palavra de Deus. Salomão é tanto um exemplo quanto uma advertência para nós de que as melhores escolhas que fizemos ontem têm de ser feitas diariamente ou nosso coração pode ir atrás de outras coisas que nos distanciam de Deus.

Colecionei moedas desde que era jovem até quando saí de casa para implantar nossa primeira igreja. Naquela época, podia comprar uma moeda de ouro de 28,4 gramas por US$ 37.50. As moedas de um dólar de prata Morgan, já fora de circulação, custavam US$ 1.89. Vendi minha coleção de moedas para mudar para nossa primeira designação de missão em 1970. Hoje cada uma das moedas de ouro seria vendida por mais de US$ 1,600; e cada dólar de prata, por mais de US$ 60. Se tivesse continuado a investir em moedas de ouro e prata, teria feito um investimento sábio. Mas achei um investimento melhor e muito mais valioso que o oura ou a prata. Naquele primeiro ano de ministério era capaz de dedicar horas por dia ao estudo da Escritura e descobri que sua sabedoria e verdades transformam a vida e edificam a fé. O conhecimento da Palavra de Deus era melhor para mim que o ouro e a prata. Assim, independentemente do que nos custe ir diariamente à Palavra, sabemos que essa atitude é melhor do que o ouro.

Considere o quanto se afirma que a sabedoria da Palavra de Deus é muito melhor do que o ouro e a prata:

- "São mais desejáveis do que o *ouro*, do que muito ouro puro; são mais doces do que o mel, do que as gotas do favo. Por elas o teu servo é advertido; há grande recompensa em obedecer-lhes (Salmos 19.10,11).
- "Foi bom para mim ter sido castigado, para que aprendesse os teus decretos. Para mim vale mais a lei que decretaste do que milhares de *peças de prata e ouro*" (Salmos 119.71,72).

- "Como é feliz o homem que acha a sabedoria, o homem que obtém entendimento, pois a sabedoria é *mais proveitosa* do que a *prata* e rende mais do que o *ouro*. É mais preciosa do que rubis; nada do que você possa desejar se compara a ela. Na mão direita, a sabedoria lhe garante vida longa; na mão esquerda, riquezas e honra. Os caminhos da sabedoria são caminhos agradáveis, e todas as suas veredas são paz. A sabedoria é árvore que dá vida a quem a abraça; quem a ela se apega será abençoado" (Provérbios 3.13-18).
- "Amo os que me amam, e quem me procura me encontra. Comigo estão riquezas e honra, prosperidade e justiça duradouras. Meu fruto é *melhor* do que o *ouro*, do que o ouro puro; o que ofereço é superior à *prata* escolhida" (Provérbios 8.17-19).

As escolhas estão diante de nós... o que você escolherá: o ouro e a prata do mundo... ou as riquezas que só encontramos em Cristo?

## RESPONDENDO AO SENHOR

Pare um momento e faça honestamente essa oração a Deus:

*Senhor, não sei como minhas escolhas se ajustam a seu propósito eterno em Cristo. Não posso ver o futuro. Não entendo como minhas escolhas impactarão minha família, minha igreja e meu mundo. Senhor, só quero entregar completamente minha vida ao Senhor e pedir que eu consiga confiar no Senhor e agradá-lo em tudo que faço. Dê-me sabedoria além da minha idade para escolher com sabedoria. Capacite-me a viver com uma perspectiva eterna.*

- Se Deus vier até você e lhe garantir qualquer pedido, o que você pediria? Por quê?
- De todos os versículos bíblicos acima descrevendo o que Deus considera *melhor*, com qual acha que lutaria mais?

## DEIXADOS POR NOSSA CONTA, ESCOLHERÍAMOS...

Sou parecido demais com uma ovelha para fazer as escolhas certas em relação ao propósito maior de Deus para minha vida. Se ficar por minha conta, faria as escolhas agradáveis e confortáveis. Deus nos ama demais para deixar algumas escolhas em nossas mãos. Se minha mãe tivesse deixado a escolha de ir ao médico para tomar injeções por minha conta, não teria feito a melhor escolha. Ela me levou para tomar uma injeção e, depois, o médico correu atrás de mim e me forçou a tomar a injeção.

Deus tirou Israel do Egito por meio de seu poder. Infelizmente, os israelitas tinham feito muitas concessões durante seus anos no Egito — e Deus teve de começar um processo para tirar o Egito do coração deles. Ele, como um Pai amoroso, levou-os de lugar a lugar para humilhá-los, testá-los e afastá-los deste mundo a fim de, no final, deixá-los melhores (Deuteronômio 8.1-4,16). Israel levou ouro e peças de roupa do Egito como espólio de vitória e não sabia o que era melhor para eles. "Já lhe tínhamos dito no Egito: Deixe-nos em paz! Seremos escravos dos egípcios! *Antes* ser escravos dos egípcios do que morrer no deserto" (Êxodo 14.12). "Por que o SENHOR está nos trazendo para esta terra? Só para nos deixar cair à espada? Nossas mulheres e nossos filhos serão tomados como despojo de guerra. Não seria *melhor* voltar para o Egito? E disseram uns aos outros: Escolheremos um chefe e voltaremos para o Egito" (Números 14.3,4.

Toda vez que Deus testava Israel, eles falhavam. Eles não aprenderam a confiar que o caminho de Deus era melhor que o deles mesmos. Finalmente, Deus lhes deu o caminho deles mesmos e eles perderam a terra prometida e acabaram morrendo no deserto, ainda tendo o Egito neles. (Na Bíblia, o *Egito*, com frequência, refere-se a um tipo deste mundo.)

Sufocamos com tanta frequência a obra do Espírito de Deus em nossa vida porque entendemos mal a intenção de Deus em nossa vida. Um dos membros da minha igreja continuava a adiar um procedimento médico porque tinha medo do processo. Depois de finalmente fazer a cirurgia, ele disse: "Se soubesse que ia me sentir tão bem, teria feito a cirurgia anos atrás". É melhor não desperdiçar anos em serviço infrutífero para Deus, mas passar pelo processo de entrega absoluta no começo de nossa caminhada com Deus para o que o resto de nossa vida possa ser mais frutífero. Pedro escreve:

> *Portanto, uma vez que Cristo sofreu corporalmente, armem-se também do mesmo pensamento, pois aquele que sofreu em seu corpo rompeu com o pecado, para que, no tempo que lhe resta, não viva mais para satisfazer os maus desejos humanos, mas sim para fazer a vontade de Deus. No passado vocês já gastaram tempo suficiente fazendo o que agrada aos pagãos. Naquele tempo vocês viviam em libertinagem, na sensualidade, nas bebedeiras, orgias e farras, e na idolatria repugnante* (1Pedro 4.1-3).

Quanto mais cedo entregamos o controle da vida ao Senhor, mais realizados e produtivos ficamos.

Jesus usou a palavra *melhor* em um contexto que ilustra uma ação drástica para salvar a vida do inferno. "Se a sua mão ou o seu pé o fizerem tropeçar, corte-os e jogue-os fora. É *melhor* entrar na vida mutilado ou aleijado do que, tendo as duas mãos ou os dois pés, ser lançado no fogo eterno." (Mateus 18.8,9).

Jesus não está nos ensinando que nossas mãos e pés são a causa do pecado. Não é o que entra em um homem que o faz pecar, mas o que sai do coração, "pois do coração saem os maus pensamentos, os homicídios, os adultérios, as imoralidades sexuais, os roubos, os falsos testemunhos e as calúnias" (Mateus 15.19). Jesus está ensinando que temos de adotar medidas mais drásticas para não permitir que nossas escolhas nos mantenham fora do céu.

## MEDIDAS DRÁSTICAS

Em junho de 2010, Jonathan Metz estava trabalhando para substituir o estabilizador da caldeira em sua fornalha quando seu braço esquerdo ficou preso. O homem de 31 anos lutou durante três dias para se libertar. No entanto, conforme as horas passavam, ele sentia o cheiro da carne de seu braço esmagado começar a apodrecer, o sinal revelador de infecção com risco de vida. Metz, flutuando entre a consciência e a inconsciência e bebendo a água que pingava da caldeira, tomou uma decisão que os médicos dizem que salvou sua vida: ele fez um torniquete temporário perto de seu ombro esquerdo e, usando as ferramentas que tinha disponível, começou a cortar fora seu braço.

Ele foi resgatado depois de ficar três dias em seu porão quando amigos preocupados chamaram a polícia. Os bombeiros cortaram a fornalha para libertá-lo. O dr. David Shario, especialista em trauma, disse que Metz salvou a própria vida ao amputar seu braço — o tecido morto teria causado um infecção mortal que se espalharia por todo o corpo. *Nessa foto de família de 2006 publicada na imprensa, Jonathan Metz, 31 anos, de West Hartford, Conn., à esquerda, está com Melissa Mowder, 30 anos, de Kinston, N.C., em um casamento em New Hampshire. O braço de Metz ficou preso, no domingo, 6 de junho de 2010, enquanto ele trabalhava no estabilizador da caldeira em sua casa em West Hartford, Conn. Ele foi resgatado na quarta-feira, um dia depois de ter usado suas próprias ferramentas para cortar a maior parte de seu braço esquerdo. As pessoas se perguntam como alguém pode chegar a isso e cortar sua própria extremidade. Mas ele salvou sua vida ao cortar a parte não viável da extremidade do braço. A ferida liberava toxinas que estavam circulando por todo seu corpo. Cortar fora o tecido morto salvou sua vida.*[76]

À medida que encerro este capítulo, deixe me dirigir a dois grupos de pessoas. Primeiro, aos que ainda têm de entrar em um relacionamento salvador com Jesus Cristo. Jonathan Metz tomou uma medida drástica para salvar sua vida. No entanto, você não pode ir para o céu cortando uma parte do corpo. Jesus sofreu e morreu para que você pudesse ser salvo só pela fé. No entanto, se você não confiar no Senhor Jesus como Salvador e Senhor, terá de fazer a escolha mais drástica de sua vida. Tem de reconhecer que está preso na fornalha do pecado e não consegue se libertar. Só Jesus pode libertá-lo. Perceba que Jesus já morreu a fim de que você pudesse ser perdoado de todos seus pecados, receba Cristo agora como seu Senhor e Salvador. "De fato, no devido tempo, quando ainda éramos fracos, Cristo morreu pelos ímpios" (Romanos 5.6). "Porque 'todo aquele que invocar o nome do Senhor será salvo' " (Romanos 10.13). Não há hora melhor que hoje para confiar nele!

---

[76] Fonte: http://www.huffingtonpost.com/2010/06/10/jonathan-metz-triedcutti_n_608124.html; ABC News artigo de Russell Goldman, 11 de junho de 2010.

Agora, deixe-me dizer uma palavra para aqueles de vocês que conhecem Cristo como Salvador e Senhor. Você precisa convidar o vinhateiro a cortar ou podar as áreas improdutivas de sua vida a fim de que possa produzir muitos frutos. Os planos dele para você são bons... trazer você a um lugar de força, produtividade e realização. Não deixe que o teste do deserto o desencoraje de seguir totalmente a Deus. Não deixe que os tesouros do Egito o seduzam e o afastem do propósito melhor de Deus para sua vida. É na terra prometida que os gigantes e os muros fortificados de Jericó não são obstáculos para a grande fé em Cristo e em sua Palavra. É-nos dito, como foi dito a Josué, para sermos fortes. Em todos os lugares a sola dos nossos pés deve caminhar sobre o que nos foi dado. Temos de ser como Calebe que se recusou a fazer parte da geração que morreu no deserto. Ele reivindicou uma visão e um monte que Deus lhe dera muitos anos antes. Foi esse tipo de fé que levou à atitude drástica de não ser negada que inspirou a filha de Calebe a pedir mais bênçãos do que tinha recebido de início. Ela recebeu grandes bênçãos pela fé. Esses são alguns dos filhos da fé que inspiraram Ana, em uma geração dominada pela perversidade do sacerdócio de Eli, a acreditar em Deus para uma nova demonstração do Senhor em Israel.

Nossa geração precisa desses que são fortes. Oro para que Deus levante muitos ao nos levar primeiro ao limite da nossa própria força a fim de trocá-la pela força do Senhor.

# Conclusão

## *Por que você não me deixa abençoá-lo como quero?*

Era nosso segundo ano de casamento. Ir à escola em tempo integral era um desafio financeiro para nós todos os meses. Era a semana de exame e precisava realmente estudar. Connie e eu fazíamos nossa visita semanal à casa dos meus pais quando meu pai me pediu para cortar as cercas vivas que delimitavam o terreno da casa. Nunca tinha me negado diretamente a fazer alguma tarefa para meu pai. No entanto, dessa vez foi diferente. Tinha cortado aquelas cercas vivas ao longo dos meus anos de adolescente, mas agora não vivia mais naquela casa. Estava vivendo sob pressão, tendo muitas coisas para fazer — e esse pedido foi simplesmente demais. Precisava me preparar para os exames finais, e meu pai queria a cerca viva cortada. Então pela primeira vez na minha vida, disse: "Papai, simplesmente não tenho tempo agora". Pude ver um olhar de desapontamento em seu rosto. Sem dizer uma palavra, ele se virou e foi para o quarto. Minha mãe me seguiu até o carro e me contou a intenção maior de meu pai. Ela disse que papai tinha visto nossa luta financeira e tinha feito um cheque de cem dólares para me dar depois que cortasse a cerca viva. Senti-me péssimo pelo fato de que meu pai pretendia me abençoar, e em vez de ser um servo, escolhi exercitar meus direitos de independência.

Pergunto-me quantas vezes meu Pai celestial, ao ver minhas necessidades, já tem um cheque preenchido — mas antes de o dar para mim, ele me pediu para pôr de lado minhas prioridades e tentar primeiro construir seu Reino. Um pensamento similar me ocorreu quase cinco anos depois.

Estava em meu terceiro ano de ministério, e um amigo me fez uma pergunta hipotética: "Truman, e se Deus lhe perguntasse quando você chegasse ao céu: 'Por que você não me deixou abençoá-lo como queria?' " Essa pergunta teve impacto na minha vida. Enquanto ia para casa naquela noite depois de pregar na igreja do meu amigo, acabei me fazendo aquela pergunta uma vez após a outra. E se vivi abaixo do pleno potencial que Deus desejava para minha vida? A realidade era que estava vivendo bem abaixo do que sabia ser o potencial não só para minha vida, mas para todos os cristãos. Experimentava os frutos, mas não em conformidade com o potencial que sabia ser possível por meio de uma caminhada de fé consistente e da capacitação do Espírito Santo.

Muitos anos depois, começaria a orar: "Senhor, se for deixado por minha conta, desperdiçarei muito potencial da minha vida que poderia ser investido no Reino. Senhor, por favor, faça o que for necessário em minha vida para que eu possa cumprir seu propósito para mim em Cristo".

Sou muito agradecido por Deus, da mesma maneira que pôs no coração de Ana a aflição do céu para que fosse frutífera, pôr essa aflição em muitos cristãos hoje. Você tem essa aflição? Você chegou àquele ponto em que tem um "descontentamento santo" em relação a viver abaixo da possibilidade e do potencial disponível para qualquer cristão que alcance o ponto da entrega absoluta?

Deus deseja abençoar cada um de nós e nos tornar fortes, produtivos e realizados. Neste último capítulo, peguemos cada um desses conceitos e os examinemos mais uma vez.

## A PROMESSA DE DEUS DE NOS DAR FORÇA

Isaías 40 é um dos grandes capítulos da Bíblia. O profeta revela tanto a grandiosidade do caráter de Deus quanto a magnificência de seus propósitos. Nos versículos 25-31, Isaías registra as palavras de Deus para a nação de Israel.

> "Com quem vocês me vão comparar? Quem se assemelha a mim?", pergunta o Santo. Ergam os olhos e olhem para as alturas. Quem criou tudo isso? Aquele que põe em marcha cada estrela do seu exército celestial, e a todas chama pelo nome. Tão grande é o seu poder e tão imensa a sua força, que nenhuma delas deixa de comparecer! Por que você reclama, ó Jacó, e por que se queixa, ó Israel: "O Senhor não se interessa pela minha situação; o meu Deus não considera a minha causa"? Será que você não sabe? Nunca ouviu falar? O Senhor é o Deus eterno, o Criador de toda a terra. Ele não se cansa nem fica exausto; sua sabedoria é insondável. Ele fortalece o cansado e dá grande vigor ao que está sem forças. Até os jovens se cansam e ficam exaustos, e os moços tropeçam e caem; mas aqueles que esperam no Senhor renovam as suas forças. Voam alto como águias; correm e não ficam exaustos, andam e não se cansam.

A partir desses versículos vejo três princípios relacionados ao poder sobrenatural de Deus:

- Nosso Deus é infinitamente sábio e todo-poderoso. Não lhe falta força, e seu poder jamais diminui. Conforme Isaías afirma: "O Senhor é o Deus eterno, o Criador de toda a terra. Ele não se cansa nem fica exausto" (Isaías 40.28).
- Podemos experimentar pessoalmente o poder sobrenatural de Deus. Quando deixamos de tentar agradá-lo em nosso próprio esforço e escolhemos simplesmente acreditar nele, ele infunde poder em nós. O apóstolo Paulo entendeu isso quando escreveu; "Tudo posso naquele que me fortalece" (Filipenses 4.13).
- O poder sobrenatural de Deus vem quando espero pacientemente em Deus para me dar força. Todo o poder do Senhor está disponível para mim quando simplesmente confio nele. Isaías diz que renovamos as forças (Isaías 40.31). A força vem quando esperamos no Senhor. Mas não entenda mal, essa *espera* nunca é passiva, não é desistir em resignação, ela é sempre ativa, ou seja, procurar Jesus como nossa esperança e a fonte de nossa força.

Falta-lhe força em face das provações diante de você? Busque Jesus. Ponha seu foco nele. Deus disse para um grupo de crentes do século I desafiados por adversidade e perseguição inacreditáveis: "Portanto, também nós, uma vez que estamos rodeados por tão grande nuvem de testemunhas, livremo-nos de tudo o que nos atrapalha e do pecado que nos envolve, e corramos com perseverança a corrida que nos é proposta, tendo os olhos fitos em Jesus, autor e consumador da nossa fé. Ele, pela alegria que lhe fora proposta, suportou a cruz, desprezando a vergonha, e assentou-se à direita do trono de Deus" (Hebreus 12.1,2).

### A PROMESSA DE DEUS DE NOS FAZER PRODUZIR MUITOS FRUTOS

O segundo conceito a rever é o da produção de frutos. Jesus ensinou que aqueles que recebem a semente (a Palavra de Deus) em solo bom produzem de acordo com três planos de produtividade: alguns produzem cem vezes, outros sessenta e ainda outros trinta (Mateus 13.8). Jesus deseja que cresçamos a ponto de produzir fruto em abundância. "Pois a quem tem, mais será dado, e terá em grande quantidade" (Mateus 25.29). A Escritura deixa claro que produzir frutos é uma das evidências da salvação, conforme Jesus disse: " 'Assim, pelos seus frutos vocês os reconhecerão' " (Mateus 7.20). O grande capítulo da Bíblia sobre produção de fruto encontra-se em João 15. Nos primeiro oito versículos, Jesus menciona três níveis de produção de fruto.

No versículo 2, Jesus fala daqueles ramos que produzem fruto. Esse é o primeiro nível da produção de fruto.

- Os ramos do versículo 2 que *produzem fruto* são podados para que consigam produzir mais fruto.
- A produção de *mais fruto* é o segundo nível da produção de fruto. O ato de podar as coisas desnecessárias da nossa vida nos torna mais produtivos para o Reino.
- Os versículos 5 e 8 apresentam o que Jesus fala sobre o último nível de produtividade, em que os ramos produzem *muito fruto*.

A produtividade realiza o propósito maior de Jesus Cristo para nossa vida. No versículo 16 do mesmo capítulo, ele diz: " 'Vocês não me escolheram, mas eu os escolhi para irem e darem fruto, fruto que permaneça, a fim de que o Pai lhes conceda o que pedirem em meu nome' ". Fomos designados para a produtividade. Fomos destinados para a produtividade.

Naquela noite no cenáculo, o apóstolo Pedro deve ter feito boas anotações porque ele pegou o conceito da produção de frutos quando escreveu:

> *Àqueles que, mediante a justiça de nosso Deus e Salvador Jesus Cristo, receberam conosco uma fé igualmente valiosa: Graça e paz lhes sejam multiplicadas, pelo pleno conhecimento de Deus e de Jesus, o nosso Senhor. Seu divino poder nos deu tudo de que necessitamos para a vida e para a piedade, por meio do pleno conhecimento daquele que nos chamou para a sua própria glória e virtude. Dessa maneira, ele nos deu as suas grandiosas e preciosas promessas, para que por elas vocês se tornassem participantes da natureza divina e fugissem da corrupção que há no mundo, causada pela cobiça. Por isso mesmo, empenhem-se para acrescentar à sua fé a virtude; à virtude o conhecimento; ao conhecimento o domínio próprio; ao domínio próprio a perseverança; à perseverança a piedade; à piedade a fraternidade; e à fraternidade o amor. Porque, se essas qualidades existirem e estiverem crescendo em sua vida, elas impedirão que vocês, no pleno conhecimento de nosso Senhor Jesus Cristo, sejam inoperantes e improdutivos* (2Pedro 1.1-8).

Você experimenta a produção de frutos em sua vida cristã? As pessoas a sua volta diriam que você não é *estéril nem improdutivo no conhecimento de nosso Senhor Jesus Cristo*? Aproxime-se daquele que é a fonte de todo fruto espiritual. Permaneça nele. Encontre sua força nele. Permita que ele viva a vida dele em você e por seu intermédio pelo poder do Espírito Santo — e busque o fruto que ele produz por intermédio de usa vida!

## A PROMESSA DE DEUS DE NOS DAR A REALIZAÇÃO

Nosso terceiro conceito é a realização. Um amigo meu diz que a realização é a satisfação de uma vida bem vivida. O apóstolo Paulo vivenciou essa realização. A última carta que ele escreveu para seu discípulo Timóteo inclui a seguinte autoavaliação:

> *Eu já estou sendo derramado como uma oferta de bebida. Está próximo o tempo da minha partida. Combati o bom combate, terminei a corrida, guardei a fé. Agora me está reservada a coroa da justiça, que o Senhor, justo Juiz, me dará naquele dia; e não somente a mim, mas também a todos os que amam a sua vinda* (2Timóteo 4.6-8).

Paulo sabia que o fim de sua vida estava próximo. E, quando rememorou sua vida e ministério, ele o fez com completa realização e satisfação. A sua foi uma vida bem vivida.

Anos atrás, uma declaração ficou famosa nos círculos cristãos. Ela expressa exatamente aquilo que Paulo estava falando: a vida logo se torna passado, só o que é feito para Cristo dura. Paulo investiu sua vida nas coisas que sobreviveriam a ele. Ele pregou o evangelho. Treinou homens. Implantou igrejas. Também amou seus irmãos em Cristo. E no fim de sua vida, não tinha arrependimentos.

Talvez você ainda não esteja nesse ponto neste momento. Se morrer hoje, talvez houvesse arrependimentos quanto às oportunidades perdidas e às prioridades mal escolhidas. Você não pode mudar o passado. Mas pode mudar como viverá no futuro. Por quais prioridades você vive atualmente? O que é mais importante para você? Se tiver que ficar diante de Deus hoje, poderia dizer com Paulo: "Combati o bom combate, terminei a corrida, guardei a fé"?

## APLICAÇÃO

- Quais são as três lições mais relevantes que aprendeu por intermédio deste estudo?
- Em que áreas específicas sua fé ficou mais forte como resultado deste estudo?
- Como considera o aumento da produção de frutos em sua vida?
- Quais promessas Deus lhe fez durante o curso deste estudo?
- Em que mentiras e conceitos equivocados você acreditava em relação a Deus? Quais verdades substituíram essas mentiras ou conceitos equivocados?

## PALAVRAS FINAIS

Essa mensagem está em meu coração há anos, mas só nos últimos meses trabalhei com o editor para condensá-la na forma de um livro. Enquanto trabalhava no penúltimo capítulo, descobrimos que minha esposa estava com câncer. Durante o processo de escrever a conclusão, Connie teve seu primeiro tratamento de quimioterapia. A seguir, dois dias depois, à meia-noite, ela acordou sangrando na cama, perdendo uma boa quantidade de sangue pelos intestinos. Levei-a até o carro para irmos ao pronto-socorro. Antes que pudesse colocar Connie no carro, ela desmaiou no chão da garagem por causa da perda de sangue. Telefonei imediatamente para a emergência. Connie, deitada no chão da garagem à espera da ambulância, ficava cada vez mais fraca. Oramos juntos e, a seguir, ela me fez uma pergunta muito difícil de responder: "Estou morrendo?" Fiquei espantado quando olhei nos olhos dela e não vi medo. Sua pergunta não foi em tom de pânico, mas pacífica e calma. Vi que Connie estava preparada para morrer se isso era a morte chegando para ela. Dei uma resposta calma e positiva a Connie: "Não, você não vai morrer!" Em alguns minutos, a ambulância a deixou na sala de emergência onde lhe deram as duas primeiras unidades de sangue. A seguir, ela recebeu mais duas unidades de sangue ao longo dos três dias seguintes. Depois de cinco dias no hospital, trouxe Connie para casa. Ainda estávamos orando para que Deus a curasse, e nós dois nos aproximamos mais dele durante esse período.

Connie tinha enfrentado o que ela acha que podia ser sua morte e estava em paz com Deus. Sua fé naquele momento encorajou muitíssimo minha fé. Mas examinei aquela pergunta em minha mente diversas vezes: "Estou morrendo?" Agora gostaria de ter respondido de modo diferente: "Sim, você está morrendo!" Estou morrendo. Meus dias estão contados. Só tenho alguns dias para servir a Deus e, depois, minha jornada de fé terá chegado ao fim; então verei Jesus face a face e passarei a eternidade no céu.

Saber que só tenho um tempo limitado para impactar a eternidade me enche de extrema humildade e zelo para servir da forma mais plena a Deus. Meu amigo, não desperdicemos nossa vida, mas a invistamos no Reino eterno de Deus. Que possamos nos juntar aos muitos personagens da Escritura que, como Ana, aprenderam o segredo da produção de muitos frutos, "pois não é pela força que o homem prevalece".

# *Apêndice:*

**VER O PRIMEIRO E O ÚLTIMO ADÃO**

E. Truman Herring

Minha consciência testemunha contra mim
Sim, um pecador, mas ainda com algo de bom
Chamado pela lei de Deus para a corte mais alta
E no tribunal de sua santa Palavra permaneci.

Vi-me em Adão
Vi as folhas de figueira que peguei
Tentando cobrir meus próprios pecados
Sem saber o preço que Jesus pagara.

Depois, vi-me em Caim
Ele era filho de seu pai
Ali substituí minhas próprias obras
Pelo sangue do Santo de Deus.

Vi-me na época de Noé
Só o mal enchia meus pensamentos
Afoguei-me milhares de vezes
Pois recusei o amor e lutei.

Então me vi em Esaú
E desprezei a primogenitura
Pecado e um prato de lentilha
Eram mais importantes que o prêmio eterno de Deus.

Vi-me no faraó
Que endureceu o coração para a luz
Também magoei o Espírito de Deus
E escolhi as trevas, em vez da Visão.

Enquanto lia outro capítulo
E virei as páginas do livro de Deus
Li-o, mas ele me leu
E me mostrou o Deus do qual abrira mão.

Ali estava em Arão
Curvando-me diante de um bezerro de ouro
Ali estava em Corá
Quando a terra me engoliu na ira de Deus.

Em Acabe e em Jezabel
Encontrei minha raiz em comum
Seus pecados são exatamente como os meus pecados
Pois produzimos um fruto em comum.

Vi-me em muitas faces
Enquanto virava página a página
Fui Pilatos e fui Judas
Quando condenei Jesus à raiva humana.

Fui Paulo que apedrejou Estêvão
Fui o jovem rico que foi embora
Fui o soldado que cuspiu em Jesus
Fui o fariseu que zombou dele naquele dia.

Depois fui o culpado Barrabás, perdoado,
Enquanto Jesus tomou minha áspera cruz
Ali o vi morrer a minha morte
E ali ele pagou o preço final pelos meus pecados.

Então eu era o ladrão ao lado dele na cruz
Condenado justamente por meus crimes
Então! Vi o Cordeiro de Deus
Morrendo pelo pecado e os pecados de todos os tempos.

A lei tinha feito sua obra condenatória
E vi o que meu pecado tinha feito
O Mestre me deixou aos pés da cruz de Jesus
E confessei Jesus como Filho de Deus.

Iluminado, virei de novo as páginas do espelho
Do próprio livro santo de Deus
Ali, a graça abundava em todo lugar
Então, para todos os lugares que olhava, via Jesus.

Mais uma vez me vi em Adão
Mas com a cobertura que Deus tinha feito
Eu, como Abel, era o outro filho
Que pela fé foi completamente salvo.

Mais uma vez, vi-me como Noé
Que encontrou graça à vista de Deus
Então era como o sutil Jacó
Salvo, mas não pelo poder humano.

Caminhei monte acima com Abraão
Fui, como Isaque, marcado para morrer
Jesus foi o cordeiro de minha oferta pelo pecado
O Cordeiro fornecido por Jeová-Jirê.

Vi-o na sarça ardente
E tirei meus sapatos
Vi-o no Cordeiro da Páscoa
Em que um pecador e o Deus santo se encontraram

Estive em Mara e reclamei
Suas águas amargas, não podia beber
E vi Jesus como minha árvore lançada ali dentro
E minha água amarga ficou doce.

Então o vi no maná
E a rocha da qual a água fluiu
E, como Moisés, considerei-o maior
Que os tesouros do Egito e todo seu ouro.

Cristo estava ali nos símbolos e nas sombras
Em toda página que lia
A Arca, o Véu e a Expiação
E a Serpente de Bronze levantada por mim.

Em Jericó, fui marcado para o julgamento
Mas, como Raabe, fui salvo pela graça
Meu coração orgulhoso se partiu em dois
Enquanto olhava a face de Jesus.

No templo, no Dia da Expiação
Também estendi as mãos sobre a cabeça do bode
E disse: "Agora você carrega meus pecados"
Veja Jesus, seu bode expiatório, disse o Espírito.

Tudo que leio aponta para a cruz
Então ali o vi morrer
"Está consumado", esse foi seu clamor triunfal
E virou meu clamor de vitória.

A graça tinha me feito ver
Eu era o filho pródigo que volta para casa
A moeda perdida que foi encontrada
E a prostituta cujos pecados se foram.

Fui antes condenado em Adão
E em meu pecado desprezível consumido
Mas agora sou completo em Jesus Cristo
Sua justiça é minha.

Obrigado Deus, não mais em Adão
Pois em Cristo morri com ele
E ressuscitei para uma nova posição
Estou livre do poder do pecado.

Nele, sou justo e sou santo
Sou irrepreensível e imaculado
Fui lavado no sangue de Jesus
Contado como o próprio filho de Deus.

Era conhecido de antemão e predestinado
Para ser conformado ao plano dele
Chamado, redimido e santificado
Na justiça de Cristo permaneço.

Agora você também, mire-se no espelho de Deus
E veja o caminho que os pecadores trilham
E humildemente se curve e diga diante dele
"Lá vou eu, mas pela graça de Deus".

Amigo, veja-se em Adão
E entenda por que Jesus morreu
E então se veja em Cristo
Amado, perdoado e justificado.[77]

---

[77] Herring, E. Truman. "Growing Through the Storms of Life," © 1995.

Esta obra foi composta em *Minion Pro* e
impressa por Imprensa da Fé sobre
papel *Offset 63* g/m$^2$ para Editora Vida.